躺赢

王群航 著

购买基金指南

经济日报出版社

老式股票基金长期业绩			
基金成立年份	平均累计净值增长率	平均年化净值增长率	基金数量
2005 年	1177.73%	16.86%	19
2006 年	651.64%	13.80%	35
2007 年	230.39%	8.15%	35
2008 年	485.84%	13.92%	33
2009 年	271.75%	10.91%	44

说明：（1）取样依照 2003 年版《基金法》的标准，股票投资仓位下限、上限区间为 60%—95%。（2）数据截止日期：2021 年 6 月 30 日。（3）数据来源：各个基金公司的公开信息披露。（4）数据整理：百嘉基金管理有限公司。

推荐序

成功路上　稳操胜券

近两年来，“爆款基金”不断涌现。为什么基金越来越火？我认为，核心原因有三个方面：

第一，公募基金是中国很规范、专业的一个资产管理细分类型，大量的人从事各项与投资有关的专业工作，如：研究（研究员）、决策（基金经理）、交易（交易员）、清算（后台工作人员）等，自然促使他们的投资效率高于普通投资者，表现在业绩方面就是净值的不断攀升。

第二，随着股票市场全面注册制的稳步推进，股市的扩容速度与入市资金的增速并不同步，后者略慢，结构性行情的特征正越来越凸显，涨跌表现更加鲜明、风格更为闪亮，基金等专业机构投资者在此背景下游刃有余，获利连连。

第三，在《资管新规》正在逐步贯彻的过程中，银行资管、保险资管、券商资管、信托等细分类型的资管机构等正在做净值化产品的转型，这期间会有一定量的资金被挤出到投资基金的领域，如银行的理财资金，这些资金的加入，尤其是偏向于之前有良好综合绩效表现的主动权益类公募基金，有意无意之间促进了市场的良性循环。

在基金行情热闹的当下，出版这本书不仅仅是为了投资者教育，更是王群航先生投基理念的汇编。他常说："做投资，必须要了解投资标的，就像做美食要了解食材一样。"本书既有场外投基的内容，也有场内投基的内容；既有个人投基的视角，也有机构投基的视角；既有定量分析的内容，也有定性研究的内容；既有零散投基的视角，也有大类资产配置的视角。这本书的内容很丰富，很齐全，其中，FOF 及养老基金更是他的醉心所在。

作为中国专业研究基金时间最长的人、研究成果最丰富的人，王群航先生对中国基金业的贡献颇多；他是百嘉基金的股东之一，在百嘉基金分管投研工作。百嘉基金是一家由专业人士发起设立的公募基金管理公司，是广东地区第五家公募基金管理公司。早在 2016 年，我和关林戈董事长聊到王群航先生，一致认为他很专业，很敬业，便盛邀他共事，他很爽快地答应了。

2021 年 1 月中旬，王群航先生突然告诉我，他打算再编写一本与基金有关的书，我当时的第一反应是这会不会影响公司的筹建工作，但他的答复立即打消了我的疑问：首先，公司的筹建工作已经基本完成；其次，通过集体编写此书，顺带着为全体员工做一次全面的培训；最后，此书也可以作为公司未来的投资者教育及市场拓展的工具之一。他还决定捐出全部稿酬来购买本书，用以支持公司未来的营销拓展，与我们之前所做的很多工作一起，共同构成百嘉基金发展的基石之一。

不仅如此，这本书对于读者来说，也颇有意义。当你通读这本书后就会发现，这是一本投资基金的必读书，它不仅可以让你洞悉基金公司的运作规程，也可以让你正确认识基金，做一个理性的基金投资人。最后，我希望读者朋友们通过阅读这本书，在成功的投资路上，稳操胜券。

百嘉基金管理有限公司总经理　詹松茂

2021 年 5 月 6 日

自序

市场培育永无止境

从2006年到2017年，我已经出版过11本基金方面的专业书籍。过过瘾了，早就说过要封笔了，却再次食言，是时、是情、是境所迫也。

一、是时

2021年1月19日下午，经济日报出版社的肖小琴副总编辑、黄芳芳编辑联系我，商量就我2007年的《初买基金必读》、2008年的《基金投资必读》两本书合并再次出版事宜。当年，那两本书都曾经有过很好的销量，均获得了国家新闻出版署的畅销书奖。考虑了几天后，我答应了，并且是提前一个月给出初稿。

当时，公募基金市场空前火爆，爆款基金现象接连不断，在以往年份中并非年年会有，即使有了也仅会出现一二只的情况，在2020年年末、2021年年初变成了长长的一串，且尚不知何时会终结。新发基金大卖的背后，是基民投基热情的突然升温，有数据为证：2011年至2019年，各年的总认购户数分别为：313.23万户、296.65万户、303.28万户、

256.46 万户、1256.78 万户、373.64 万户、327.62 万户、846.11 万户、996.63 万户，都是百万户级别的。

2020 年，是 5586.2 万户！

截至 2021 年 1 月 19 日，已经成立了 38 只新基金，总户数为 422.81 万户。19 天的量，就超过了以往的 6 个年份！

我也一再被这种狂热场景震撼，其表象的背后，必然是大量新基民的入市和追捧，以及对于公募基金认知的缺乏。

二、是情

2020 年年末、2021 年年初，找我咨询基金的人显著增多，记者的采访也显著增多。

咨询者里，都是因为突然发现投资基金可以赚钱的人，所以兴趣大增。一方面是为了图省事，另一方面是为了严谨，我都会告诉他们：看基金从业资格考试的书，是快速、准确了解基金的最佳方式。但是，很多人都回答：太专业了！

记者中，不乏新入行的记者，通过他们的一两个问题，我就可以明白他们对公募基金的认知程度，于是，又祥林嫂式地建议他们有空看看基金从业资格考试的书，一般都会得到这样的回答：好像太难了。

大家对公募基金的认知欠缺，终于在 2021 年春节之后，随着股票市场行情的回调而爆发了出来，这是市场发展过程中的正常现象，并再一次凸显出投资者教育的必要性。

三、是境

2020 年 8 月 17 日，百嘉基金拿到了中国证监会颁发的《关于核准设立百嘉基金管理有限公司的批复》。次年 1 月中旬，公司的筹建已经完成，就等证监会场检验收之后的开业批复了。

作为新公司，如何才能够给市场带来一些新鲜元素呢？一本新书，无疑是最好的方式之一。以前，我在第三方基金评价机构，每有新书出版，都会得到很多基金公司的支持。现在，我下海创业，新书就是最好的支持！

这不仅是我的第十二本书，更是全体百嘉人共同的心血。早在 2021 年 1 下旬，我就给公司承诺：这本书的稿酬将全部用于购买新书，赠送给公司的客户。这是一个按照最通俗方式编写的公募基金专业书籍，适合所有的小白，以及所有想多了解一些公募基金知识的人。

作为在中国专业研究公募基金时间最长的人、研究成果最丰富的人、最早系统性研究 FOF 的人，书中还汇聚了我较多与 FOF 及养老基金有关的思考，这一切，都将会落实在未来的产品管理中，以期打造出中国最好的 FOF 及养老基金。

截至 2020 年 12 月末，中国公募基金的资产总规模为 19.89 万亿元；2021 年 1 月末，为 20.59 万亿元；2021 年 2 月末，为 21.78 万亿元。百嘉基金诞生于中国公募基金市场的大发展之际，必将会为中国公募基金行业的发展、为广大基民财富的增值，做出自己的贡献！

王群航

2021 年 5 月 7 日

目　录

第五章
如何买卖基金?

第六章

公募 FOF 及养老基金

第八章 公募 MOM

第九章 公募 REITs

第一章

为什么要投资基金？

基金，公募基金，公开募集证券投资基金，是一种规范的、专业化的资产管理工具。在国内资产管理行业中的各个细分领域里，如银行资管、保险资管、券商资管、信托、私募基金，等等，公募基金是相对最为规范的一类细分。这个定义，这个夸赞，不是凭空给予的，而是有法律法规依据的：2018 年 4 月 27 日，中国人民银行、中国银行保险监督管理委员会、中国证券监督管理委员会、国家外汇管理局联合发布的《关于规范金融机构资产管理业务的指导意见》，即业内俗称的《资管新规》，就是按照公募基金已有的法律法规框架和内容，在最高的层面上构建成的，公募基金在中国资产管理行业中的标杆地位由此得以确立。

既然公募基金是中国资产管理行业的标杆，那么，属于公募基金的各种产品，就值得广大投资者多多关注、审慎选择、合理配置、长期持有了。本章就对基金的基本知识和理念，做一些简单的、外围方面的介绍，让大家初步了解什么是基金，从而树立为什么要投资基金、为什么可以投资基金的信心。相关介绍如有与监管要求不一致的地方，请以监管的规定为准。

一、基金是一种专业化的资产管理工具

1. 什么是基金？

本书所称的基金，是公开募集证券投资基金，又简称为公募基金。

基金是指通过发售基金份额，将众多份额持有人的资金集中起来，形成独立财产，由基金托管人托管，基金管理人管理，以投资组合的方法进行证券投资的一种利益共享、风险共担的集合投资方式。基金所募集的资

金在法律上具有独立性，由基金管理人管理，基金托管人托管，为基金份额持有人的利益，进行证券投资活动。

与直接投资股票、债券不同，投资者通过持有基金进行投资，是一种间接投资的行为，而基金实质上就是一种间接投资的工具。基金份额持有人是基金的所有者，基金投资收益在扣除由基金承担的费用后的盈余全部归基金份额持有人所有，并依据各个份额持有人所购买的基金份额的多少在份额持有人之间进行分配。

按照投资标的的不同，不同种类的基金具有不同的风险与收益特征，分别适合不同的投资者。每只基金都会有一个基金合同，基金管理人、基金托管人和基金份额持有人的责任、权利和义务在基金合同中约定。基金在发售基金份额时都会向份额持有人提供一份《基金合同》《招募说明书》《份额发售公告》，有关基金运作的各个方面如基金的投资目标与理念、投资范围与对象、投资策略与投资限制、基金的发售与买卖、基金费用与收益分配等，都会在招募说明书中详加说明。《基金合同》《招募说明书》《份额发售公告》是基金的重要法律文件，如果要了解基金、研究基金，这是必须要看的，尤其是后两份文件。

2. 基金的本质是什么？

投资基金的本质，就是借助基金这个特定的媒介，来享受基金公司所提供的专业化的资产管理服务。购买基金是一种投资行为，而不是某种福利的分配。在当前的市场经济条件下，任何投资都是有风险的，存在着盈利与亏损的这两种可能。基金凭借着它合理的运作机制，能够避免很多投资风险，但它不可以完全消灭风险，正如基金招募说明书上所言，基金的收益程度时时会随着基金资产净值和市场因素的变化而升降。要想有效地跑赢通货膨胀，就要愿意承担风险。风险愈高，收益愈大，这是放诸四海而皆准的投资定律。

基金的投资目标是以分散投资风险的投资组合方式，投资于基金限定的投资领域，以求获取卓有成效的投资收益，寻求连续的、中长期的资本增值。但是，除了证券市场价格的波动会直接影响基金的资产净值之外，国内外经济形势和政局变幻，政策的变动及有关法律、法规的变更等，都会影响到基金的投资收益和资本增值。所以，基金经理以往的证券投资业绩，并不代表经理人在未来的投资活动中也能获得同样的收益。基金经理将尽心尽力地履行好责任和义务，但不负责基金投资之盈亏，也不保证基金的最低收益，这是任何基金管理公司在发行基金时都会给出的声明。所有认购、申购、赎回及买卖基金的投资者，都表明他们已经对该基金的风险、性质与功能等一切资料都有了明确的认识和认可。

3. 什么是基金份额持有人？

基金份额持有人、基金管理人和基金托管人是基金运作中的主要当事人。

基金份额持有人，即投资者自己。只要是从场外渠道认购、申购了基金份额，或者是通过场内渠道购买了基金份额，就是持有人。按照性质的不同，份额持有人通常有个人投资者和机构投资者之分。按照《基金法》，持有人有着特定的权利与义务。

4. 什么是基金管理人？

基金管理人，从公司的角度来看，就是基金公司。基金管理人是基金产品的募集者和管理者，其最主要职责就是按照基金合同的约定，负责基金资产的投资运作，在有效控制风险的基础上为基金投资者争取最大的投资收益。基金管理人不持有投资者的资金，资金全部另外单独开户存放在基金托管人那里，基金管理人无法支取、转账、挪用投资者的资金，这便在最大限度上保障了投资者资金的安全。

基金管理人会因为自身的资产管理服务而收取一定的报酬，即管理费。管理费率的高低，与管理的难度成正相关关系。管理费率是事先在基金合同中约定的，是基金管理人在管理公募产品时唯一的收入来源，与产品的业绩表现没有关联。这一点，是公募基金与私募基金的典型区别。

关于基金管理人的更多内容，本书的最后一章会进行专门的介绍。

5. 什么是基金托管人？

基金托管人又称基金保管人，是为基金资产提供安全保管及清算交割等服务的机构，根据法律法规的要求，在证券投资基金的运作过程中承担基金资产的保管、交易监督、信息披露、资金清算与会计核算等相应职责的当事人。基金托管人是基金持有人权益的代表，通常由有实力的商业银行、证券公司或信托投资公司担任。基金托管人需要与基金管理人签订托管协议，在托管协议规定的范围内履行自己的职责并收取一定的报酬，即托管费。

简单来说，就是投资者买基金的钱，不是放在基金公司，而是放在基金托管人那里，即俗称的“钱账分管”模式。投资者的钱，在赎回的时候，是必须原路返回投资者账户的。

《基金法》第二十六条规定，申请取得基金托管资格，应当具备下列条件，并经国务院证券监督管理机构和国务院银行业监督管理机构核准：

（1）净资产和资本充足率符合有关规定；

（2）设有专门的基金托管部门；

（3）取得基金从业资格的专职人员达到法定人数；

（4）有安全保管基金财产的条件；

（5）有安全高效的清算、交割系统；

（6）有符合要求的营业场所、安全防范设施和与基金托管业务有关的其他设施；

（7）有完善的内部稽核监控制度和风险控制制度；

（8）法律、行政法规规定的和经国务院批准的国务院证券监督管理机构、国务院银行业监督管理机构规定的其他条件。

6. 基金托管人有哪些权利和义务？

根据我国《基金法》的规定，基金托管人应当履行下列职责：

（1）安全保管基金财产；

（2）按照规定开设基金财产的资金账户和证券账户；

（3）对所托管的不同基金财产分别设置账户，确保基金财产的完整与独立；

（4）保存基金托管业务活动的记录、账册、报表和其他相关资料；

（5）按照基金合同的约定，根据基金管理人的投资指令，及时办理清算、交割事宜；

（6）办理与基金托管业务活动有关的信息披露事项；

（7）对基金财务会计报告、中期和年度基金报告出具意见；

（8）复核、审查基金管理人计算的基金资产净值和基金份额申购、赎回价格；

（9）按照规定召集基金份额持有人大会；

（10）按照规定监督基金管理人的投资运作；

（11）国务院证券监督管理机构规定的其他职责。

7. 投资基金有什么好处？

投资基金的优点主要表现在以下方面：

（1）积累财富。长期投资基金，能在逐渐积累投资本金时，有望获取较好的投资回报。

（2）享受专业化的管理服务。投资基金之后，就可以让专业从事证券投资工作的基金经理为投资者效劳，在证券市场找出最佳投资机会，帮助投资者分散投资及争取有增值潜力的投资机会。

（3）降低风险。每只基金通常会投资数十只至数百只不同种类的证券，并同时涵盖多个不同市场，资产分布的多元化程度远胜于一般投资者自行投资，能够有效降低证券投资过程中的风险。

（4）较为安全可靠。基金是在中国证监会监督下，按照有关的法律法规，由基金管理公司、托管银行等不同单位一起运作，各司其职，资金保管与资金运用完全分开，可确保投资者的资金不被挪用。

（5）投资广泛。投资者只需一次拨出不多的资金，便可广泛地、间接地投资国内股票市场、债券市场及其他市场。

（6）变现较为灵活。投资者可以随时申购（买入）和赎回（卖出）所持有的基金，自主根据基础市场的行情变化情况调整投资组合及调动资金。

（7）投资简易。投资者只需决定投资哪些基金便可将日常一切投资决策交由专业化的基金公司代劳，不必再为捕捉市场短期走势而费神。

（8）投资渠道便捷。现具有基金代销资格的金融机构逐年增加，有银行、券商、保险、第三方销售机构等，投资者可在线上或线下进行基金投资。

8. 基金有什么特点?

基金这种专业化的资产管理产品所具有的优势在它的特点中有鲜明的体现，其特点主要表现在以下方面：

第一，集合理财，专业管理。基金将众多份额持有人的资金集中起来，委托基金管理人进行共同理财投资，表现出一种集合投资的特点，有利于发挥资金的规模优势，降低投资成本。基金管理人一般拥有大量的专业投资研究人员，他们不但掌握了广博的投资分析和组合管理理论知识，而且在投资领域积累了丰富的经验。将资金交给基金管理人管理，使中小份额持有人也能够享受到专业化的投资管理服务。

第二，组合投资，分散风险。投资学上有句谚语，“不要把所有的鸡蛋放在同一个篮子里”。“组合投资，分散风险”的科学性已为现代投资学所证明，并成为基金的一大特色。中小份额持有人由于资金量小，一般无法通过购买不同的股票分散投资风险。基金通常会购买几十种甚至上百种股票，份额持有人持有基金就相当于用很少的资金购买了一揽子股票，某些股票下跌造成的损失可以用其他股票上涨的盈利来弥补，因此可以充分享受到组合投资、分散风险的好处。

第三，利益共享，风险共担。基金实行“利益共享、风险共担”的原则。基金份额持有人是基金的所有者，基金投资收益在扣除由基金承担的费用后的盈余全部归基金份额持有人所有，并依据各个份额持有人所持有的基金份额比例进行分配。为基金提供服务的基金托管人、基金管理人只能按规定收取一定的托管费、管理费，并不参与基金收益的分配。本文提及的基金全部是指公募基金，如果是私募基金，就有可能会有参与基金收益分配的问题。

第四，严格监管，信息透明。为切实保护份额持有人的利益，增强份额持有人对基金投资的信心，各国基金监管机构都对基金业实行严格的监管，对各种有损份额持有人利益的行为进行严厉的打击，并强制基金进行法定的、规范的、及时的信息披露。在这种情况下，严格监管与信息透明也就成为基金的一个显著特点，这也是目前公募基金能够快速发展的一个重要原因。

第五，独立托管，保障安全。基金管理人只负责基金的投资操作，本身并不经手基金财产的保管，基金财产的保管由独立于基金管理人的基金托管人负责。这种相互制约、相互监督的制衡机制对份额持有人的利益提供了重要的保护作用。

9. 如何对基金进行分类？

以人为例，按照性别、出身地、居住地、学历、高矮、国籍、肤色、身高、职业、年龄、性格等一系列因素，可以将人分为很多个类别，每一个人都会分属于很多的类别。

基金也是一样，按照不同的条件，可以将基金分为很多个类别，每一种分类方法都有助于投资者准确地把握基金的特性，了解基金的风险与收益特征，从而有针对性地进行投资，具有一个较为合理的收益预期空间。对于基金具体进行分类的方式有投资方向、投资风格、法律形式、运作方式、投资目标、投资理念等，投资基金，必须了解基金所属的类别，确定相关的投基策略。

10. 封闭式基金与开放式基金有什么区别？

依据基金运作方式的不同，一般可以将基金分为封闭式基金与开放式基金。封闭式基金是指基金规模（基金份额总额）在基金合同期限内固定不变，基金份额可以在依法设立的证券交易所交易，但基金份额持有人不得申请赎回的一种基金运作方式。封闭式基金交易价格时常会受到供求因素影响，因此在单位资产净值基础上会有折价和溢价的情形。

根据中国证券投资基金业协会的统计，截至 2021 年 2 月底，封闭式基金有 1164 只，份额总规模为 23762.74 亿份，资产总规模为 25522.97 亿元，在公募基金中的占比为 11.72%。

开放式基金是指基金规模——基金份额总额——不固定，基金份额可以在基金合同约定的时间和场所进行申购或者赎回的一种基金运作方式。开放式基金一般不在证券交易所上市，投资者可以向基金管理公司买卖，基金的规模也随投资者的买卖而变化。

近来，随着市场的不断创新，一些开放式基金也逐渐可以在交易所市场进行交易，毕竟交易所在交易业务处理上可以提供的高效性和便利性服务是传统的商业银行销售渠道无法比拟的，从长远来看，交易所交易渠道正在形成强大的竞争力，越来越为广大基金投资者所认同和使用。另外，创新型封闭式基金即将在国内基金市场面世，其中可能会包括一些开放式基金中的有益因素，以提高创新型封闭式基金的市场吸引力。

同时，随着市场的不断创新，带有单持有期特征的基金、带有循环持有期特征的基金、带有较短封闭运作期限且期满之后就自动转型为开放式基金的基金、带有循环封闭式运作期限的基金、带有定期开放特征的基金，等等，各有各的特点，各有各的客户群体，各有各的相关投资策略安排。具体情况，请大家认真阅读基金的《招募说明书》等法定公开信息披露文件。

二者的区别如下：

1. 基金规模的可变性不同。开放式基金投资者可随时申购或赎回基金份额，所以基金的规模不固定。封闭式基金除非发生扩募等特殊情况，在基金合同生效后基金规模是固定不变的。

2. 基金份额的买卖途径不同。开放式基金既可以由基金管理公司直销，也可以由证券公司、商业银行等代销机构代销，赎回也由上述途径办理，在一定的条件下可以上市交易。封闭式基金的买卖途径类似于股票，在上市的证券交易所交易，需要缴纳手续费和证券交易税。

3. 交易对手不同。开放式基金的交易对手方是投资者与基金公司。封闭式基金的交易对手方是投资者与投资者。因此，开放式基金投资者的申购、赎回行为会引起相关基金规模的变化，封闭式基金则不会。

4. 存续期限不同。开放式基金没有固定的存续期限，理论上可以永久存在。封闭式基金有固定的存续期限，国内一般不少于 5 年。

5. 基金份额的交易价格形成机制不同。开放式基金的基金份额的买卖价格是以基金份额对应的资产净值为基础，不会出现折价现象。封闭式基金的买卖价格与基金净值一般不同，通常会出现折价，此外，交易价格会受到市场供求关系的影响，除了净值变动外，投资者还需要承担因供求关系变化引起的价格波动风险。

6. 管理要求高。开放式基金随时面临赎回压力，须更注重流动性等风险管理，要求基金管理人具有更高的投资管理水平。由于开放式基金规模的可变性，基金管理公司的管理绩效对开放式基金的规模有较大影响。表现好的基金可以吸引更多的资金投资，从而扩大规模；表现差的基金可能造成投资者的赎回，导致基金规模减小，甚至清盘。此外，基金管理公司的客户服务对基金的规模也会产生一定影响。相对封闭式基金而言，开放式基金对基金管理公司改进投资管理和客户服务的压力和动力更大。

11. 股票基金、债券基金、货币市场基金、混合基金、基金中基金

依据投资对象的不同，基金可以细分为股票基金、债券基金、货币市场基金、混合基金、基金中基金等类别。依据投资对象对基金进行分类，

简单明确，对份额持有人具有直接的参考价值。根据中国证监会在 2014 年 7 月 7 日发布的《公开募集证券投资基金运作管理办法》对基金做了如下分类：

（1）股票基金。股票基金是指以股票为主要投资对象的基金。股票基金在各类基金中历史最为悠久，也是各国广泛采用的一种基金类型。根据中国证监会对基金类别的分类标准，80% 以上的基金资产投资于股票的，为股票基金。

（2）债券基金。债券基金主要以债券为投资对象。根据中国证监会对基金类别的分类标准，80% 以上的基金资产投资于债券的，为债券基金。

（3）货币市场基金。货币市场基金以短期货币市场工具为投资对象。根据中国证监会对基金类别的分类标准，仅投资于货币市场工具的，为货币市场基金。

（4）基金中基金（FOF）。以其他基金份额为投资对象的基金。根据中国证监会对基金类别的分类标准，80% 以上的基金资产投资于其他基金份额的，为基金中基金。基金中基金是近年来基金行业发展创新的产物，这意味着基金投资者拥有了更大的灵活性，基金的可投资资产也得到了进一步丰富。

（5）混合基金。混合基金同时以股票、债券、FOF 为投资对象，以期通过在不同资产类别上的投资，实现收益与风险之间的平衡。根据中国证监会对基金类别的分类标准，投资于股票、债券、FOF 和货币市场工具，但股票投资和债券投资的比例不符合股票基金、债券基金、FOF 规定的，为混合基金。不过，截至本书编辑时，混合基金暂时都没有投资其他基金份额。

（6）其他基金。中国证监会规定的其他基金类别。

《公开募集证券投资基金运作管理办法》所确定的基金分类标准是目前中国基金市场的法定分类标准，凡是在中国内地进行注册成立的基金公司都应该遵守此规定，新发行的基金都会在基金名称中予以写明，研究基金、投资基金，都要以此为准。

12. 成长型基金、收入型基金和平衡型基金

根据投资目标内在特质的不同，基金可以细分为成长型基金、收入型基金和平衡型基金。一般而言，成长型基金的风险大、收益高；收入型基金的风险小、收益也较低。这样的分类方法，带有较多的海外市场的理论色彩。

成长型基金是指以追求资本增值为基本目标，较少考虑当期收入的基金，主要以具有良好增长潜力的股票为投资对象。在当前国内市场的投资实践中，此类基金的投资标的通常为具有高成长性的上市公司，从市值规模来看，多为中小规模的股票。

收入型基金是指以追求稳定的经常性收入为基本目标的基金，该类基金主要以大盘蓝筹股、公司债券、政府债券等高收益证券为投资对象。此类基金在国内市场上通常被称为价值型基金，投资标的主要是中大型上市公司。

平衡型基金则是既注重资本增值又注重当期收入的一类基金。平衡型基金是指兼具成长与收入双重目标的基金，其风险、收益则介于成长型基金与收入型基金之间。

13. 主动型基金与被动（指数）型基金

依据投资理念的不同，基金可以细分为主动型基金与被动（指数）型基金。主动型基金是一类力图取得超越基准组合表现的基金，即阿尔法收益。此类基金目前是中国公募基金中的主力，是最为能够体现基金公司核

心竞争力的地方。

与主动型基金不同，被动型（指数）基金并不主动寻求取得超越市场的表现，而是试图复制指数的表现。被动型（指数）基金一般选取特定的指数作为跟踪的对象，因此通常又被称为指数型基金。从国内市场的发展情况来看，ETF 已经成为被动型产品里的主流。

从国内外基金的历史业绩来看，具有主动型投资风格基金的业绩通常优于具有被动型投资风格基金的业绩。但是，这两大类基金各有各的特点，适合不同的投资者偏好，如：前者往往会有较高的行业集中度、个股集中度，而后者则显著地偏向于分散投资；前者或会有股票仓位的调整，后者则基本恒定，如 ETF 就是保持在 99% 以上；前者若高仓位，是风格，后者若高仓位，是规则。

14. 公募基金和私募基金

根据募集方式的不同，基金可以细分为公募基金和私募基金。公募基金是指可以面向社会大众公开发行销售的一类基金；私募基金则是只能采取非公开方式面向特定份额持有人募集发行的基金。

公募基金主要具有如下特征：可以面向社会公开发售基金份额和宣传推广，基金募集对象不固定；投资金额要求低，适宜中小份额持有人参与；必须遵守基金法律和法规的约束，并接受监管部门的严格监管。与公募基金相比，私募基金不能进行公开的发售和宣传推广；投资金额要求高，份额持有人的资格和人数常常受到严格的限制，如不可以超过 200 人。

私募基金的投资者必须是合格投资者。合格投资者是指具备相应风险识别能力和风险承担能力，投资于单只资产管理产品不低于一定金额且符合下列条件的自然人和法人或者其他组织。合格投资者的条件有三：（1）具有 2 年以上投资经历，且满足以下条件之一：家庭金融净资产不低于

300 万元，家庭金融资产不低于 500 万元，或者近 3 年本人年均收入不低于 40 万元。（2）最近 1 年末净资产不低于 1000 万元的法人单位。（3）金融管理部门视为合格投资者的其他情形。合格投资者投资于单只固定收益类产品的金额不低于 30 万元，投资于单只混合类产品的金额不低于 40 万元，投资于单只权益类产品、单只商品及金融衍生品类产品的金额不低于 100 万元。

公募基金必须遵守基金法律和法规的约束并要接受监管部门的严格监管相比，私募基金在运作上具有较大的灵活性，所受到的限制和约束也较少。它既可以投资于衍生金融产品，进行买空卖空交易，也可以进行汇率、商品期货投机交易等。私募基金的投资风险较高，主要以具有较强风险承受能力的富裕阶层为目标客户。

15. 五类基金适合什么样的投资者？

五类基金指的是：股票基金、债券基金、货币市场基金、FOF、混合基金。一般来看，它们所适合的投资者如下：

股票基金属于高风险、高收益的投资工具，适合风险承受能力较强的投资者投资。

债券基金的波动性通常要小于股票基金，是收益、风险适中的投资工具，适合追求稳定收入的投资者。在具体的投基实践中，由于债券基金的投资标的不同，如利率债、信用债、可转债，等等，相关债基的风险也会有所不同。实战时，需要认真筛选。

货币市场基金具有风险最低、流动性好的特点，其收益率一般要高于银行一年期定期存款，适合于厌恶风险、对资产安全性要求较高的投资者进行短期投资。所以，拥有一定金额的短期闲置资金，并希望有稳定增值机会的投资者，均适合投资货币市场基金。

FOF，即基金中基金，适合范围最广。后面有专门的章节叙述。

混合基金的风险低于股票基金，预期收益则要高于债券基金，适合较为保守的投资者，不过，在具体的投基过程中，必须要认真识别混合基金的内在特质，如偏股的混合、偏债的混合，等等。

16. 如果基金管理公司倒闭，所投资的基金会不会受影响？

从我国基金的运作模式来看，基金管理公司的主要职责是代表基金份额持有人做出投资决定，并根据基金的目标做投资管理。而基金资产是保存在独立的基金专户内，由基金托管银行保管，资金所有的进出均委托独立的基金托管银行执行。基金资产独立于基金管理人和基金托管人的自有资产，基金管理人和基金托管人的债权人对基金资产没有求偿权。

上述规则表明，如果基金管理公司或托管银行面临危机，其债权人也无权动用基金专户资产，即使在最坏的情况下，基金管理公司或托管银行宣布破产，基金的资产安全性仍会得到保障。

从投资运作的角度上来看，由于基金管理公司的倒闭，可能会在一定程度上影响旗下基金的投资运作，进而影响到相关基金的业绩。不过，在我们国家当前这种严格、严密监管的体制下，管理层会从各个角度做好对于相关风险控制工作，以保障基金管理公司的稳定运作。

17. 投资开放式基金，投资者享有哪些权利？

按照《中华人民共和国证券投资基金法》第四章第四十六条规定，基金份额持有人享有下列权利：

（1）分享基金财产收益；

（2）参与分配清算后的剩余基金财产；

（3）依法转让或者申请赎回其持有的基金份额；

（4）按照规定要求召开基金份额持有人大会或者召集基金份额持有人大会；

（5）对基金份额持有人大会审议事项行使表决权；

（6）对基金管理人、基金托管人、基金服务机构损害其合法权益的行为依法提起诉讼；

（7）基金合同约定的其他权利。

18. 投资开放式基金，投资者需承担哪些义务？

一般基金持有人需承担以下义务：遵守基金合同；缴纳基金认购、申购款项，承担规定的费用；承担基金亏损或者终止的有限责任；不得从事任何有损基金及其他基金当事人利益的活动；法律法规及基金合同规定的其他义务。

19. 什么是基础市场？

这是我在研究基金与投基实战中经常会说到的，在本书中也会经常写到。其定义是：只要是基金可以投资的市场，就可以统称为基础市场，它包括股票市场、债券市场、货币市场、权证市场、期货市场、外汇市场、基金市场，等等。这些市场的价格波动，会直接影响到基金净值的波动。研究基金的延伸，就是要随着相关基金资产配置的情况，适度地、偏宏观性地关注相关基金重点配置的基础市场。

按照基金产品合同中的约定，基金投资于基础市场各类投资对象的资产配置比例不同，基金的类别就不同。《中华人民共和国基金证券投资基金法》《证券投资基金运作管理办法》中的基金分类标准正是按照这种方法确定的。这一切，是认识基金、了解基金、研究基金、投资基金的起点。近几年，随着基础市场的扩大，尤其是股票市场注册制的实施，一些主题与行业基金陆续出现，特点鲜明，风险收益特征显著，可投资价值独特。

当基金投资运作之后，其对于各类资产的配置情况，就成了基金的投资运作特点。在公募基金中，由于监管与合规的严格要求，通常不会出现超越合同所规定的投资范围的情况，但是，由于合同所约定的投资范围的大小、宽窄不同，基金的投资偏好不同，基金经理的研究积淀不同，基础市场行情的走势预期不同，等等，一些基金会或多或少在资产配置上出现一些倾向，这就是基金的投资风格表现了。

20. 契约型基金与公司型基金

我国于 2003 年 10 月 28 日第十届全国人民代表大会常务委员会第五次会议通过了《中华人民共和国证券投资基金法》，于 2012 年 12 月 28 日第十一届全国人民代表大会常务委员会第三十次会议进行修订，并于 2013 年 6 月 1 日起施行。根据全国人大官方网站对《中华人民共和国证券投资基金法》的释义第一百五十三条，按证券投资基金的组织形式和法律地位，可以把证券投资基金分为契约型基金与公司型基金。

公司型基金以美国的投资公司为代表，我国目前设立的基金则为契约型基金。

契约型基金由基金份额持有人、基金管理人、基金托管人之间所签署的基金合同而设立，基金份额持有人的权利主要体现在基金合同的条款上，而基金合同条款的主要方面通常由基金法律所规范。目前，各个基金管理公司发起成立的封闭式基金与开放式基金都属于契约型基金。

公司型基金在法律上是具有独立“法人”地位的股份投资公司。公司型基金依据基金公司章程设立，基金份额持有人是基金公司的股东，享有股东权，按所持有的股份承担有限责任、分享投资收益。基金公司设有董事会，代表份额持有人的利益行使职权。在运作过程中，公司型基金的董事会对基金管理公司的投资运作有较大的监督作用，这样相对于契约型基金，更能够保障投资者的利益。公司型基金在形式上类似于一般的股份公司，但不同于一般股份公司的是，它委托基金管理公司作为专业的财务顾问或管理公司来经营与管理基金资产。

契约型基金与公司型基金的区别主要在于：

（1）法律形式不同：契约型基金不具有法人资格，公司型基金具有法人资格。

（2）投资者的地位不同：契约型基金的投资者没有管理基金资产的权利；公司型基金的投资者是公司的股东，通过股东大会享有管理基金的权利，因此公司型基金的投资者比契约型基金的投资者权利要大一些。

（3）基金运营依据不同：契约型基金依据基金合同营运基金；公司型基金依据基金公司章程营运基金。

二、基金与其他投资品种的区别

1. 目前国内居民可以利用的投资渠道有哪些？

目前我国国内居民可以利用的投资渠道主要有：（1）银行储蓄；（2）国债、企业债等债券；（3）保险；（4）股票；（5）基金；（6）外汇；（7）信托；（8）贵金属；（9）邮票、钱币、艺术品、古董等收藏品；（10）房地产；（11）实业；等等。

在上述各个渠道中，本书的推荐重点是：基金。通过基金这个中间桥梁，事实上，大家可以间接地投资很多方面，上述 11 项中，多数都可以涉及。而这一切，反过来又可以凸显出基金的特点和风险收益特征。

2. 基金与银行存款的区别在哪里？

第一，性质不同。银行储蓄存款表现为银行的负债，是一种信用凭证，银行对存款者负有法定的保本付息责任，在我们国家，银行通常以国家的信誉作为担保，因此储户在名义上不存在损失的风险。基金是一种受益凭证，基金财产独立于基金管理人，基金管理人只是代替投资者管理资金，并不承担投资损失的风险，由于基础市场行情的波动、基金管理人的投资管理能力不同等原因，投资者常常会承担本金损失的风险。

第二，收益与风险大小不同。一般情况下，银行存款利率相对固定，投资者几乎没有损失本金的可能性，取得的收益也都是事先可以知道的、固定的。基金并不保证本金的安全，即存在亏损的可能性，但也有机会分享证券市场上涨带来的收益，在基础市场行情好的时候，如 2020 年，就有多只主动权益类基金（包括股票基金和混合偏基金）的年净值增长率超过了 100%。

第三，信息披露程度不同。银行吸收存款之后，不需要向存款人披露资金的运用情况，即银行信贷资金的使用情况。基金管理人则必须定期向投资者公布基金的投资运作情况，在不同的时间点上还有不同信息披露的深度和广度要求，例如在年报中，基金必须披露其所购买的全部股票和债券，及其他投资运作信息。

第四，期限不同。银行存款有定期活期的区别，人民币定期存款一般有 3 个月、6 个月、1 年、2 年、3 年、5 年等期限；外币存期则一般有 1 个月、3 个月、6 个月、1 年、2 年等期限。封闭式基金通常有一定的封闭期限，发行完毕后的规定期限内固定不变。开放式基金通常是没有期限的，一方面，如果相关基金公司的运作情况良好，相关基金可以长期存在，否则当规模缩减到一定程度之后，按照有关规定，该基金必须清盘；另一方面，除了新基金在刚刚成立之后通常会封闭 3 个月左右之外，在其他时间里通常是允许投资者自由申购与赎回的。

第五，投资对象不同。银行存款几乎可以投资到社会经济生活的各个领域。按照《中华人民共和国证券投资基金法》第七十二条规定："基金财产应当用于下列投资：上市交易的股票、债券；国务院证券监督管理机构规定的其他证券及其衍生品种。"

3. 基金与债券的区别在哪里？

第一，性质不同。债券反映的是债权债务关系，是一种债权凭证，投资者购买债券后就成为公司的债权人。基金反映的则是一种信托关系，是一种受益凭证，投资者购买基金份额就称为基金的受益人。

第二，资金的使用方向不同。债券是直接投资工具，筹集的资金主要是投向实业领域；而基金是一种间接投资工具，所筹集的资金主要投向上市交易的股票、债券，国务院证券监督管理机构规定的其他证券品种。

第三，投资收益与风险大小不同。通常情况下，债券可以给投资者带来一定的利息收入，波动性也较股票要小，是一种低风险、低收益的投资品种，通常不存在损失的风险。基金投资于各种各样的股票、债券，能够有效地分散风险，是一种风险相对适中、收益相对稳健的投资品种，既有损失的可能，也有取得高收益的机会。

第四，信息披露程度不同。债券通常会在发行的市场披露募集资金的使用方向，但在具体的使用期限内便不再做任何披露。基金则是有大量的、定期与非定期的信息披露，以便在适当的范围内让投资者充分了解其投资运作情况。

4. 基金与保险的区别在哪里？

第一，性质不同。从一般意义上说，购买保险是购买保障，而非一般意义上的投资。投资基金则是一种投资行为。

第二，收益不同。投资连结保险则是一种投资型的人寿险种，它除了要给予客户生命保障外，更具有较强的投资功能。购买者缴付的保费除少部分用于购买保险保障外，其余部分进入投资账户。投资账户中的资金由保险公司的投资人员进行投资，投资收益在扣除公司必要的投资成本后，将全部分摊到投资账户内，归保户所有。同时，投资带来的风险也得由保户自行承担。就国内目前投资连结保险的实际运作情况来看，绩效状况都不够理想。基金是一种更加纯粹意义上的专业化的资产管理投资工具，近几年的投资绩效表明，基金的绩效远远优于保险。

第三，交易流程不同。投资连结保险可以通过投资基金而获取收益，同时兼有保险公司的保障权益。但投资连结保险需要与保险公司签订合同，并满足规定的条件，而且退保后，相应保障的权利随之消失，其中的手续比较复杂。投资基金的业务处理手续相对比较简单，没有一些苛刻的条件、繁杂的手续。

第四，成本不同。由于投资连结保险往往是通过投资基金获利，在取得收益方面相当于支付了双重的费用；投资连结保险是一种间接投资，成本较高，而且是高于基金很多。投资开放式基金只需支付一定比例的认购费或申购费、赎回费、管理费等，总成本比投连险低。

第五，信息披露的方式与程度不同。投连险的信息披露很少，而且在时间上非常滞后。基金的投资运作信息相对规范得多，而且从信息披露的及时性、信息的充分性上看，都比投连险好很多。

第六，产品本质上的不同。从根本上讲，投资连结保险更注重保障功能，投资只是其辅助功能。而开放式基金是专业从事投资的金融工具，不具有保障功能。不过，由于基金的成本相对较低、收益相对较高等一系列原因，使得基金的发展速度远远高于投连险的发展。

5. 基金与股票的区别在哪里？

第一，两者所反映的经济关系不同。股票反映的是一种所有权关系，股票是一种所有权凭证，投资者购买股票后就成为公司的股东，可以通过股东大会行使自己的权力。基金反映的则是一种信托关系，是一种受益凭证，投资者购买基金份额就称为基金的受益人。

第二，资金的投向与性质不同。股票是直接投资工具，筹集的资金主要是投向实业领域。基金是一种间接投资工具，所筹集的资金主要投向股票、债券等。

第三，投资收益与风险大小不同。通常情况下，股票价格的波动性大，是一种高风险、高收益的投资品种。基金投资于众多股票，能有效分散风险，是一种风险相对适中、收益相对稳健的投资品种。由于基金是一种专业化的资产管理工具，其在一般情况下的收益要优于普通投资者自己直接进行投资运作。

第四，投资回收方式不同。股票没有到期日，股票投资者不能要求退股，投资者如果想变现的话，只能在二级市场出售。开放式基金的投资者可以按资产净值赎回基金单位，封闭式基金的投资者在基金存续期内不得赎回基金单位，如果想变现，只能在交易所或者柜台市场上出售，但存续期满投资者可以得到投资本金的退让。

6. 基金与现有理财产品的区别在哪里？

基金与现有理财产品一样都是集中投资者的资金，交由专业机构进行专业化的资产管理运作，均以权益类和固定收益类证券产品为主要投资目标，投资人的资产均设立专门账户，由独立的托管银行进行托管，这两者之间的区别是：

第一，产品的性质不同。现有理财产品更像是私募基金类的投资品种，在募集的时候没有在公开媒体上的、内容规范的信息披露。基金则属于公募类的投资品种，在证监会的严格监管之下，是目前市场上规范的投资工具之一。

第二，流动性不同。理财产品更像是“定期储蓄”的替代品，银行的人民币理财产品属于封闭式管理，且收益率与年限挂钩，投资者通常不能随时赎回，流动性也受较大的限制。除了刚成立的基金以外，投资者可以随时申购、赎回基金，因此基金具备有较好的流动性。

第三，管理人不同。理财产品的管理机构是银行、信托或其他证券类机构。基金的管理机构是基金公司。两者的专业投资管理水平相差较大，后者明显高于前者，尤其是在权益类产品方面。

第四，收益不同。理财产品的收益率相对略低，并且收益率与投资年限息息相关。基金的收益与基础市场行情、基金管理人的投资管理能力密切相关，既有亏损的可能，也有获取高收益的机会，如 2020 年度以股票市场为主要投资对象的基金就普遍取得了较好的收益。

第五，风险不同。由于有银行的信誉背书，多数理财产品风险较低。现在，在打破刚兑、净值化管理之后，很多理财产品正在转型的路上。至于基金的风险，则会在下一章节里有专门的叙述。

第六，成本不同。理财产品的成本通常会参照基金来确定，但如果投资者提前解约的话，就要缴纳一定的解约手续费，成本立刻提高。另外，理财产品通常还会提取业绩报酬，这就又会把投资成本“提高”很多。基金的成本则相对较为固定，如果是投资货币市场基金、中短债基金，认购费、申购费、赎回费等全免，而且基金目前还没有业绩报酬一说。

第七，交易起点不同。理财产品的门槛通常很高，常见的起点都在万元以上，有些银行对购买者还有一些其他的要求和限制，比如还要搭售一定比例的定期存款，等等。基金的申购起点一般都是 100 元甚至更少，非常适合广大普通投资者。

第八，信息披露不同。理财产品的信息披露很少，基金的信息披露相对更多和详细。

第九，规范程度不同。理财产品市场是一个不断规范发展中的市场。基金是一个已经在严格的法律法规制度框架下规范运作的投资工具。

7. 基金与外汇、房地产、贵金属、收藏品等其他投资工具有什么不同？

第一，外汇。目前部分银行已经开展了个人外汇买卖业务，投资者可以按其报价买卖外汇，从中赚取买卖的差价。但外汇买卖的一些特点决定了其普及性还不高：只有持有外汇的投资者才能进行交易；办理的城市及银行网点还不够多；对专业知识要求非常高，需要花较多的时间进行涉及面非常广的专业研究。

第二，房地产投资。购买房屋是投资房地产的最常见方式之一，房地产投资的优点有：在通货膨胀期，它的价值会增值（尽管在其他时期可能会贬值）；在“投资”的同时，投资者还可以居住；通过按揭贷款，投资者只需要使用一小部分资金（首期付款）就可以控制更多的资产。但是房地产也有很大的缺点，它的价值有可能贬值，而且一般很难出售，即使找到买主，往往也很难卖出适当的价钱。套用基金投资方面的一个术语，即投资房地产的流动性很差。在我国，人口出生率的下降，未来人口的减少，是一个严峻的现实。

第三，贵金属。金银及其他贵金属的供给有限而需求存在上涨趋势，因此在较长时期内可以保值，但这些金属价格波动较大，而且不像股票和债券那样会产生股息红利收益。因为贵金属的价格一般随着生活费用的增长而增加，许多人认为拥有这种资产可以更好地克服通货膨胀，事实上，通货膨胀时期贵金属的价格并不一定能够同步上涨。

第四，收藏品。拥有收藏品（例如：邮票、钱币、艺术品和古董等）的主要收益在于从收藏中获得乐趣，很少有投资者将收藏品投资等同于现金投资、债券或股票。缺点是它需要很浓的兴趣和较强的专业知识，此外，即使收藏品价值很高，投资者也往往难以找到买主去兑现它的价值，即流动性很差。

第五，实业投资。个人也可以进行实业投资，但实业投资需要适当的投资机会和专门人员的参与，对个人的能力和时间也有很高的要求。

基金作为一种相对长期的投资工具，可以通过广泛投资于股票、债券等工具，获得较高的收益，而且投资的分散也使风险降低；流动性也比较好，尤其是开放式基金，多通过证券公司、商业银行的网点代销，甚至网上申购、赎回，交易程序上与买卖股票、存取款等较为相似，变现比较容易。

三、树立资产配置、组合投资的正确理念

1. 资产配置有多少个层级？

在投资的时候要牢固树立资产配置、组合投资的正确理念。所谓的资产配置、组合投资，是指投资者要将可用资金分散配置到各种投资对象上，简单来说，就是大家耳熟能详的“不要把鸡蛋放在一个篮子里”，这是控制风险的最基本要求。

资产配置有三个层级，即：一级配置，二级配置、三级配置。

一级配置，指的是对于各大类可投资产品的组合投资，面对存款、股票、债券、基金、贵金属、理财、外汇、古董、房地产，等等，到底投资谁、舍弃谁？若投资，投资多少？现实生活中，每个人其实都在有意无意地做着一级配置。从专业资产管理的角度来看，尤其是近几年兴起的 FOF，让“资产配置”这个专业术语进入了更多人的视野当中，并作为投资策略思考的一种方式和载体。在 FOF 管理中，面对主动与被动、权益与固收、黄金与石油，等等，该如何配置呢？这已经成为一种全市场约定俗成的一级配置。这种配置，既有在产品设计层面已经固化了的，更应该有基金经理自己主动灵活操作的。

二级配置，指的是对于已选定的一级配置对象做进一步细分的配置，以债券为例，就是在利率债、可转债、信用债等方面如何进行配置；以股票为例，就是对各种题材、各种行业、各种预期等的股票方面如何进行配置；在 FOF 中，就是对于各类基金如何进行配置，等等。这种配置，既有在产品设计层面已经固化了的，也可以有基金经理自己主动灵活操作的。

三级配置，指的是对于已选定的二级配置品种进行具体的标的选择，例如，在债券方面，具体选择哪只利率债债券、哪只信用债债券？在股票方面，具体选择哪只股票？在 FOF 方面，具体选择哪只基金？等等，也就是俗称的“组合投资”。以股票为例，按照“双十规则”，每只基金至少要投资 11 只股票。

2. 资产配置是静态的，还是动态的？

无论静态、动态，甚至是动静结合，都是产品投资策略的构成，无所谓优劣，只有投资机构与投资者的喜好，因为基于静态的、动态的、动静集合资产配置策略的各种产品，会有各种不同的风险收益特征，广大投资者需要根据自身的情况加以甄选。

就当前的市场情况来看，由于一些特定的原因，宣传静态资产配置策略的人比较多，其依据主要是那些过往的成功案例。为此，现在的投资者必须明白：（1）过往的成功，未来不一定是可以重复的。（2）那些经历 10 年、20 年、30 年，甚至更长时间所沉淀下来的成功案例，是否值得大家用自己未来去仿效？人生真正的长期投资，是从结婚成家之后开始，以年龄为参照，大多是在 25 岁左右开始，如果是 30 年，有些人估计已经退休了。即便是“10 年”，从工作到退休，有几个 10 年？

至于动态的资产配置，是较多专业投资人一直在反对的，但事实上，一方面，他们其实是在做动态的资产配置；另一方面，动态的资产配置，即择时，很多投资者一直在做，市场上每天的涨涨跌跌、申购赎回，主要就是因为大家在做择时。成功与否，是另一回事，但是，绝不应该因噎废食，拒绝择时，若专业人士不做，普通投资者不做，那么，市场的活力、市场的流动性将在哪里？如果失去了流动性，这个市场还是市场吗？

三种资产配置策略，各有优劣，大家各取所需，只要有收益就好；至于收益率的高低，就看大家配置的能力和基础市场的走势了；至于对已有的收益是否满意，就看大家的追求和心态了。

3. 什么才是正确的长期投资？

关于长期投资，最核心的解释应该是：（1）基金只是一种适合进行相对长期投资的产品，不是进行绝对的、僵化的长期投资的产品。长期投资不是对一家基金公司、一只基金产品的简单性长期持有，除非它的业绩一直很好。（2）只要我们一直在投资基金，在合适的时间里持有合适的基金，我们的投基行为就是标准的、理性的长期投资。（3）择时很难，但并不是做不到的，且更不应该知难而退。

大家投资基金，都应该知道销售适用性规定，其核心就是 10 个字：合适的时间，合适的基金。反正，不合适的时间、不合适的基金，就不值得投资了。至于是否合适，要看市场了。

基金公司都在说长期投资，这没有错，因为作为专业化的资产管理公司，基金公司的投资行为是长期的。但若放在投资者身上、落实到具体的每一只产品上，就应该另做理解了。

换个角度再想一想：基金公司为什么要设计出那么多种类的产品？目的就是为了适应不同客户的投资需求，让大家去配置。另外，市场上为什么会有那么多的基金公司？为什么会有那么多的产品，就是为了让大家去选择。

作为一种具有专业化资产管理背景的投资工具，绝大多数基金都具有一定的投资价值，至于是否需要长期持有，则由每个投资者根据自己的具体情况、根据各个类型基金的风险与收益特征灵活掌握。

长期持有，即认（申）购某只基金之后不再赎回，一直持有下去。根据基金的历史业绩情况来看，多数基金可以给投资者提供满意的投资回报。以截止到 2020 年末的数据为例，具有 15 年以上运作历史的主动权益类基金，收益率最少的在 500%，最高的已经超过了 2200%，大家都取得了正收益，但收益率的差距较大。因此，在持有基金的过程中，投资者应该密切关注基金的绩效情况，如果基金的确是在一个相对较长的时间区间里排名落后，通常则表明基金经理的投资管理能力有限，投资者应该果断地赎回，毕竟这涉及机会成本问题。

4. 怎样调整投资组合？

投资者可以参考如下策略调整个人的投资组合：

（1）确定投资计划：先根据投资目标、投资期限和储蓄率来确定在股票、债券和现金等各类资产上的配置比例，然后再决定是否需要对现有基金组合进行调整。资产配置比例是一个动态，按照生命周期过程，当离退休越来越近时，投资应该变得越来越保守。

（2）比较目标配置和现有资产配置：从现有的资产配置出发，如果股票比例离最佳配置比例仅有较小的偏差，则不需要进行任何调整。但是当股票比例离目标配置比例有 5 个百分点以上的偏差时，那么就需要考虑进行调整了。

（3）留意基金的投资风格：如果条件许可的话，投资者要通过基金公司的公开信息披露了解基金组合的行业配置情况、个股投资情况，根据自己对证券市场走势的分析和预测，维持或调整基金以实现恰当的配置。

（4）养成再平衡的习惯：通常有两种方法达到再平衡的效果，或者可以进行定期再平衡，比如说每个季度、每半年，或者可以在组合严重偏离目标时进行再平衡，最好把这两种方法合二为一。

5. 如何选择适合我的基金？

市场上的基金有很多不同的类型，且同类基金中各只基金也有不同的投资对象、投资策略等方面的特点。在选择基金时，投资者需要注意浏览各种报纸、销售网点公告或基金管理公司的信息，了解基金的收益、费用和风险特征，判断某种基金是否切合个人的投资目标。具体说来，投资者应该考虑以下几点：

（1）基金是否适合个人需要，基金的投资目标、投资对象、风险水平是否与个人目标相符。

（2）基金经理。基金经理的投资理念、投资风格等与基金的业绩表现息息相关，投资人应尽可能详细了解基金经理的投资经历、过往业绩水平和投资思想等多方面的信息。

（3）在其他条件相当的情况下，投资者还可以关注一下基金的费用水平是否适当，如果能够有机会降低投资成本当然更好。

6. 投资开放式基金有哪些须知？

投资开放式基金的获利秘诀在于追求相对中长期成长的收益，频繁的短线进出可能并不适用，反而会损失很多手续费，因为投资开放式基金的交易成本很高，投资人最好事先做好一个相对中长期的投资规划。

须知一：不要借钱投资。尽量不要借钱投资开放式基金，尤其是以股票市场为主要投资对象的基金，因为在投资的过程中难免会遇到下跌行情，以免为利息负担和短期套牢甚至割肉所累。

须知二：多元化。如果投资者的资金足够多，投资者可以适当考虑根据不同开放式基金的投资特点，分散投资于多个开放式基金。这样，倘若某只开放式基金暂时绩效表现欠佳，通过多元化的投资，不理想的表现便有机会被另一只开放式基金的出色表现所抵消，最终获得一个相当于市场平均水平的投资收益。

须知三：确实了解所选择基金的特性。在做出投资决定之前，投资者需要先了解个人的投资需要和投资目标。在选择基金时，投资者需要仔细阅读基金的招募说明书等法律文件，以便真实、全面地评估基金和基金管理公司的收益、风险、过往业绩表现等情况，以避免选择不适合自己的基金品种。

须知四：定期检查自己的需要和情况。投资者需要根据年龄的增长、财务状况或投资目标的改变而更新自己的投资决定。大部分成功的投资人在储蓄和投资的初期都会追求较高的盈利，而随着时间的延长，当他们需要提取资金时，就会逐渐转向比较稳健的投资。

须知五：在入市的时机选择上要区别对待。对于货币市场基金等，投资者在任何时候都可以投资，因为那是一种比较好的现金管理工具，收益通常高于银行定期一年存款的税后收益，流动性基本上可以与活期存款媲美。对于以股票市场为主要投资对象的基金等，最好能够有一个基本的投资入市时机判断。

须知六：衡量自己的风险承受度。投资前需要了解自身对风险的承受度。通常财务负担较轻或个性较积极的人，风险承担度也较高。

须知七：分散风险。不要将鸡蛋全放在同一个篮子里，因为经济发展存在循环周期，金融市场亦然，动态的三层级资产配置是投资基金的最高指导原则。

7. 投资开放式基金需要防止进入哪些误区？

第一，对投资收益率有不切实际的幻想。基金可以为投资者提供资本增值的机会，但并非一夜暴富的机会。投资收益总会有好有坏，期望开放式基金的收益总是高于长期平均水平也是不现实的。投资者应该根据基金的投资风格、基金经理的投资操作以及证券市场的大市环境等，形成对基金收益的合理预期，否则，投资者可能难以实现原先设定的投资目标。

第二，只看重收益，而忽视风险。投资者必须时刻提醒自己，任何投资活动都有风险，而且风险跟收益是对应的。虽然基金是专业化的资产管理工具，进行组合投资，但也只能够是分散风险，把风险降低到市场的平均水平，而不是能够完全彻底地消除风险。另外，虽然承担高风险并不一定能赚取高收益，但是为了追求高收益，投资者就一定要承担高风险，所以说投资开放式基金仍然是有风险的，若赎回的时点不好，就有损失的可能。

第三，把净值当作价格。投资者不要认为“价格”低的基金便宜、“价格”高的基金太贵。基金不是股票，基金的“价格”背后是基金的净值。基金净值的高低反映了基金经理投资管理水平的高低,投资净值相对较高、绩效相对较好的基金，其实是选择了一个投资管理能力较高的基金经理替您专业理财，未来的净值增长空间相对较大。

8. 购买基金后，投资者应该做些什么？

购买开放式基金后，投资者需要花一些时间来跟踪所投资基金的绩效表现情况及其他可能会影响到基金业绩的信息，再结合自己的投资需要和财务状况来调整投资组合。

（1）留心所持有基金的公告等披露的信息，关心基金的运作表现，如基金份额净值、投资组合、投资策略以及对后市的看法，掌握该基金的投资现状和收益水平。

（2）注意基金管理公司的人事变动。如果基金管理公司发生了重大人事变动，那么投资者应该密切关注该基金的投资变动情况，以便及时调整投资策略。

（3）了解市场对基金投资的评论。投资者可以借助一些专业人士对基金市场的评论，加深对基金投资的全面认识，比如同类基金的业绩表现，基础市场行情的发展趋势等，以此来帮助投资者对所投资基金的相对表现和发展前景做出客观、准确的判断。

(4) 根据自己的支出需求，调整分红方式。开放式基金有“现金分红”和“红利再投资”两种方式，投资者可以自由选择。如果投资者看好后市行情，且不需要资金使用，就可以选择红利再投资这种方式。由于接受分红的方式可以随时调整，投资者常规选择的应该是红利再投资，只有在一些特殊情况下才可以修改为现金分红。

总之，不论选择哪一种基金 , 都必须时常关心自己所投资基金的绩效和投资策略是否符合当初投资时的预期。如果有任何疑问，都应该随时向基金管理公司、向其他专业咨询服务人员询问。

9. 处于不同年龄段的投资者应对基金有不同的投资策略

资产配置，在一级配置层面，由于穿透之后的基金可以范围较广、风险收益特征分布较为齐全，因此，我们建议，可以把基金作为核心的、甚至全部的个人资产配置对象。个人证券投资是贯穿人生的一件大事，人生的证券投资都是从青年阶段开始的，因此，及早规划，按照规划有条不紊地进行操作，对于每一位证券投资者来说都十分重要。互联网时代，资讯十分发达，大家一定要选择专业的、权威的平台进行投资交易。

（1）青年段个人证券投资的策略建议

40 岁以下青年段个人证券投资最佳目标组合规划应该是：低风险基金：50% 至 60%，中高风险类基金：40% 至 50%。

实际操作时，我们还可以把 40 岁以下的个人投资者再细分为 3 个类别，每个类别的投资者又可以有不同的投资策略。

第一类，刚刚走上工作岗位的人。刚刚走上工作岗位的人投资操作只有一个目标，那就是开始试水投资市场，建议：以货币市场基金为主，兼加关注债券基金、FOF 及养老基金。

个人证券投资初级阶段的投资者具有两个显著特点：第一，就是资金量从无到有，从小到大。第二，投资知识有限。由于每一位个人投资者的学习经历不同，学习层次不同，有些个人投资者根本接触不到个人证券投资的知识，有的个人投资者会接触到一部分，只有极少数的个人投资者会以专业的方式学习到与证券投资有关的知识。

处于个人证券投资初级阶段的 40 岁以下个人投资者，做好工作是生活的根本，闲暇之余，可以考虑涉水投资。就目前的金融市场发展情况来看，基金应当是个人投资者在投资初级阶段的首选产品，而且，在目前市场上已有的基金品种当中，货币市场基金既是理想的个人证券投资入门品种，又是商业银行常规储蓄服务项目良好的替代品种。

之所以选择货币市场基金，理由有三：其一，货币市场基金本身就是基金管理公司的专业证券投资产品之一，个人投资者在入门的时候，选择这种已经包含有专业投资背景的产品，是一种合理借助外力、扬长避短的个人证券投资策略。

其二，货币市场基金本身就是一种低风险的投资品种，比较适合才开始接触投资的个人投资者购买。相对于其他很多证券投资产品，货币市场基金的风险之低，几乎要到了可以忽略的地步。因此，从这个角度来看，首先介入货币市场基金，可以在较低的风险承受度的情况下，使个人投资者有一个平和的心态进入投资活动，并在此基础上逐渐了解其他风险较高的投资产品。从理性的角度来讲，个人投资者的风险承受能力，应该有一个随着投资阅历与经验的增长而渐进增加的发展轨迹。

其三，货币市场基金自 2002 年底在中国基金市场问世以来的绩效情况表明，货币市场基金以其几乎同活期存款一样良好的流动性、多数不低于商业银行定期两年存款税后收益的收益水平，得到了包括机构投资者在内的广大投资者的热烈欢迎。

其四，货币市场基金的收益较高。通过专业投资机构——基金管理公司的有效管理，业绩良好的货币市场基金年收益水平通常可以超过商业银行定期两年存款的税后收益。综合来看，这是一个很高的收益水平。

其五，货币市场基金的流动性很好。对此，有的个人投资者似乎认为，就这个阶段的个人投资者来说，由于没有家庭的负担，除去日常的开支以外，基本上完全处于净积累阶段，似乎没有投资方面的流动性要求。但是，大家不要忘记，目前仅仅是 40 岁以下个人投资者的初级阶段。另外，天有不测风云，人有旦夕祸福，因此，在收益性没有太大差别的情况下，选择具有较高流动性的产品，不失为一种明智的投资策略。

第二类，已经有了一定的积蓄并计划结婚成家的人。40 岁以下个人投资者在经历过了入门的初级阶段的投资实践之后，就可以进入第二个阶段。进入这个阶段的标志是：第一，个人投资者已经积累了一定量的资金，有了可以做分散投资的资金基础。第二，个人投资者对于投资活动和投资对象由浅入深、由此及彼已经有了一定的了解，即通过对于货币市场基金的投资，个人投资者应该在投资意念的驱动下，主动地逐步了解其他类型的基金，如股票型基金、混合偏股型基金、混合平衡型基金、债券型基金，等等。

动用一部分资金投资于风险较高的基金，是 40 岁以下个人投资者进入第二个阶段的标志。按照投资原理，风险与收益是相匹配的，即低风险低收益，高风险高收益。为了获取更多的投资收益，40 岁以下的个人投资者必须购入一定量的上述基金。

第三类，已经结婚成家之后的人。进入第三阶段的投资活动，通常有几个前提条件。第一，个人投资者的资金实力进一步增大；第二，通过对于主动权益类基金的投资活动，个人投资者的风险承受能力进一步提高。第三，随着收益的增加，个人投资者对于高收益有了进一步的渴望；第四，不断增加对于主动权益类基金的关注，并进行更为广泛的配置。

（2）中年段个人证券投资的策略建议

40 岁至 60 岁中年段个人证券投资最佳目标组合规划：低风险基金：20%；FOF 及养老基金：40%；中高风险类基金：40%。

按照处于中年段里的个人投资者年龄跨度及家庭生活情况和个人工作情况，我们可以把 40 岁至 60 岁中年段的个人投资者细分为两大类。

第一类，子女尚未工作的个人投资者。此阶段个人投资者的主要特征有四个方面：（1）家庭建立已有一段时间，家庭经济的发展正处于初级阶段，经济实力通常比较有限。（2）孩子尚小。子女教育的费用快速提高，已经成为此阶段里家庭支出的重要项目。（3）个人的风险承受能力进一步提高。（4）可以开始考虑个人的养老投资。

就基金来看，大致可以分为三种类型：（1）稳。低风险、收益稳定的，如货币市场基金，鉴于其风险小、流动性好、收益高的特点，货币市场基金是一个进可攻、退可守的投资产品；（2）守。FOF 及养老基金。相关内容，后面有专门的章节进行介绍。（3）攻。风险中等或者较高的，如以股票市场为主要投资对象的主动权益类基金，如股票基金、混合偏股基金，等等。在这个阶段的个人投资者，其投资策略应该是在坐守货币市场基金收益的同时，伺机动用部分资金进行对于主动权益类基金的投资，以期提高投资收益。

在具体的投资操作中，对于主动权益类基金的投资应该是阶段性的，通常情况下不要进行僵化的长期投资，因为：

第一，从时间的角度来看，股票型基金、股票并不是任何时候都可以长期投资、长期持有的。所以股票市场的行情是有波动的，以股票为主要投资对象的股票型基金的净值也将波动。因此，只有当股票市场处于上涨阶段，股票型基金、股票等才适合作为投资对象。

第二，从基金的产品类型来看，并不是所有类型的基金产品都适合长期投资。以投资标的来区分，基金主要可以分为三大类：股票基金、债券基金、货币市场基金。关于股票基金，上文已述；关于债券基金，当利率市场处于加息周期的时候，通常也不适合投资。至于货币市场基金，通常才是适合长期投资的一种基金产品。

第三，从基金管理公司的层面上来看，并不是所有基金公司的产品都适合长期投资。中国基金市场 20 多年的发展情况表明，各个基金管理公司综合投资管理能力有着很大的差别，有的基金公司旗下的基金可以阶段性赢利，有的基金管理公司旗下的基金或会阶段性有一些亏损。因此，只有好公司的基金才值得作为投资对象。

第四，从具体基金的层面上来看，并不是所有的基金产品都适合长期投资。因为每一只基金的背后，都有一位基金经理，或者一个基金经理小组在管理，而这些人的投资管理水平往往是有很多差别的，这就形成了各个基金之间的业绩的差别，最为直观的反映就是基金净值的高低。同样一轮行情过后，有些基金的净值增长率可以超过基础市场的涨幅，有些基金的净值增长率却低于基础市场的涨幅。

第二类，子女已经长大成人后的个人投资者。此阶段个人投资者的主要特征是：孩子已经长大成人走上社会，开始工作，有收入，可以自己养活自己。作为父母，个人的事业发展已经达到了各自的巅峰期，相对应的是个人的收入也同步达到了巅峰期，个人的积蓄也开始迅速增长。

波浪理论在很多地方都适用，在人生当中也是如此。当巅峰到达的时候，下降就不可避免了。因此，处于巅峰状态的人，往往也是十分成熟的人，这个时期的人在证券投资方面往往既保守又激进，呈现出一种复杂的混合状态。

在具体的投资操作当中，首先，继续保持对于货币市场基金的投资，因为货币市场基金可以是一个以不变应万变的投资品种；其次，不要放松对 FOF 及养老基金的投资；再次，对于主动权益类基金，相信大家已经较为熟悉了。

（3）老年段个人证券投资的策略建议

60 岁以上老年段个人证券投资最佳目标组合规划：以 FOF 及养老基金为主。

处于老年段的个人投资者，辛苦了一辈子，到了安享晚年的时候，一切行事都应该遵循安全保守的核心原则。这个年龄段证券投资者的共同特征是：收入只有退休金，健康状况也呈下降的趋势，精力也不如以往等。总之，这个时候就要做一个“守财奴”，不要太操心，守住钱财，尽量减少不必要的损失，保证有充裕的资金安度晚年。

在基金方面，我们重点推荐的就是 FOF 及养老基金，以及少量的货币市场基金。当前，智能手机已经普及，随着时间的延续，老年人对于手机等电子设备的操作也会越来越熟练，几乎所有的、具备良好投资价值的基金都可以在手机上进行操作，并且，对于年龄的延续，以往那些带有“持有期”概念的养老基金等都已经进入了可以自由赎回阶段，因此，建议大家的晚年资产配置就以 FOF 及养老基金为主。具体的内容，将在第六章进行介绍。

第二章

投资基金有什么风险？

基金具有集合理财、专业管理、组合投资、分散风险、利益共享、风险共担、监管严格、信息透明、独立托管等优势和特点，特别是这几年我国基金业的健康稳定发展，基金规模不断扩大，给投资者提供了一个很好的进入证券市场、分享我国经济增长的方式。但是，基金给投资者带来的高额回报，也使一些投资者忽视了基金背后的投资风险，有的甚至以住房、汽车等为抵押贷款购买基金，这就给基金市场的健康稳定发展带来了很大的隐忧。很多新入市的投资者看到 2020 年基金获得巨大收益的同时，忘记或忽略了前几年基金曾经给很多投资者带来被套牢的痛苦。

其实，只要是投资，就会有风险。这个常识，却经常在市场阶段性获利情况良好的时候被很多持有人忽略。为此，本书的第二章就是要单独阐述一下风险，以便及时提醒读者强化风险意识，对基金有一个全面的认知，并在此基础上做好对基金的投资准备。本章内容如有与监管要求不一致的地方，请以监管部门的规定为准。

一、认清投资基金过程中的风险

1. 投资基金为什么会有风险？

除了银行储蓄存款，任何一种投资都有风险，只是程度有所不同。基金作为一种收益凭证，基金管理人代替投资者管理资产时，并不承担投资损失风险，也不保证本金安全。基金在募集结束后，最终将投资各类证券，因此国家的政策措施、市场的宏观环境、行业发展前景、上市公司的竞争力、市场参与者的行为等因素，都将导致基金投资面临一定的风险从而导致盈亏的可能。

2020 年，是中国公募基金空前的大发展年，最为典型的表现之一，就是“爆款”的基金大量出现，以至于当年的新基金募集一举规模超过了过去三年的总和。但是，在2021年春节之后，随着股票二级市场行情的振荡调整，尤其是前期二级市场走势良好的“抱团”股票的较大幅度下跌，一些基金的净值立即随之有着较大幅度的回撤，很多追高的投资者所持有的基金净值阶段性波动较大。这个波动，就是常见的一种风险。

2. 什么是基金的政策风险？

由于国家货币政策、财政政策、产业政策等一系列政策的变化，有可能会对经济景气周期变动、宏观经济运行周期性波动、利率、通货膨胀率等产生影响，对相关行业的景气变动和行业发展状况产生影响，对企业的盈利情况产生影响，最终对相关证券产品的市场交易价格产生影响。这种影响最为明显的表现就是在股票上，其次是债券，最后，基金的价格或净值也会受到间接的影响。

例如，2018年3月，随着中美贸易摩擦的开始，股票市场受到了很大的冲击，但危中有机，国际市场上的风云突变，让我们国家充分认识到了自主知识产权与核心科技的重要性，尤其是在高电子通信领域，其中的芯片、5G等是典型的代表，为此，国家开始进一步地从战略的高度来重视高科技产业的发展，从研发到高端制造，都给予了很多的政策支持，相关的，就是所对应的股票二级市场良好表现，以及相关主题基金或重点配置在上述市场方面的基金有良好的净值表现。

3. 什么是基金的上市公司经营风险？

企业经营状况会受多种因素的影响，如市场、技术、竞争、管理、财务，等等，都有可能导致资产减少而使持有者遭受损失。企业的经营是一个动态过程，对于它的评级只是基于过往资料、数据、业绩的基础进行，因此，过往的一切并不一定能够代表未来。在投资者的持有期内，相关企业的资信等级也有可能会下降，这种情况就会给投资者获得本息带来损失的可能。

为了防范投资风险，在条件许可的情况下，选择基金产品时一定要对基金投资组合中的重仓公司进行研究，通过对其报表进行分析，对公开披露的其他信息的研究，了解其盈利能力和偿债能力、信誉等。股票受企业经营风险的影响最大，基金和债券所受的影响相对较小一些。另外，从基金自身来看，其资产配置时的行业与主题集中度、个股集中度、自身规模大小、重仓股换手率、整体交易换手率等指标，都需要关注。

4. 什么是基金的利率风险？

利率风险是指由利率的可能性变化给理财者带来收益损失的可能性。对于债券类理财者来说，当利率提高时，债券的价格就降低，此时投资债券便存在一定的风险。为此，应当采取的防范措施是分散债券投资的期限，采取长短期配合的策略。如果利率上升，短期投资可以迅速找到高收益投资机会；如果利率下降，长期债券却能保持高收益。对于股票类投资者来说，股票交易价格的变化，通常与利率水平的升降呈负相关关系。基金通常是以股票、债券为主要投资标的，基础市场交易价格的变化，自然也会对基金的绩效产生影响。

5. 什么是基金的市场风险？

由于二级市场的存在，基金投资对象的市场交易价格便会受到供求关系、市场预期等多种因素的影响而常常变化，如果这种变化与投资者预测的内容一致时，会给基金投资者带来资本增值或者保值；如果不一致，则投资者的利润或本金必将遭到波动，甚至损失。相比较而言，股票的市场交易价格变动最为频繁，其次是基金和债券。

2021 年春节之后是二级市场股票价格波动，尤其是一些“抱团”股票的价格波动，给基金的净值造成了较大的阶段性回撤。为此，有很多投资者质疑基金经理为什么在高位坚持持股，这些声音中，可能包含了很多投资者对于基金的不了解，如：基金的类型、仓位的基本要求、二级市场换手率、交易时的冲击成本、自身的事后诸葛亮、相关上市公司的内在价值，等等。

6. 什么是基金的流动性风险？

流动性风险又被称为变现能力风险，它是指投资者在短期内无法以合理的价格卖出和赎回证券产品的风险。这个风险可以从两个角度来看。

第一，从基金公司的角度来看，就是买卖股票、债券等时的流动性风险，如果不能够及时成交，可能会对基金的净值产生负面影响，最为典型的，就是股票的涨、跌停板，前者或会提高持仓成本，后者则有可能会带来净值的进一步损失。

第二，从投资者的角度来看，在基金方面，这种风险是存在的，如果是封闭式基金，其流动性风险的表现形式就与股票差不多；如果是开放式基金，其流动性风险就有可能在巨额赎回的情况发生时出现。所谓巨额赎回，《证券投资基金运作管理办法》对它的定义是：“开放式基金单个开放日净赎回申请超过基金总份额的百分之十的，为巨额赎回。”

投资基金，尤其是开放式基金，有一个巨大的好处：流动性，即：

如果大家所持有的基金不是带有定期开放、持有期等条款的，且不在封闭期内、没有法定节假日的影响，等等，一般来说，开放式基金都是可以自由赎回的，因此，剩下的，就是投资者自身的审慎抉择了。

7. 什么是购买力风险？

购买力风险又称通货膨胀风险，指的是由于通货膨胀引起的投资者实际收益率的不确定。证券市场是企业和投资者直接融资的场所，因此社会货币资金的供给总量既决定了证券市场的供求状况，也影响了证券的价格水平，当货币资金供应量增长过多，出现通货膨胀时，证券价格也会随之发生变化。而通货膨胀对证券价格有两种完全不同的影响。

在通货膨胀初期，名义资产增值与名义盈利增加，会使得公司、企业股票的市场价格上涨。与此同时，预感到通货膨胀可能加剧的人们，为了保值也会抢购股票，从而刺激股价短期上涨。

当通货膨胀持续上升一段时间后，这便会使股票的价格走势逆转，并给投资者带来负效益，新的生产成本因原材料等价格的上升而提高，企业的利润相应的减少，导致投资者开始抛售股票，转而寻找其他的金融资产作为保值的方式，这些都将会使得股票市场的需求减少，供大于求，股票价格自然也会显著下降。

8. 什么是系统性风险？

系统性风险又称市场风险，指的是整体政治、经济、社会等环境因素对证券价格所造成的影响。系统性风险包括经济周期性波动风险、政策风险、利率风险、购买力风险等。这种风险不能通过分散投资加以消除，因此又称为不可分散风险。

近期来看，系统性风险最为典型的一次大爆发，就是由美国所挑起的中美贸易摩擦，相应地股市经历了一年左右的熊市行情。在此期间，许多基金的净值受到了较大的影响，但同时，也有一些主动策略型基金找到了合适的投资机会，获得了较好的净值表现。

9. 什么是非系统性风险？

非系统性风险指的是个别证券特有的风险，包括企业的信用风险、经营风险、财务风险等。非系统性风险可以通过分散投资规避风险，因此又称为可分散风险。

基金的投资，典型特征就是分散投资，因此，可以在一定程度上分散掉单只股票的风险。而 FOF 及养老基金，由于是在以组合投资的方式持有一揽子基金，因此便具有“风险的再分散”这个独有特征，其内在价值更是由此凸显。

10. 什么是基金公司、基金管理人的道德风险？

基金类理财产品特点是积极管理风险，即在精选个股的实际操作过程中，基金管理人可能限于知识、技术、经验等因素而影响其对相关信息、经济形势和证券价格走势的判断，其精选出的个股的业绩表现不一定持续优于其他股票，这是一种较为客观的风险。

从主观的角度来看，或许是出于某种特殊的利益需要，基金公司、基金管理人可能会在封闭式基金与开放式基金之间、在旗下的各个开放式基金之间、在公募基金资产与私募基金资产之间、在对大客户的服务方面做出一些有争议的管理行为。但是现在，随着计算机技术的发展，更重要的是随着监管手段的提高，各基金公司在防范利益输送方面都有着严格的风控与合规要求，都会尽全力最大限度地维护持有人的利益，保障投资者资产的安全。

11. 什么是基金的操作或技术风险？

在基金的各种交易行为或者后台运作中，可能因为技术系统的故障或者差错而影响交易的正常进行或者导致投资者的利益受到影响。这种技术风险可能来自基金管理公司、注册登记机构、销售机构、证券交易所、证券登记结算机构等。

对此，各相关基金公司，以及各相关的服务机构，都已经制定了严格的操作流程和相关的管理措施，以保证整个业务活动的开展能够做到万无一失。

12. 什么是经济周期风险与购买力风险？

证券市场受宏观经济运行的影响，经济运行具有周期性的特点，而宏观经济运行状况将对证券市场的收益水平产生影响，从而对基金收益产生影响。基金投资的目的是基金资产的保值增值，如果发生通货膨胀，基金投资于证券所获得的收益可能会被通货膨胀抵消，从而影响基金资产的保值增值。

在此情况下，随着基金市场规模的扩大、基金种类的增多，投资者可以通过选择合适的基金类型，来尽量地、适度地规避掉一些风险。

13. 什么是其他风险？

基金产品除了具有上述共性性质的风险之外，还具有一些特有的风险，如信用风险，是指基金在交易过程发生交收违约，或者基金所投资债券之发行人出现违约、拒绝支付到期本息，都可能导致基金资产损失和收益变化；合规性风险，是指基金管理或运作过程中，违反国家法律、法规的规定，或者基金投资违反法规及基金合同有关规定的风险；战争、自然灾害等不可抗力因素的出现，将会严重影响证券市场的运行，可能导致基金资产的损失，金融市场危机、行业竞争、代理商违约等超出基金管理人自身直接控制能力之外的风险，可能导致基金或者基金份额持有人利益受损，等等。

14. 什么是不可抗力因素？

不可抗力因素指基金合同当事人无法预见、无法抗拒、无法避免且在基金合同由基金管理人、基金托管人签署之日后发生的，使基金合同当事人无法全部履行或无法部分履行基金合同的任何事件，包括但不限于洪水、地震及其他自然灾害、战争、骚乱、火灾、政府征用、没收、法律法规变化、突发停电或其他突发事件、证券交易所非正常暂停或停止交易。

15. 把资金交给基金公司管理，安全吗？

目前，根据我国法律规定，基金资产交给银行托管，托管银行对基金资产的投资运作负有保管和监督负责，须对基金披露信息进行复核和审查，这就保证了基金资产核算的准确性和真实性；并且基金公司的管理运作必须接受中国证券监督管理委员会的监督和指导，这就监督了基金管理人行为的合法性和合规性；最后按照《证券投资基金法》规定，“基金资产独立于基金管理人、基金托管人的固有财产”。如果基金公司或托管银行面临破产，债权人也无法动用基金专户资产。因此，投资者不必担心资金会因为基金公司破产而无法收回。

16. 监管部门是如何监管基金运作的？

为了保护投资人的合法利益，为了市场的有序健康运行，也为了基金行业自身的发展，就必须对基金业进行监管。基金的监管就是对基金行业的监督管理，它是指国家有关部门用法律、经济或行政手段对基金和基金管理公司的行为进行监督管理。根据目前基金投资所涉及的领域和市场，中国对基金进行监管的主要机关是中国证监会，基金的部分运作还会受到来自人民银行、交易所和同业协会等部门的管理。来自中国证监会和交易所的监管是我国对基金监管的两种主要方式。

证监会对基金的监管包括对基金管理公司、基金托管人和基金募集申请的核准，以及对已经存在的基金和公司进行日常监管和专门监管。基金业在目前还属于新兴事物，并且处于向市场经济和国际惯例转轨的过程中，基金业又是管理大众钱财的行业，所以在一段时间内对进入基金业实行审批制度是有时代和国情基础的。随着将来市场、基金业和投资人的成熟，基金业将会成为一个真正的自由竞争行业。另外，由于股票型基金是大规模投资于风险较大的股票的，操作中稍有不慎，就有可能使投资者遭受损失。因此，为了避免除了价格波动风险之外的其他因素所带来的风险，有必要对涉及基金运作的所有相关方面进行严格的监督管理。

交易所主要监管基金的交易行为，以及对基金公司作为交易所会员的管理。基金投资主要的场所是交易所，因此，从交易所层面对基金进行一线监管，有利于及时发现和处理有关问题。基金是交易所的一种特殊会员，它的席位也是专用的，交易所运用现代化的电脑技术能够对基金的投资活动进行实时的监控。

当基金的运作涉及货币市场等的时候，它的行为还要受到来自人民银行等机构的监管。

中国证券业协会作为行业自律组织，它在自律监管中也起到一定作用。

一方面，它制定行规，尽量解决一些市场自身能调节的问题；另一方面，它还会配合证监会和其他方面对基金业的监管工作提供有关信息，为监管部门制定监管制度提供研究调研帮助。

因此，基金所有的运作是受到全过程严密监管的，投资者的利益将得到越来越好的保护。

二、投资基金需要注意哪些问题？

1. 为什么说投资者首先应该了解自己？

在选择基金进行投资之前，投资者一定要对自己有清醒的认识，要从自己的年龄和收入、收入的结构、所能承担的风险和期待的收益等方面出发，权衡、选择适合自己的基金产品。

首先，投资者要注意分散投资。要在各个类型的基金产品中合理配置资产，并且在投资同一类型的基金、同一题材的基金时，也要做到分散投资，总之，不要把所有的鸡蛋放在一个篮子中。

其次，要注重产品选择与风险承受能力和理财目标相匹配。对于年轻人而言，如经济能力尚可，家庭负担较轻，可选择风险 / 收益预期较高的基金产品；对于中年人，收入比较稳定，但家庭负担比较重，投资时应该在考虑投资回报率的同时坚持稳健的原则，分散风险，尝试多种基金组合；对于老年人而言，应以稳健、安全、保值为目的，可选择货币基金、债券基金、FOF 及养老基金这些安全性较高的产品。

第三，要注意选择优秀基金管理公司的产品。并非大公司就是好公司，有些小公司同样有优异的业绩表现。应该选择产品风格比较稳定、持股集中度和换手率较低、信息透明度较高的基金管理公司的产品。目前市场上公开的第三方的业绩评价数据，就可以成为大家投资选择时的重要参考依据之一。

第四，要注重选择入市时机。基础市场行情有波动，基金的净值会随着基础市场行情的波动而潮涨潮落，因此有条件的投资者必须选择适当的投资入市时机。良好的入市时机，可以扩大投资者的实际投资收益；反之则会让投资者经受套牢的痛苦。另外，定时定额是一种比较好的投资策略，但不一定适合任何时候与任何基金产品。

2. 为什么说投资者还应该大概了解基金所投资的基础市场？

所谓基础市场，是指基金未来将要投资的市场，如股票市场、债券市场、货币市场、期货市场、外汇市场等。基础市场的行情走势决定了相关基金未来的收益特征。目前中国基金市场上所存在的基金主要有股票基金、债券基金、货币基金、FOF、混合基金、其他基金这六大类，所对应的基金市场主要有股票市场、债券市场、货币市场。

以股票市场为主要投资对象的各类基金纷纷以良好的收益得到了投资者的高度关注。因此，股票市场是投资者目前关注的重点基础市场。股票市场的价格波动具有以下几个特征：

（1）偏向性特征。它是指股票价格总体上具有不断向上增长的长期历史趋势，而非短期市场表现。这是基金长期投资能够盈利的重要理论依据。

（2）随机性特征。它是指股票价格的统计分布服从随机性分布的特征，一般投资者很难准确把握股票价格的涨跌。

（3）跳跃性特征。它是指股票价格波动具有的以较短的交易时间完成较大的波动距离的特性，即涨跌很快，或直接封板。

（4）周期性特征。它是指股票价格波动的频率具有相对稳定的重复性的特征。

（5）心理性特征。它是指股票市场价格波动受到市场心理因素强烈影响的特性。

这五个特征并不是一种平行并存的关系，而是一种相互作用、相互制约的关系。一些有经验、有技术、有技巧的投资者，可以利用股票市场价格波动的这几个特征来制定他们的投资战略和策略，从而赚取相应的收益。作为普通投资者，则不妨借助投资主动权益类基金，如股票基金、混合偏股基金等，来间接地获取投资股市的收益，即把上述这些对上市公司的调研、研究等，统统交给带有专业化资产管理背景的公募基金公司去做。

3. 为什么说选择基金时要先看基金的业绩排名？

基金在选择股票进行投资之前，要做大量的研究工作，一般来说，其研究方法可以分为定量研究和定性研究两大类。定量研究是最为重要的基础工作，有些基金干脆就是以定量研究的结果直接作为投资决策的重要依据之一。定量研究的基本方法，就是对各种数据或直接进行排名，或根据计算后的结果进行排名，总之结果只有一个：按照排名选择出好的股票。

基金排名与股票排名其实有着同工异曲之妙。因此，基金业绩排名必须成为投资者选择基金的重要参考依据，否则，万一买到了差的基金怎么办？

看基金的业绩排名，还有一个潜在的益处：投资基金的本质，是享受基金的专业化资产管理服务；而这种服务的好坏优劣，最直接地表现在基金的净值方面，好的服务，基金净值自然高，而业绩排名，就是要让投资者能够通过业绩排名的表现，来发现在同样的期限内所创造出的收益相对更好的基金。

4. 基金的过往业绩能代表未来表现吗？

不能，因为开放式基金，特别是带有主动投资策略性质的各类基金，在不同的投资时期，所面临的宏观经济状况、市场环境、上市公司业绩状况、行业配置情况、资产配置情况、基金公司背景情况、基金经理综合情况等诸多的影响因素都是有所不同的。因此，随着时间的递延，由于诸多影响因素的不可复制且不确定性，导致投资业绩不会完全相同，甚至有时会因为某些环节产生巨大变化而导致投资收益出现较大的差异。

不过，虽然过往业绩不能代表未来的表现，但有两点基本逻辑是客观存在的：第一，优异的、稳定的过往业绩，是基金公司投资管理能力的重要表现；第二，过往业绩好，未来也好，将是大概率事件。反之，如果不选择过往业绩好的基金，难道要选择过往业绩不好的基金吗？（上述分析，假定基金公司的综合情况稳定，基金经理也没有更换。）

5. 机构投资者不看业绩排名吗？

机构投资者是基金公司的重点服务对象，即使如此，机构投资者在选择基金进行投资的时候，还是要根据业绩排名来选择好基金、好的公司进行接触。机构投资者看业绩排名，其实就是在做定量研究，机构投资者与基金公司进行交流，就算是某种程度上的定性研究。

曾经有超大型机构投资者的代表在某次会议上说他们根本就不看基金的业绩排名，这种说法不仅是错误的，而且也不合逻辑。试问：没有排名如何对基金进行研究？难道他们是在对所有的基金进行研究吗？当然不是。业绩排名是研究的基础工作，通过业绩排名可以过滤掉业绩差的基金，然后再对留下的基金进行研究。这就好比是选鸡蛋，臭蛋与好蛋的区别在于气味和颜色，这是最为基本的区分方法，难道还有人要放弃这种简单的方法，化简为繁，寻找其他科学的区分好蛋与臭蛋的方法？

一些超大型机构投资者可以同基金公司有及时的、直接的沟通，有些实力强大的机构投资者几乎可以随时让基金经理来当面汇报工作。在这样一种情况下，机构投资者具有普通投资者根本无法攀比的信息优势，他们在掌握了大量第一手信息的情况下，当然会在一定的期限内对最为基础的业绩排名视而不见。另外，就这些超大型机构投资者来说，他们通常都不会“召见”业绩差的基金及其公司，，即使是“接见”，也都是有分寸、有差别的。

相比之下，在个人投资者中，有多少人看见过多少位基金经理，与管理着自己血汗钱财的基金经理说过多少句话？

因此，无论是大型的机构投资者，还是相关的基金管理公司，无论是谁在散布机构投资者不看业绩排名的言论，都是在对市场、个人投资者进行误导，都是极不负责任的行为。

6. 基金业绩排名的现实意义是什么？

当下，随着计算机技术的高度发达，业绩排名已经是很简单的事情了。开放式基金天天公布净值，全市场就可以天天进行业绩排名。个人投资者受种种条件的限制，难以进行更多的定性研究，因此，现成的定量排名数据就成为个人投资者研究基金的最好参照依据。依据排名，个人投资者可以选择出业绩好的基金进行投资，赎回业绩不好的基金。有了排名，投资者就可以找到优秀的基金管理人。

有的基金公司宣传说不要看排名，要大家看绝对收益，这个观点虽然没有错误，但是不够全面。因为有收益的基金并非都是业绩好的基金，在同一个时期，由于种种原因，基金的绩效表现会有差距，并且随着时间的延长，这种差距会越来越大。宣传说不要看排名的基金公司可能是业绩不好的公司，否则，哪个基金公司不宣传自己旗下业绩表现良好的基金。而业绩良好的基金公司通常是通过业绩排名排出来的。基金公司对投资者最重要的服务就是投资业绩，没有业绩，其他次要服务做得再好也没有用。

基金公司经常把“风险控制”这个词挂在嘴上。其实，这个“风险控制”不光存在于投资股票方面，对于广大普通的基金投资人来说，“风险控制”也贯穿整个基金投资的方方面面。对于基金绩效的短期排名就带有一定的“风险控制”效果，如果通过短期、中期的绩效排名发现一只基金的投资绩效在明显地走下坡路，这本身就是一种极好的风险提示，持有人及时赎回业绩表现转差的基金，就是一种很好的风险控制行为。

投资人与基金公司之间的关系说白了就是主人与管家的关系。投资者把钱交给基金公司管理，基金公司就是投资者的资金的管家，基金公司有权利、有义务、有责任替投资者管理好资金，为投资者尽可能地创造高收益。如果基金公司“教育”投资者不要看业绩排名，就好比是主人还没有说话，管家到开始“教育”主人了，要求主人不要对他们的投资业绩进行评价，不要进行排名，这样的做法有很明显的越俎代庖的嫌疑。

7. 什么样的业绩排行榜更适合投资者？

现有的基金业绩排行榜都是最简单、最通俗、最常规、最适用的绩效、风险排行榜，各个机构发布的排行榜的区别主要在于对基金的分类方面。当前市场上的各种业绩排行榜比较多，投资者在选择基金业绩排行榜的时候要注意以下两个方面的问题：

第一，选择自己能够看得懂的业绩排行榜。基金排行榜是在对基金进行合理分类的基础上进行的，这里所说的“看得懂”，就是对排行榜分类能够看得懂。不同的排行榜有着不同的基金分类标准，盲目崇拜国外机构的基金分类方法十分不妥。

第二，投资者可以很方便就得到的业绩排行榜。目前市场进行基金业绩排名的机构有很多，排行榜发布的方式和渠道也有很多，投资者必须根据自己的情况进行适当的选择。

至于排行榜的公正性问题，投资者大可不必担心，因为所有的排行结果都是根据基金公司公开披露的数据按照一定的方法计算出来的，如果有错误，那只是相关排行机构的水平和能力问题，而且，如果数据误差过大，相关基金公司也将会出面干涉。有些境外机构虽然公开发表排行榜数据，但同时申明不对排行榜数据的准确性、完整性负责，那么，这样的数据是否具有参考价值呢？

业绩本身就有高低之别，基金之间的竞争又很激烈，投资人又非常需要相关的研究资讯服务，笔者深切地感受到，对于基金的投资业绩按照一定的规则进行排名，并在此基础上告诉投资人哪些基金在过去的一段时间里做的业绩比较好，这是十分必要的。我不反对“过去的业绩并不能够代表未来”这个具有一定辩证法成分的说法，但下面的选择可以让我们找到正确的投资决策方法：

如果有两个鸡蛋摆在您的面前，数据显示一个蛋的检测结果是好蛋，另一个蛋的检测结果是坏蛋。温馨的逻辑提示：好蛋有可能会变成坏蛋。现在只准您选择一个带走，您选择哪个？

8. 买新基金好，还是买老基金好？

在一般情况下，我更赞成买老基金，其理由如下：

（1）老基金已经进入了正常运作状态，不再有 1 ～ 3 个月的发行期、1 ～ 2 周的成立期、3 个月左右为了建仓而设立的封闭期；

（2）买老基金，可以立即享受到净值上涨带来的收益；

（3）老基金已经有了过往业绩表现，市场知道其投资管理能力。而新基金则没有这些优点。

市场上现在关于新基金主要有以下错误的观点：

（1）很多投资者认为，新基金便宜，买到的份额多，所以划算。这种观点是错误的。投资基金的收益是以投资总额的最终收益率来衡量的，与份额的多少没有关系。

（2）有的人认为，老基金购买的股票已经在高价位了，新基金将会买低价位的股票。这种观点也是错误的。基金的投资运作有着严格的流程，估值高的股票会被卖出，估值低的股票会被买进，因此，市场上不存在新基金专门买低价格——低估值股票的现象。

是买新基金好还是老基金好？首先，要看相关基金的类型，不同类型的基金有着不同的风险收益特征；其次，要分析相关基金所对应的主要基础市场的未来走势，如果主要基础市场的未来走势不值得乐观，无论是新基金、老基金，都不值得购买。反之，则应该是首选老基金。

另外，最核心的是，2017 年 4 月 24 日，中国证监会证券基金机构监管部发布《基金中基金（FOF）审核指引》里的第五条里，在投资组合要求中写道："基金中基金应在投资组合限制中列明以下条款：被投资基金的运作期限应当不少于 1 年。"也就是说，FOF 不可以投资新基金。笔者在这里没有歧视新基金的意思，但从专业投基的角度去看，就是要以投资老基金为主。

9. 买开放式基金好，还是买封闭式基金好？

这两类基金各有所长，投资者在选择这两类基金之前要先了解这两类基金的区别。开放式基金与封闭式基金最主要的区别有：

（1）开放式基金的规模日日变动；封闭式基金的规模固定。

（2）开放式基金以净值作为申购和赎回的价格；封闭式基金的价格

由市场供求关系决定，既有溢价的时候，也有折价的时候。在这样的价格形成机制下，封闭式基金的价格波动会比开放式基金大，投资的机会相对更多。

（3）就目前的市场情况来看，少数基金公司重视开放式基金，轻视封闭式基金，封闭式基金在一程度上有被“边缘化”管理的嫌疑。

（4）开放式基金的交易成本较高；封闭式基金的交易成本较低。

（5）就国内目前的市场发展状况来看，开放式基金是市场发展的主要对象。

10. 货币基金完全没有风险吗？

货币市场基金并不保证在任何时候都不发生亏损，也不保证最低收益率。通常来说，同时满足下列两种情形时，货币市场基金可能会发生本金亏损：一是短时间内市场的收益率大幅上升，导致券种的价格大幅下降；二是货币市场基金同时发生大额赎回，不能将价格下跌的券种持有到期，抛售券种后造成的实际亏损。

从货币市场基金在中国基金市场上出现至今，仅有两只基金在两个交易日出现过负收益。货币市场基金能够有这样的净值表现，与其采用摊余成本法的收益计算方式有关。

11. 债券基金一定不会亏损吗？

债券基金并不保证任何时候都不发生亏损，也不保证最低收益率。通常来说，当出现下列三种情形时，债券基金可能会发生投资亏损：一是短时间内市场的收益率大幅上升，导致券种的价格大幅下降，一般大幅加息或者持续加息会导致这一情况的出现；二是债券基金出现大额赎回的情况，不能将价格下跌的券种持有到期，为了应对赎回被迫抛售券种后造成了实际亏损；三是相关债券暴雷了，尤其是信用债。

一般情况下，债券基金具有低风险和适度收益的风险收益特征，但不能说债券基金一定不会产生亏损。在债券基金里有很多细分项，如二级债基，即其持仓中包含一定比例是股票，通常不会超过基金资产的 15%。还有，可转债也是债券，有的纯债基金是可以投资可转债的，有的则直接命名为可转债债基，由于可转债的二级市场定价与股票较为接近，因此，此类基金的风险也比较高。

12. 投资基金，哪个渠道最合适？

首先，大家一定要记住：“便宜没有好货！”投资基金也是这样，费率上千分之几个点的优惠，不应该成为大家投基决策的依据。

其次，在选择好了基金之后，在哪个渠道申购？就可以适当地考虑一下了。例如，有的基金公司直销渠道、网上交易通道、APP 等，能够给投资者一定比例的费率优惠，这样的渠道，就值得在同等条件下优先考虑。

目前，一些大型网上交易渠道的成本普遍较低，有的甚至低至一折，为此，大家在必须要进行投资基金的时候，在条件许可的情况下，选择网上交易方式相对较好。

13. 买净值高的基金好，还是买净值低的基金好？

这是困扰市场已久的一个老问题，造成这种混乱的根本原因在于一些基金公司、一些销售渠道为了某些特殊时点上的短期营销目的，故意进行错误宣传，混淆是非，误导投资者。

我们的观点很明确：投资基金，不应该以净值的高低作为唯一选择标准，净值即价格，净值的高低与基金未来的收益率没有绝对的关系。基金净值仅仅是基金过去投资业绩的体现，与股票的价格是完全不同的，净值高不代表基金未来下调的可能性更大或者上涨的相对较慢；净值高，代表基金过去的投资业绩好，未来继续升高的潜力更大；净值低说明基金过往的投资业绩不理想，未来增长的速度仍有可能落后于净值高的基金。

另外，分红的多少，是影响到净值高低的一个重要因素，但这里也必须强调：分红的多少，一般不可以成为选择基金的理由，除非为了避税。对于这个问题，我们不妨从以下两个方面来分析：

假设一：在某个相同的期限里，基金都没有进行过分红。在这种条件下，净值高的基金代表着基金管理人的管理水平高，为投资者创造的收益多。因此，投资者就应该选择净值高的基金进行申购。投资者购买基金，本质上是将自己的资金交给基金公司去管理，选择一个好的基金管理人，是大家共同的心愿。

假设二：某只基金做过了分红，分红之后成为净值低的基金。在这种条件下，投资者应该以基金的绩效排名统计数据作为参考依据来选择基金，谁的排名靠前，且比较稳定，这样的基金就应该成为投资者选择的主要对象。另外，即便是有过分红的基金，其累计净值、累计净值增长率都还在那里，也可以作为参考。

由于各只基金成立的时间先后不一样，分红与不分红、多分红与少分红、分红的时间等均有很多的差异，单纯看基金的净值可能会不够准确，尤其是积极分红的基金可能会与净值低的基金被混在了一起，在这种情况下，查看基金的净值增长率及净值增长率排名，就显得非常重要了。

14. 基金是长期投资的产品吗？

上面这句话是基金公司在宣传过程中经常使用的一句话，也是具有很大争议和误导性的话。对于这句话，我们可以从以下几个方面来进行分析：

第一，从基金公司的角度。基金公司是一个专业化的资产管理机构，其公司的收入完全来自管理费，即投资者只要将资金交给基金公司管理之后，基金公司就可以提取管理费了，基金公司当然希望能够管理到越来越多的资金，进而提取到越来越多的管理费。因此，任何一家基金公司都会异口同声地说："基金是长期投资产品。"基金公司的这种做法有其一定的合理之处。

第二，从理财市场、证券市场的角度。基金既是理财产品的一种，也是证券产品的一种。从大理财、大证券、大基金的角度来看，理财是长期的，证券市场是长期存在的，基金也是长期存在的。因此，"基金是长期投资产品"这种观点也有其合理的一面。

第三，从投资者的角度。无论是机构投资者，还是个人投资者，都需要理财，尤其是一些规模巨大的机构投资者。因此，对于这些机构投资者来说，"基金是长期投资产品"这种说法不无道理。

但是对于个人投资者来说，"基金是长期投资产品"这种说法就值得商榷了。首先，个人投资者有钱就可以投，没有钱或者钱少，就可以不投；其次，如果相关基金产品不适合自己，就可以不投资；再次，从理论上讲，基金公司是可以长期经营的，但对于个人投资者来说，大家的生命周期是有限的，以"有限"对"无限"，基金就并非长期投资产品。基金公司总是在说教投资者要看长期业绩，事实上根本就没有永恒的"长期"存在。

第四，从基金产品分类的角度。基金可以被分为很多种类，根据投资标的的不同，有以股票市场为主要投资对象的基金，有以债券市场为主要投资对象的基金，有以货币市场为主要投资对象的基金，这些不同类型基金具有完全不同的风险与收益特征。不同的基础市场行情走势，决定着不同种类的基金将会有不同的收益表现和不同的风险程度，因此说，有的时候适合投资以股票市场为主要投资对象的基金，有的时候适合投资其他类型的基金。

广大投资者必须牢牢记住：没有任何一个基金产品是值得长期投资的，除非它的业绩一直非常好。基础市场行情不同，相关基金的风险与收益表现就不同。基金是值得广大投资者密切关注的投资产品，但投资者在选择基金进行投资的时候要在不同的时间段选择不同种类的基金进行投资，把这些不同的投资行为加起来，就形成了对于基金的、相对的“长期投资”。

15. 基金公司是在进行“专业理财”，而不是“专家理财”

“专业理财”和“专家理财”，一字之差，谬之千里，必须理清。

“专业理财”，强调了公募基金公司的资产管理服务是一种专业化的职业行为，即公司里有多种必需的专业人员提供服务，如：专业化的研究人员（选择好股票、好债券）、专业化的投资决策人员（即：基金经理）、专业化的交易人员（负责买卖）、专业化的清算人员、专业化的信息披露人员、专业化的电脑信息技术保障人员、专业化的市场销售人员、专业化的客户服务人员，等等，大家集中在一起工作，为了一个共同的目的，就是要做好综合性的资产管理服务。这些专业，都是“匠”，从业人员，都是“匠人”。

“专家理财”这种表述，其最大的不适之处，在于有可能无限度地提高了投资者对基金未来收益的预期，总体上有可能不利于行业的稳健和规范发展。对此，我们的观点很明确：在公募基金公司里，并非人人都是资产管理服务方面的专家，只有业绩好的资产管理机构才可以被尊称为：专家。

举个通俗简单的例子：如果有人生病了，要到医院去看病，可以挂两种类型的号，一种是普通门诊的号，一种是专家门诊的号。那么，为什么会有人挂专家门诊的号呢？因为“专家”二字是医疗技术高超的概要。

同理，公募基金的资产管理服务，本质上都是“专业理财”的服务，只有少数业绩好的基金公司、基金经理，才配得上“专家”二字。

16. 投资基金安全吗?

回答是肯定的。投资者投资公募基金的资产受到法律保障。从我国基金的运作模式可以看出，基金是一种相对安全的投资方式。

第一，中国证监会对公募基金的设立、募集、运作及基金管理公司进行监管，保障投资者的权益。国务院及中国证监会发布的《基金法》《证券投资基金管理公司管理办法》《证券投资基金销售管理办法》《证券投资基金运作管理办法》《证券投资基金行业高级管理人员任职管理办法》和《证券投资基金信息披露管理办法》等各项法律法规，对基金的设立、募集、交易、投资、销售、运作、各当事人的权利义务等做了严格的规定，以确保基金的规范运作和基金资产的安全，保护投资者的利益。

第二，在公募基金的运作模式来看，基金管理公司负责基金的管理和运作，而基金的资产则独立存放于托管银行的独立账户中，与基金管理公司、基金托管银行的自有资产及其他基金的资产独立。这些信誉良好的托管机构可以作为资金的保管人，严格按照法律法规和基金合同的规定保管基金资产，确保不被挪作他用。

第三，我国法律法规要求基金管理公司必须有严格的内部控制机制，控制各种风险，保障投资者的资金安全。

第四，独立的会计师事务所会对基金的账务进行审计，律师事务所会对基金的发售和设立等事项出具法律意见，确保各项法律法规得到严格遵守，保护投资者的权益。

由此可见，投资者投资于公募基金的资产受到了多重的保护，因此是相当安全的。但必须要提醒和说明的是：这里所说的安全，与基金的投资回报无关，这里的“安全”，并不保证基金在任何时候都一定能够盈利，基金的净值会随着投资市场的变化而出现波动，因此，投资者投资基金须承担投资的风险。

17. 投资基金是否应看基金的过往业绩排名？

投资基金，必须要看基金的过往业绩。投资基金的本质，就是为了享受基金公司的专业化资产管理服务，为了享受收益，为了在同样的时间里享受到更多的收益，若没有业绩排名，如何知晓相关基金公司和基金经理过往的投资管理情况？

中国证券投资基金业协会的统计数据显示，截至 2021 年 2 月 28 日，市场上已有公募基金 8202 只。这么多的基金，到底谁的业绩好？看排名，一切就很简单、很直白、很客观了。

基金公司的风险提示中，通常都会有这样一句话：过往业绩并不代表未来。这是一句很客观的表述，因为影响基金业绩的因素有很多，本章前面所列示的各种风险均有可能。但是，在基金公司、基金经理本身没有变化的情况下，大家的投资，过往曾经面对的是相同的、多变的客观市场环境，未来还将面对同样的不确定性。那些过往业绩排名好的基金，已经初步展现出了他们较好的综合投资管理能力，当然相对更为值得信赖。

市场上有宣传说：不要看基金的绩效排名，要大家看基金的绝对收益，这个观点虽然没有错误，但是不够全面。因为有收益的基金并非都是业绩好的基金，在同一时期的同类型基金里，如果两只基金分别赚了 1.00 元和 2.00 元，但他们的净值分别是 2.00 元和 6.00 元，看区间净值增长率，答案就很明确了：前一只基金赚了 100%，后一只基金赚了 50%。因此说，基于净值增长率的业绩排名，能够更为准确地反映基金在过往期间的绩效表现。

有宣传说：自己公司的基金与其他公司的基金在行业配置、个股选择、交易数量、成交价格、买卖时点上都不一样，因此，业绩排名是没有可比性的。这种说法是很荒谬，完全是狡辩，试问：有那种完全一样的基金吗？

有宣传说，他们公司的服务很好，并把服务作为选择基金的指标之一。其实，在当前市场环境下，在互联网大时代，各家基金公司的常规服务基本上没有多少区别，而业绩好、净值增长率高，就是最好的服务、最符合资产管理行业本质需求的服务，如果没有业绩，再好的服务也是零。就好比去饭店吃饭，味道不好，饭菜苦，服务再好，都是零。

再换个角度，基金公司的董事会是如何考核基金公司管理层的呢？基金公司是如何考核基金经理的呢？业绩、规模这两个方面的排名，是最重要、最客观的量化指标。

基金的投资者有两类，一类是大额投资者，另一类是小额投资者。前者以机构投资者为主，后者以个人投资者为主。因此，在很多场合下，机构投资者就成为大额投资者的代称，个人投资者就成为小额投资者的代称。机构投资者是基金公司的重点服务对象，即使如此，机构投资者在选择基金进行投资的时候，还是要根据绩效排名来选择好的基金、好的公司。机构投资者看业绩排名，其实就是在定量研究，机构投资者与基金公司进行交流，就算某种程度上的定性研究。

个人投资者由于种种条件的限制，很难进行专业的、深入的、透彻的定性研究，因此，现成的绩效定量排名数据就成为大家选择基金最主要的参照依据。依据排名，个人投资者可以选择出业绩好的基金进行投资，赎回业绩不好的基金；有了排名，投资者就可以找到优秀的基金管理人。从概率的角度来看，前期绩效良好的基金在未来继续走好的概率相对更高；反之，前期绩效表现不好的基金，如果没有出现转好的表现，投资者完全可以忽略这些基金。

18. 定期定额投资方法一定就很好吗？

投资基金的本质，首先在于认定了公募基金到底是否可以投资，如果认为可以，那么其次，就是投基的方法了。定期定额，没有“很好”之说，只是一种可以尝试、可以使用的投资公募基金的专用方法而已。这种方法的出现，一来是针对持续营销去的，二来，解决了“抄底”这个世界级难题。

定期定额投资方法的诞生，背景在于两个方面：一是，早先，基金的销售渠道主要是商业银行，大家便从商业银行的零存整取储蓄中学习和借鉴到了定期定额投资基金的方法，并将其作为动员广大投资者不断购买基金的又一个法宝。二是，定期定额的大力推广是在 2008 年。回顾历史行情，在基金行业发展之初，在刚刚经历过了 2006 年、2007 年跨年度大牛市行情之后，受国际金融风暴的影响，A 股暴跌，基金净值大幅度回撤，从 2008 年开始，如何继续维持基金的销售？定期定额，摊薄成本，应运而生。

一方面，定期定额不一定就是一种很好的投资基金方法，虽然很多基金公司都十分推崇这种方法，但其在投资理念上和营销方法上都存在着很多不合理之处，因为它没有区分基金公司、基金产品、基金种类、投资时机等基本因素，而是一种总体上的买，买，买。

另一方面，如果注意到了区分基金公司、基金产品、基金种类、投资时机等基本要素，定期定额投资也不是一无是处，例如，对于低风险的货币市场基金，从个人资产配置的角度来说，从流动性与收益的较好结合来说，很多投资者都可以使用，即以定期定额的方式，将货币市场基金作为一个蓄水池来进行利用。

此外，市场上现已发展出了定期不定额、定额不定期、双不定等投基方法，甚至是从以月为单位的定投，发展到了日定投、周定投、双月定投、季度定投，等等。总之，基金就那些种类，投基的方法与策略却可以是无穷的，为着一个共同的目标：盈利，能够有无数创造的可能性。

19. 定期定额投资方法的好处是什么？

（1）分散风险、降低平均成本。定期定额是每个月固定的时间投入固定的金额，不做人为的判断，基金净值高买的单位数少，反之则买的单位数多，避免投资人常患追高杀低的毛病。

（2）小额投资、聚沙成塔。定期定额可以让投资人预先以量入为出设定投资预算，每个月固定经由证券公司、银行自动转账投资，无形中会强迫投资人养成类似固定储蓄的习惯，同时经由时间的累积也可产生聚沙成塔、发挥蚂蚁雄兵的巨大效果。

20. 定期定额适合哪些投资者？

（1）领取固定薪水的上班族，根据定期定额的方法，既可以做小额、长期、有目的性的投资，还可以分散风险、减轻压力的特点，所以比较适合领固定薪水的上班族选择。

（2）对于一般投资人而言，不必筹措大笔资金，每月运用生活必要支出外的闲置金钱来投资即可，不会造成经济上额外的负担，更能积少成多，使小钱变大钱，以应付未来对大额资金的需求。

（3）初入社会的年轻人，可以设定为购屋自备款的目标。

（4）而已婚夫妇，可以为子女的教育基金以及退休金做准备。

21. 哪些种类的基金适合开展定期定额？

养老基金，最为适合作为定期定额方式的投资对象。关于养老基金的特点，后面的第六章会专门叙述。需要特别提示的是：养老基金，其实质上就是一种基金，只不过是加了“养老”二字作为定语，撇开“养老”二字，就将其看作为一种基金，没有什么不可以的。

另外，由于基础市场的行情波动特征不同，低风险类基金也适合定期定额，如货币市场基金。

在此基础上，发挥定期定额聚沙成塔的效果，积累大额的资金，在适当的时候投资高风险的基金品种，或者其他投资品种，以期提高投基收益。

22. 做定期定额，从何时开始比较好？

若选择以定期定额的方式投资开放式基金，只要投资者愿意，如果是货币市场基金、养老基金等低风险类别的基金，随时都可以开始进行。

如果是以股票市场为主要投资对象的高风险类基金，则要适当地注意一下投资时机的选择了。

23. 什么是定期定额应该遵守的十大原则？

第一，设定理财目标：每月定时扣款，可分散进场时间，这种“平均成本法”较为适合筹措退休基金，或子女教育基金等长期目标用途。

第二，量力而为：定期定额一定要做得轻松、没负担，投资者应该先分析自己每月收支状况，计算出固定能省下来的闲置资金，再确定每月扣款的额度。

第三，选择适当的扣款日：基金公司多半提供一次以上的扣款日期让投资人挑选，靠近发薪日的扣款日，较能确保钱没被花掉。

第四，持之以恒：相对的长期投资，是定期定额累积财富最重要的原则。

第五，善用暂停扣款规定：当市场过度波动时，投资人可要求暂停扣款，观望一段时间再投入，以降低风险。

第六，选择在上升趋势的市场：如果定期定额的对象是高风险类基金，则超跌但体质不错的市场最适合开始定期定额投资，避免追高是创造获利与本金安全的不二法门。

第七，避免绩效不稳的基金：定期定额安全性考虑应重于获利，大涨大跌的市场或绩效时好时坏的基金都不适合，免得必须赎回时被迫以较差的净值计算获利。

第八，善用部分赎回，适时转换基金：开始定期定额后，若临时必须赎回，或市场在高位，又不能掌握后续走势，不必完全赎回，可赎回部分单位取得资金。

第九，掌握赎回时机：如果定期定额的对象是高风险类基金，如果基础市场行情已在高位，且行情将可能进入另一个空头循环，则最好先行赎回获利了结。

第十，信任专业人士：如果定期定额的对象是高风险类基金，不必太在意短期涨跌，在必要的时候咨询专业人士。

24. 定期定额真的比单笔投资好吗?

通常，定期定额的投资金额都比较小，属于管理闲散资金、积小成大之类的投资，如每周、每月投资个几百元或几千元。

单笔投资，通常指的是金额比较大的投资，如已经有了一笔积蓄，或者已经有一笔数额较大的定投积累，如数千、数万元，现在，根据种种情况，想做一些预期收益更高的投资。一般来看，选择单笔投资时，资金更有机动性，可以根据基础市场行情的变化做相对更为灵活一些的调整。

定期定额与单笔投资，属于两种不同的投资方式，无所谓谁有谁劣，只要是适合投资者自身情况的，只要是能够带来预期收益的，就是好的投资。

25. 公募 REITs 的特定风险有哪些？

新的品种，新的风险。就当前已有 REITs 的信息披露来看，风险的种类增加了很多，基本情况如下：

（1）基础设施基金风险。主要有：基金价格波动风险；基础设施项目运营风险；流动性风险；基金发售失败风险；基础设施基金无法偿还对外债务融资的风险；项目公司可能存在的税务、或有事项等风险；基金设立后实施标的资产交易过程中的操作风险；基础设施项目估值下跌的风险；实际分配金额低于预测的基金可供分配金额的风险；终止上市风险；处置基础设施项目的相关风险；税收风险；基础设施基金关联交易风险；集中投资风险，等等。

（2）基础设施项目相关风险。主要有：基础设施项目管理风险；行业政策风险；市场风险；新冠肺炎疫情恶化的风险；原始权益人租赁集中度风险；同业竞争与利益冲突风险，包括原始权益人同业竞争风险、外部管理机构运营管理过程中的利益冲突风险；客户集中度较高的风险；承租人履约风险；土地使用权续期风险；租约集中到期的风险；进出口贸易下滑的风险；等等。

（3）管理风险。主要有：计划管理人、托管人尽责履约风险；基金管理人的管理风险；基金管理人的操作及技术风险；基金运作的合规性风险；基础设施资产支持证券以外其他投资品种的风险，如：经济周期风险、利率风险、收益率曲线风险、购买力风险、再投资风险；不可抗力风险；等等。

（4）补充说明

其一，前述风险揭示的揭示事项仅为列举事项，未能详尽列明基础设施基金的所有风险，更为详尽的信息，请参看各公司的法定信息披露。

其二，不同的 REITs 项目可能还会有不同的特定风险，具体情况，请以各公司的法定公开信息披露为准。

其三，投资者在参与基础设施基金相关业务前，应认真阅读各产品的招募说明书、《基金合同》等法律文件，熟悉基础设施基金相关规则，自主判断基金投资价值，自主做出投资决策，自行承担投资风险。

其四，除基金管理人直接办理基金的销售外，各基金或还通过销售机构销售，但是，基金管理人和基金销售机构都不能保证其收益或本金安全。

其五，基金管理人承诺以诚实信用、勤勉尽责的原则管理和运用基金资产，但不保证本基金一定盈利，也不保证最低收益。

最后，基金管理人提醒投资者基金投资的“买者自负”原则，在做出资决策后，基金运营状况与基金净值变化引致的投资风险，由投资者自行负担。

第三章

如何选择基金？

如何选择基金，是一个永恒的话题，也因为投资者总是在不断地成长的。自2020年下半年起，随着投基者人数的增加，尤其是大量90后持有人的进入，给市场带来新的活力，最为典型的特征之一，就是娱乐成分的增加，例如：有投基者持有的基金数量多了，就自诩为“FOF经理”了。

一方面，截至2021年1月末，基金的基本数量已经达到了8037只，远远超过了股票；另一方面，基金自身有较多的种类及细分，且影响业绩的因素较多、较复杂，因此，选择基金，其实是一项专业性很强的技术活，否则，就不会有FOF了。本章将从公开信息披露、评价、研究、基金公司、基金经理这五个方面进行叙述，就相关的方式、方法、理念等进行交流，以有助于大家进行选择到好基金，获取良好的投基收益，享受投基的愉悦。本章内容如果有与监管要求不一致的地方，请以监管规定为准。

一、从公开信息披露中了解基金

1. 了解基金资讯和信息的渠道有哪些？

《基金法》第七十六条规定：“基金信息披露义务人应当确保应予披露的基金信息在国务院证券监督管理机构规定时间内披露，并保证投资人能够按照基金合同约定的时间和方式查阅或者复制公开披露的信息资料。”

公募基金的典型特点之一，就是法定的、规范的、及时的、完整的、全面的公开信息披露。了解基金资讯和信息的渠道主要有：各个基金公司的网站、中国证监会网站、中国证券投资基金业协会网站、上海证券交易所网站、深圳证券交易所网站、代销银行的网站、代销券商的网站、第三方销售机构的网站、其他网站，等等。笔者建议以各个基金公司的网站为主。

除了网站之外，各个基金公司都会有客服电话，通过咨询客服，也可以了解到一些基金的信息。随着互联网技术的普及，手机 APP 也随之得到了普及，投资者也可以由此随时随地很便捷地查询相关信息，并进行相关的交易。

2. 基金公司公开披露的基金信息有哪些？

《基金法》第七十五条规定：“基金管理人、基金托管人和其他基金信息披露义务人应当依法披露基金信息，并保证所披露信息的真实性、准确性和完整性。”公开披露的基金信息包括：

（1）基金招募说明书、基金合同、基金托管协议；

（2）基金募集情况、合同生效公告；

（3）基金份额上市交易公告书；

（4）基金资产净值、基金份额净值；

（5）基金份额申购、赎回价格；

（6）基金财产的资产组合季度报告、财务会计报告及中期和年度基金报告；

（7）临时报告；

（8）基金份额持有人大会决议；

（9）基金管理人、基金托管人的专门基金托管部门的重大人事变动；

（10）涉及基金管理人、基金财产、基金托管业务的诉讼；

（11）依照法律、行政法规有关规定，由国务院证券监督管理机构规定应予披露的其他信息。

3. 基金公司公开披露的基金信息应该遵守哪些原则？

信息披露应该遵守实质性原则和形式性原则。

实质性原则包括：真实性原则；准确性原则；完整性原则；及时性原则；公平披露原则。

形式性原则包括：规范性原则；易解性原则；易得性原则。

4. 什么是基金合同？

基金合同是约定包括基金发起人、基金管理人、基金托管人和基金持有人在内的基金当事人的权利、义务的法律文件，基金合同会对基金的基本情况、设立与交易、投资、收益分配、信息披露等进行规定。基金合同规范基金各方当事人的地位与责任。

开放式基金的基金发起人一般就是基金管理人，管理人对基金财产具有经营管理权；托管人对基金财产具有保管权；投资人则对基金运营收益享有收益权，并承担投资风险。基金投资者自取得依基金合同发售的基金份额，成为基金持有人后，即按基金合同享有权利、承担义务。基金投资者欲了解基金持有人及其他基金当事人的权利和义务以及基金的其他详细情况，应当查阅基金合同。

基金合同为制定投资基金其他有关文件提供了依据，包括招募说明书、基金募集方案及发行计划等。如果这些文件与基金合同发生抵触，则必须以基金合同为准。因此，基金合同是投资基金正常运作的基础性法律文件。

5. 基金合同中一般包含哪些内容？

《基金法》第五十三条规定，公开募集基金的基金合同应当包括下列内容：

（1）募集基金的目的和基金名称；

（2）基金管理人、基金托管人的名称和住所；

（3）基金的运作方式；

（4）封闭式基金的基金份额总额和基金合同期限，或者开放式基金的最低募集份额总额；

（5）确定基金份额发售日期、价格和费用的原则；

（6）基金份额持有人、基金管理人和基金托管人的权利、义务；

（7）基金份额持有人大会召集、议事及表决的程序和规则；

（8）基金份额发售、交易、申购、赎回的程序、时间、地点、费用计算方式，以及给付赎回款项的时间和方式；

（9）基金收益分配原则、执行方式；

（10）基金管理人、基金托管人报酬的提取、支付方式与比例；

（11）与基金财产管理、运用有关的其他费用的提取、支付方式；

（12）基金财产的投资方向和投资限制；

（13）基金资产净值的计算方法和公告方式；

（14）基金募集未达到法定要求的处理方式；

（15）基金合同解除和终止的事由、程序以及基金财产清算方式；

（16）争议解决方式；

（17）当事人约定的其他事项。

需要特别说明的是，基金合同并不是要投资者去与基金管理人、基金托管人签约，在投资者充分了解基金的合同内容基础上，投资者认购基金的行为就意味着默许了合同，愿意委托该基金管理人“代您理财”。

6. 什么是基金的招募说明书？

招募说明书是基金在设立募集时，基金发起人公布的用于披露所有对投资者作出任何投资决策有重大影响的信息的法律文件，包括管理人情况、托管人情况、申购和赎回的方式、费用种类及比率、基金的投资目标、收益分配方式等。招募说明书申请经中国证监会核准后，基金管理人应当在基金份额发售的 3 日前，将基金招募说明书、基金合同摘要登载在指定报刊和网站上；基金管理人、基金托管人应当同时将基金合同、基金托管协议登载在网站上。

《基金法》第五十四条规定，公开募集基金的基金招募说明书应当包括下列内容：

（1）基金募集申请的准予注册文件名称和注册日期；

（2）基金管理人、基金托管人的基本情况；

（3）基金合同和基金托管协议的内容摘要；

（4）基金份额的发售日期、价格、费用和期限；

（5）基金份额的发售方式、发售机构及登记机构名称；

（6）出具法律意见书的律师事务所和审计基金财产的会计师事务所的名称和住所；

（7）基金管理人、基金托管人报酬及其他有关费用的提取、支付方式与比例；

（8）风险警示内容；

（9）国务院证券监督管理机构规定的其他内容。

除招募说明书外，基金在设立募集时，基金发起人还会在中国证监会指定的信息披露媒体刊登发售公告，说明基金设立募集的基本情况及具体办理事项。

7. 什么是基金的投资目标？

在基金合同和招募说明书等法律文件中，其“基金的投资”这个章节，通常都会阐述基金的投资目标，表明设立该基金的目的。基金要达到的投资目标，也就是基金经理投资时所追求的目标，一般在基金的投资目标中表明基金投资的主要方法和策略，比如本基金在深入进行量化分析和定性研究的基础上，力求为投资者提供长期稳定的资本增值，等等。

8. 什么是基金的投资理念？

在基金合同和招募说明书等法律文件中，其“基金的投资”这个章节，通常都会阐述基金的投资理念，表明该基金的设计原理以及所追求的绩效目标。基金的投资理念一直是基金管理人投资智慧的最好体现，也是基金投资成功的重要前提和基础。基金投资理念是指导基金经理投资的主导思想，是制定投资策略和资产配置策略的出发点。

9. 阅读基金季报、半年报、年报时应该关注哪些内容？

基金正式运作之后，其法定的公开披露信息主要涉及基金投资的有基金季报、半年报、年报等定期披露信息，其中，频度最高的季报，是大家了解基金、研究基金的重要媒介。无论是季报，还是半年报、年报，这些公开信息披露中的每一项内容，都值得大家认真研读，仔细分析。

例如，在阅读时应特别关注报告期内的基金规模，与前面的报告期相比，是否存在较大的变动，若有巨额的增加和减少一般对基金投资都会产生影响；关注基金经理对基金运作的回顾与展望；关注重仓股、行业配置比例、类属资产配置比例等；关注持有人结构；关注费用情况；关注利润结构，等等，据此分析基金的投资运作情况，是否符合自己的投资需求，有利于做出是否进行投资和是否需要继续进行的决策。

二、关注基金的业绩评价

1. 为什么要关注基金的业绩评价？

基金的本质就是代客理财，由于基础市场行情的波动、基金成立时间的先后、具体投资品种的不同、交易的策略、基金公司整体的资产管理水平和基金经理个人投资水平的高低有别等因素综合起来，基金的业绩因此会有很大的差异，这就为定量分析基金的投资管理业绩提供了现实的市场基础。

定量研究的基本方法就是对各种数据或直接进行排名，或根据计算后的结果进行排名，总之结果只有一个：按照排名情况选择出过往表现相对较好的基金、公司，然后，对此进行研究，最终确定可以投资的具体对象。

2. 业绩评价的意义

基金业绩评价是对基金经理、基金公司投资管理能力的评价，其目的在于将具有好的、较好的、一般的、差的等投资管理能力的各类基金经理、基金公司区分出来。为了对基金经理的投资能力做出准确的评价，基金业绩评价就是对最终的投资结局进行一个完全客观的、定量化的评定。

对基金的业绩进行评价具有多方面的积极意义。投资者需要根据基金经理的投资表现来选择业绩良好的基金经理，然后将资金交给他们管理；基金营销服务人员需要依据基金的具体业绩情况向投资者提供明确的、可以有说服力的、形象化的投资建议；基金公司为了吸引基金投资会利用其业绩表现进行市场营销，会根据业绩评价提供的反馈机制进行投资监控，并为改进投资操作提供帮助；基金公司本身也需要用具体的业绩评价结果来向董事会汇报自身的投资管理业绩；管理部门从保护投资者利益的角度出发既会对如何恰当地使用业绩评价指标加以规范，也会以业绩评价数据作为标准之一来监控市场各方的具体运作情况。总之，所有这些方面都依赖于对基金绩效的正确评价以及对评价数据信息的恰当利用。

3. 什么是分类比较法？

这是当前市场上的主流业绩评价方式。分类比较，即根据基金投资标的的不同、资产配置比例的不同、风格的不同、投资主题或行业的不同、运作方式的不同、观察时间的不同等因素，将具有可比性的、相类似的基金放在一起进行业绩的相对比较，其结果常以排序、百分位、星号等形式给出。这种比较要比不分类的全域比较更能给出有意义、有价值的评价结果。

一来由于开放式基金每天都要披露净值，二来由于当代计算机技术、大数据处理等已经高度发达，以分类比较法为基础的各式业绩排名非常非常多，仅以时间长度这个条件来看，就有滚动时间区间、自然时间区间、特定时间区间三大类方法，且各有各的独特用武之处，并且在每一大类方法之下，还可以有很多很多的细分。以滚动时间区间为例，就可以有：过去一周、过去一个月、过去一个季度、过去半年、过去一年、过去三年、过去五年、成立以来，等等，总之，只要基金有足够的存续时间，任何时间长度皆可。

当前市场上，很多投资者会有意无意地把基金的自然年度业绩作为投资决策的重要参考依据，而作为宣传机构，他们通常会选择相关基金具有较好绩效表现的时间区间来进行宣传，前者存在着很明显的片面性，后者存在着不规范的嫌疑。总之，看业绩排名，要在科学准确分类的基础上，选择合适的时间区间进行观察。

4. 基金净值收益率的计算方法有哪三种?

第一，简单净值收益率计算。简单净值收益率的计算不考虑分红再投资时间价值的影响，其计算公式与股票持有期收益率的计算类似，即以期末的单位份额净值减去期初的单位份额净值后，再除以期初单位份额净值。在没有分红的情况下，这种计算方式可以简单地使用。简单净值收益率由于没有考虑分红的时间价值，因此只能是一种基金收益率的近似计算。

第二，时间加权收益率。时间加权收益率由于考虑到了分红再投资，能够更加准确地对基金的真实投资表现做出评价。时间加权收益率的假设前提是，红利以除息前一日的单位净值减去每份基金分红后的份额净值立即进行了再投资，分别计算分红前后的分段收益率。时间加权收益率可由分段收益率的连乘得到。时间加权收益率反映了 1.00 元投资在不取出的情况下(分红再投资)的收益率, 其计算将不受分红多少的影响, 可以准确地反映基金经理的真实投资表现，现已成为评价基金收益率的标准方法。

第三，算术平均收益率与几何平均收益率。在对多期收益率的评价与比较上，常常会用到平均收益率指标。平均收益率的计算有两种方法: 算术平均收益率与几何平均收益率。通常来看，算术平均收益率要大于几何平均收益率，每期的收益率差距越大，两种平均方法的差距越大。几何平均收益率可以准确地评价基金表现的实际收益情况，因此，常用于对基金过去收益率的评价上。算术平均收益率一般可以用作对平均收益率的无偏估计，因此，它就更多地被用来对将来收益率的估计。1 年以上的长期收益率往往需要转换为便于比较的年平均收益率。需要注意的是，对 1 年以下的收益率一般不进行年平均收益率的计算。

5. 什么是基准比较法?

作为基金评价的延伸和补充，基准比较法是通过给被评价的基金定义一个适当的基准组合，比较基金收益率与基准组合收益率的差异来对基金表现加以评价的一种方法。基准组合是可投资的、未经管理的、与基金具有相同风格的组合，基准组合可以是市场指数、风格指数，也可以是由不同指数复合而成的复合指数。

一个良好的基准组合通常应具有如下四个方面的特征 :1. 明确的组成成分，即构成组合的成分证券的名称、权重是非常清晰的；2. 可实际投资的，即可以通过投资基准组合来跟踪基金管理的组合；3. 可评价的，即指基准组合的收益率具有可计算性；4. 适当的，即与被评价基金具有相同的风格与风险特征。

基准比较法在实际应用中也存在一定的问题：1. 如何选取适合的指数？要从市场上已有的指数中选出一个与基金投资风格完全对应的指数较为困难。2. 基准指数的风格既可能由于股票性质的变化而发生变化，也可能随着时间的变化而变化。3. 公开的市场指数并不包含现金余额，但基金在大多数情况下不可能进行全额投资，这会为比较增加困难。4. 公开的市场指数并不包含交易成本，而基金在投资中必定会有交易成本，也会引起比较上的不公平。

6. 为什么要对基金收益率进行风险调整?

风险调整评价指标的基本思路就是通过对收益加以风险调整，得到一个可以同时对收益与风险加以考虑的综合指标，以期能够排除风险因素对绩效评价的不利影响。

有关研究表明，风险的大小在决定组合的绩效表现上具有基础性的作用，这样直接以收益率的高低进行绩效的评价就存在着一定的争议。绩效表现好的基金可能是由于所承担的风险较高使然，并不表明基金经理在投资上有较高的投资技巧；而绩效表现差的基金可能是风险较小的基金，也并不必然表明基金经理的投资技巧差。

7. 风险调整收益率指标主要有哪些？

市场上主要有三大经典风险调整收益评价方法，即夏普指数、特瑞诺指数、詹森指数。

夏普指数是由诺贝尔经济学得主威廉·夏普于 1966 年提出的另一个风险调整评价指标。夏普指数以标准差作为基金风险的度量工具，给出了基金份额标准差的超额收益率。夏普指数越大，绩效越好。夏普指数调整的是全部风险，因此，当某基金就是投资者的全部投资时，可以用夏普指数作为业绩评价的适宜指标。其有效性依赖于以相同的无风险利率借贷的假设。假定投资者可以以无风险利率进行借贷，这样，通过确定适当的融资比例，高夏普比率的基金总是能够在同等风险的情况下，获得比低夏普比率的基金高的投资收益。

特瑞诺指数给出了基金份额系统风险的超额收益率。特瑞诺指数越大，基金的绩效表现越好。特瑞诺指数用的是系统风险而不是全部风险，因此，当一项资产只是资产组合中的一部分时，特瑞诺指数就可以作为评价绩效表现的恰当指标加以应用。特瑞诺指数的问题是无法评价基金经理的风险分散程度，此指标不能评价基金经理分散和降低非系统性风险的能力。

詹森指数是由詹森（Jensen，1968 年，1969 年）在资本资产定价（CAPM）模型基础上发展出的一个风险调整差异评价指标。与特瑞诺指数一样，詹森指数也是利用收益、风险的相对数来评价基金的业绩。詹森阿尔法的优点在于可以方便地进行显著性检验，因此成为学术界最为常用的业绩评价指标。詹森指数在评估基金绩效时有一个假设，即基金的非系统性风险已通过投资组合彻底被分散掉。因此，此指数模型只反映了收益率和系统性风险之间的关系。如果基金没有完全消除掉非系统性风险，詹森指数可能会给出错误的信息。基金投资充分分散，此指标适用；行业基金等不适用。

三、关于基金的研究

1. 为什么需要研究基金？

对于基金的研究，有很多种方法，有从业绩着手和产品本身起步的；有从投资组合切入的；有从其他评价直接开始的。无论如何，研究的目标都只有一个：选出好的基金来。当前市场上较为流行的方法，是在外部数据库的基础上，通过建模分析，遵循一定的逻辑，找出某些条件下的好基金。

本节介绍的是第一种方法，即从业绩着手和产品本身起步。基金的业绩排名，给出了可以研究的对象，如排名前 10 的基金，但具体投资哪一只基金，还需要通过相关的研究之后来确定。这种方法的缺点在于很繁琐、很枯燥，要阅读大量的产品文件，要对产品本身有透彻的了解。

研究的目的，一是要搞清楚相关基金的业绩是如何获取的，二是要搞清楚其业绩是否具有可持续性。而进行研究的基础，就是要对基金进行分类，在准确合理分类及细分的基础上，做好对于基金的研究。

2. 为什么要对基金的类型进行细分？

在本书的第一章里，详尽介绍的那些基金分类方式都属于最为基础的基金分类方法，是了解基金的基础和必需的知识，虽然它更多地属于偏学术层面的内容，但它不仅仅对从业者是有用的，对于投基者来说，也非常有用。

从实际投资的角度来看，对于基金的分类还需要更加细化，使得投资者可以更加便利地把握基金的特性，更加准确地反映基金市场的发展状况，以及更加容易地选择到适合自己投资的基金。在投基实战中，投资者也可以按照自己的认知与偏好对基金进行分类再处理，以便更好地了解基金、投资基金。总之，在对于基金的分类方面，原则上没有强制性的要求。

3. 什么是“事前法”和“事后法”？

基金分类方法主要有“事前法”和“事后法”这两大体系。“事前法”是指依据基金契约或基金章程来确定基金的类别。由于这类方法基本不考虑基金正式运作之后的投资组合特征，而在基金正式运作之前就确定了基金类别，故被称为“事前法”。全球大多数基金研究机构均采取事前法。“事前法”体现了资产管理行业的诚信准则。“事后法”是指以基金投资组合实际状况为依据对基金进行类别划分，注重的是当前基金的资产配置状况。

从全球基金业的实践经验来看，由于不同类型资产的风险收益特征有巨大的差异，例如，股票投资和固定收益证券投资二者的风险收益就有巨大的差异，监管当局或行业自律组织都会有一个基金产品满足契约约定的最低规范要求。例如，股票基金不能超比例持有债券，债券基金不能超比例持有股票。在国内，随着《中华人民共和国证券投资基金法》和《证券投资基金运作管理办法》的实施，为维护社会公共利益，监管当局以法规的形式为不同的基金产品划分出一个基本框架。这个基本框架是对投资者合法权益的切实保护和对基金管理人投资运作行为的基本约束，也是我们进行基金分类工作的基本依据。

关于“事前法”与“事后法”的区别，以人的性别为例，人的性别通常是在出生时就确定了的，如果有人想更换性别，必须要做变性手术，然后换领新的身份证。这就是“事前法”的内涵。

“事后法”是按照基金投资运作之后的实际情况给基金确定类别，它对于把握相关基金在某一特定时间段上的投资运作特性较有帮助，例如，某位男士的性格比较柔弱，像个女人，有的时候大家会把他当成为一个女人来看待；某位女士性格刚烈，办事果断，像个男人，有的时候大家也会把她当成男人来相处。但无论如何，这位男人或女士身份证上的性别都不会改变。

在基金的实际投资运作过程中，基金的投资运作风格可能会发生漂移，以灵活配置混合型基金为例，其基金契约中约定的股票投资仓位配置比例范围为 0 ～ 95%，即：既可以不买股票，也可以最高仓位持有股票，当其股票投资仓位偏高或偏低时，整个基金组合的性质就发生了变化，这个时候，就需要用“事后法”在定性研究的时候进行辅助处理了。事实上，这种漂移通常都只是一个暂时现象，按照基金契约，从长期投资运作情况来看，基金的真实投资运作还是会回归到其原先定义的标准上，因为，每只基金都还有认购费率、申购费率、管理费率、业绩比较基准、基金经理自身情况、基金经理的配置情况，等等，作为我们研究分析辅助。

在市场上，经常还会有基金转型的案例，如曾经的保本基金、分级基金、短期理财债基等成批量转型成立为其他类型的基金，以及一些基金公司旗下的某些基金根据市场情况，转型为其他类型的基金。对于这些操作，基金公司都会出现相关的法律文件，即基金的转型公告，与此同步，相关的分类调整、绩效排名、定性研究等，也随会之调整。

4. 什么是股票基金？

中国证监会2014年7月11日发布、8月8日起施行的《公开募集证券投资基金运作管理办法》第三十条第一款规定："80%以上的基金资产投资于股票的，为股票基金"。

同时，《办法》的第三十四条、三十五条还规定："基金管理人应当自基金合同生效之日起六个月内使基金的投资组合比例符合基金合同的有关约定。期间，基金的投资范围、投资策略应当符合基金合同的约定"，"因证券市场波动、上市公司合并、基金规模变动等基金管理人之外的因素致使基金投资不符合本办法第三十二条规定的比例或者基金合同约定的投资比例的，基金管理人应当在十个交易日内进行调整，但中国证监会规定的特殊情形除外"。

对于上述条款，简单来说，就是：股票基金必须有80%的资产始终投资在股票上，若有不够，10个交易日内补足。

按照投资策略来分，股票基金有主动和被动两种，前者为市场上常说的股票基金，后者指的是指数基金，包括增强指数型基金、ETF、联接基金。

5. 主动策略的股票基金有哪些特点？

股票基金特点很多，以具有主动投资风格的股票基金来看，其特点主要体现在以下几个方面：

高仓位。股票基金的定义：80%的以上的资产投资于股票。这个80%，是指在基金的建仓期过后，就是一个法定的仓位底限，无论基础市场行情如何，都必须坚守。股票基金的风险收益特征由此而凸显，即基金净值的波动，理论上，基础市场行情跌1个百分点，股票基金的净值要跌0.8个百分点。

分散投资，分散风险。股票是高风险产品。与投资者直接投资于股票市场相比，股票基金具有组合投资、分散风险的特点。此外，投资者投资了股票基金，还可以享受基金大额投资在成本上的优势，降低了投资成本。

风险定位较为适中。与其他基金品种相比，股票基金的风格多样，潜在收益和风险覆盖最广。通俗地讲，就是股票基金的潜在收益和风险有高有低，容易适合不同投资者对于收益和风险的要求，比起债券基金或货币基金，它的潜在收益和风险要高。总的来说，股票基金的潜在风险和收益处于中上的水平。

基于专业化的资产管理服务，股票基金的绩效表现较好，长期来看，都可以获取正收益。以我国新版《基金法》所定义的股票基金为例，截至2020年末，在“成立以来累计净值增长率”项下，绩效表现最好的已有996.50%，在“成立以来年化平均净值增长率”项下，绩效表现最好的已经达到了27.05%。如果以老版《基金法》所定义的股票基金为例，截至2020年末，有很多基金在“成立以来累计净值增长率”项下已经超过了2000%。

具有获得投资国际股票市场的便利。一般来说，各国的股票基本上在本国市场上交易，股票投资者也只能投资于本国上市的股票，而有的投资基金可以投资于国际资本市场的股票、债券等。在这个方面的基金，有两个细分种类，一类是我们常说的股票基金，另一类是QDII基金里的股票基金，前者会在基金契约中约定对于港股的可投资比例范围，如自2020年以来，一般都是不高于股票资产的50%。

具体每只基金情况，请大家在投基之前，一定要认真阅读相关基金的《招募说明书》。

6. 股票基金有哪些投资风格？

股票基金虽然都主要投资于股票市场，但由于投资范围、投资策略和投资方式的不同，也就是所买卖股票特征的不同，导致股票基金存在风格上的差异，形成的收益和风险的配比也不尽相同。

（1）投资范围。按投资的风格大致可将股票基金分为成长型、收入型、平衡型。成长型基金一般以追求资本增值为基本目标，以具有良好增长潜力的股票为投资对象；收入型基金以追求稳定的经常性收入为基本目标，以大盘蓝筹股等稳定收益证券为投资对象；平衡型基金则处于上述两者之间。这种区分是为了适应不同投资者的投资需要，一般而言，成长型基金风险大、收益高，平衡型基金次之，收入型基金风险较小，收益也相对较小。

要了解股票基金到底是怎样的一种风格，可以参阅基金的招募说明书，其中通常会规定该基金的投资范围，以及主要投资于哪一类股票。这样就可以对它的风格有所了解，然后根据自己的风险偏好，找到适合自己的股票基金。当然即使股票基金的风格相同，由于股票的不同，基金的业绩表现也会有很大的差别。因此，基金管理人的水平也是必须考虑的因素。

（2）投资策略。按照投资策略的不同，股票基金又可以被区分为具有主动投资风格的基金和具有被动投资风格的基金，前者是股票型基金，后者是指数型基金。另外，现在还有一些使用量化策略的产品，持有的股票数据也非常多，但与指数无关。

（3）投资方式。同样规模的基金，有的持有的股票少，有的持有的股票多；有集中在少数的行业和主题上，有的甚至是单一的，有的则配置在多个行业或主题上，等等，有的是基金的风格体现，有的是基金的合同约定。这一切，要根据基金的契约而定。

7. 什么是指数型基金？

指数型基金是一种以拟合目标指数、跟踪目标指数变化为原则，以期实现与市场同步成长的基金品种，在一级分类上属于股票基金。

指数型基金的投资采取拟合目标指数收益率的投资策略，分散投资于目标指数的成分股票，力求股票组合的收益率拟合该目标指数所代表的资本市场的平均收益率，其股票投资仓位通常会在95%。

指数型基金运作的核心是通过被动地跟踪指数，在充分分散个股风险的同时，获取市场的平均收益。在以牛市为主基调的行情中，指数型基金是非常值得投资者重点关注的基金品种；反正，风险会很高。

8. 指数基金有哪些种类？

（1）根据指数基金本身的投资风格，可以把指数基金分为纯被动型的指数基金和增强型的指数基金两类。前者是完全意义上的指数基金，后者在跟踪标的指数的同时加入了一定比例的积极投资成分，以期战胜市场，这就在提高收益预期的同时，在一定程度上增加了风险与投资成本。

（2）按照所跟踪指数对应的资产类型不同或投资区域的不同进行细分，根据所跟踪指数涉及的资产类型不同，可以将指数基金分成股票指数基金、债券指数基金等。

（3）ETF及联接基金。对于关于ETF，本书将会另有章节进行叙述。至于联接基金，指的是专门投资某一只特定ETF的基金，因为ETF属于场内交易品种，而联接基金属于场外交易品种，可以像前述的指数基金一样，做认购、申购、赎回。

9. 指数型基金是如何运作的？

指数型基金的投资运作实际上就是购买指数的成分股票（或其他证券）来跟踪指数的一个过程，其中主要包括：建仓、再投资和跟踪调整等。具体的运作过程可以归纳为以下几个方面：

（1）做跟踪标的指数的选择。不同的指数基金具有不同的收益与风险预期，因此也要选择不同的标的指数来满足基金投资的需求。

（2）投资组合的构建。在确定了标的指数之后，就可以构建相应的投资组合，按照特定的策略购买相应指数的成分股票。考虑到建仓成本与效率等因素，可以采取完全复制、分层抽样、行业配比等方法进行投资组合的构建，国内现在的主流做法，是完整复制法，即按照各成分股票在指数计算时的权重，在基金中进行相同的配置。

（3）组合权重的调整。标的指数的成分股票通常会进行定期和不定期的调整，而新股的加入和原有股票的增发、配股等因素都会引起标的指数中的各成分股票的权重发生改变。因此，指数基金也必须及时做出相应的调整，以保证基金组合与指数的一致性。

（4）跟踪指数的监控和调整。跟踪误差是指数基金的收益与对应标的指数收益之间的差异。由于交易成本的客观存在，以及每天的申购赎回，任何一个指数基金的收益都不可能与标的指数的收益保持完全一致。基金管理人需要及时度量、监测这种差异，确保这种差异稳定地保持在一定的范围之内。如果出现不正常的偏差，基金管理人应在充分分析原因的前提下，及时调整指数基金的投资组合方案。

10. 指数基金有哪些优点？

指数基金的优点主要包括费用低廉、分散和防范风险、延迟纳税以及监控较少，且这些优点在一个较长的时期里可以表现得更为突出。此外，简化的投资组合还会使基金管理人不用频繁地接触经纪人，也不用选择股票或者确定市场时机。

（1）操作透明。指数基金采用被动化策略，严格按照权重复制配置成分股票，投资者理论上不需要关注谁是基金经理，以及基金经理采用什么投资策略；指数基金不依靠基金经理自己的选股能力，产品的投资运作很透明，这就是指数基金和主动管理型基金的最大区别。正是因为不依靠基金经理的自主选股能力，也就避免了基金经理因为主观的错误带来的风险。而人总会犯错，哪怕是非常专业的基金经理，他也没有办法抓住每一次上涨的机会，避开每一次下跌的机会。

（2）分散风险。一方面，由于指数基金广泛地分散投资，任何单个股票的波动都不会对指数基金的整体表现构成影响，从而分散风险；另一个方面，由于指数基金所盯住的指数一般都具有较长的历史可以追踪，因此，在一定程度上指数基金的风险是可以预测的。

（3）长期上涨的潜质。除了综指以外，绝大多数指数的核心编制方法，是在某一个主题、策略或概念下，选择一定数量的好股票，集中进行编制。由于这些指数是好股票的集合，因此长期向好的态势是客观存在的，此为一。指数基金会定期进行做成分股票的调整，不断地调进好股票，剔除差股票，从而使指数又多了一个长期向上的内在潜质，此为二。市场的股票只会越来越多，而指数的成分股票数量通常固定的，理论上其成分股票会越来越优中选优，这是指数基金会越来越好的第三个方面。

（4）费用低廉。这是指数基金最突出的优势。费用主要包括管理费用、交易成本和销售费用三个方面。由于指数基金采取持有策略，不用经常换股，这些费用远远低于积极管理的基金，虽然从绝对额上看这是一个很小的差异，但是由于复利效应的存在，在一个较长的时期里累积的结果将对基金收益产生较大影响。

另外，在指数基金中，还有一种略带有一些主动管理策略的产品，即指数增强基金，其目标是为了在保持密切跟踪指数的同时，适度获取一些超越指数的主动投资收益。这种产品的设计理念不错，但是从实际运作结果来看，增强效果经常不显著。

11. 如何投资指数基金？

第一，选指数。投资指数基金，要研究股票市场的发展特点和趋势，选择那些所追踪的指数与未来市场的发展更为吻合的指数基金，以充分分享市场上涨的收益，尤其是在基础市场行情结构性特征较为显著的情况下。

第二，选人。由于市场上存在着很多的指数基金，从研究基金的角度来看，要统计分析相关基金经理过往在管理指数基金时的跟踪误差情况，尽量寻找跟踪能力强的基金经理所管理的指数基金。因为对于被动型产品来说，最重要的就是控制跟踪误差的能力。

第三，择时。由于指数基金的基金经理一般以跟踪指数进行投资，当跟踪的标的指数出现大的趋势性变化时，投资者需要根据变化的趋势进行波段操作，这样才有利于实现收益的最大化。

12. 什么是债券基金？

中国证监会 2014 年 7 月 11 日发布、8 月 8 日起施行的《公开募集证券投资基金运作管理办法》第三十条第二款规定："80% 以上的基金资产投资于债券的，为债券基金。"即：此种基金，必须要用不低于 80% 的基金资产购买债券。但是，债券的水比较深。请看下一条。

13. 债券基金有哪些细分？

由于债券自成体系，内涵丰富，因此，专门投资它的、重点投资它的债券基金，就随之有了形形色色的细分。

（1）纯债基金。债券基金的定义："80% 以上的基金资产投资于债券的，为债券基金"，然后，另外那不足 20% 的部分，如果全部投资债券，那么，相关的基金就是纯债基金。

债券，有利率债、信用债、可转债等常见细分种类，从风险等级来看，债券基金投资这三种债券的比例越高，其组合的某债特色就更加鲜明，如利率债基、信用债基。参看基金契约，如果有“全部投资于利率债”或者“投资于利率债的比例不低于债券资产的 80%”的叙述，相关基金就是利率债基；同理，相关基金就是信用债基。

但是，如果没有上述的文字，但基金的实际组合比例达到甚至超过了上述要求，则可以从事后分类的角度去看待具体的基金，即风格漂移。

可转债，市价波动经常与股市关联，因为它可以转换为股票。因此，相关基金契约中若有“投资于可转债的比例不低于债券资产的 80%”这样的叙述，该基金就是转债债基，风险等级最高，必须另类看待。

可转债也是债，若纯债基金的契约中没有明确禁止投资可转债，那么，相关基金就是能够投资可转债的纯债基金，其风险收益特征就有可能晃动，至于如何晃，就看基金经理的决策了。此类基金，必须从纯债基金里单列出来，其风格漂移的幅度有可能更大。

（2）非纯债基金。债券基金的定义：“80% 以上的基金资产投资于债券的，为债券基金”，然后，另外那不足 15% 的部分（开放式基金都要预留 5% 的现金或现金类资产，以应对赎回的需要。），如果全部投资二级市场的股票，那么它就是“二级债基”了。这是我早在 2005 年就给出的定义：“可以投资股票二级市场的非纯债型债券基金。”

早年，曾有一定时间政策允许债券基金申购新股，于是，就有了一批专门申购新股的债券基金，即“一级债基”，其完整的定义是：“只可以投资股票一级市场的非纯债型债券基金”。后来，政策调整，债券基金不可以打新，但是，有些债券基金会通过投资可转债来获得一些股票，且自由持有，因此，“一级债基”依然存在。

另外，对于非纯债基金，其超 80% 的资产配置在债券上，相关的分析与研究方法同上。

14. 什么是货币基金？

中国证监会于 2014 年 7 月 11 日发布、8 月 8 日起施行的《公开募集证券投资基金运作管理办法》第三十条第三款规定：“仅投资于货币市场工具的，为货币市场基金。”即：此种基金只投资于货币市场工具。此种基金，安全性在各类基金里最高。

15. 货币市场基金的主要功能是什么？

货币市场基金对机构来说，是现金管理的工具；对个人来说，是储蓄和活期存款的最佳替代品。货币市场基金通过投资货币市场工具，在取得一定收益率的同时，提供较高的资金流动性，以满足日常的支付需要。

对于参与股票及债券市场的投资者而言，当达到阶段性收益目标后，为了回避证券市场风险而又不急需资金时，可将资金转换为货币市场基金，等待重新进入资本市场的时机。因此，货币市场基金又是连接货币市场和资本市场的重要蓄水池。

当前，虽然货币基金已经暂停发行，但存量的货币基金依然有 300 多只、80000 多亿元的规模，足够广大投资者配置了。

16. 货币市场基金公布的万份收益和七日年化收益率是什么意思？

万份收益是指 1 万元投资货币基金，当天所获得的收益。

七日年化收益率是指货币基金近七日的平均收益率，然后进行年化得来的数据。

在分析研究货币市场基金时，后者更重要。

17. 什么是 FOF？

中国证监会 2014 年 7 月 11 日发布、8 月 8 日起施行的《公开募集证券投资基金运作管理办法》第三十条第四款规定：“80% 以上的基金资产投资于其他基金份额的，为基金中基金。”

关于 FOF，后面另有章节专门叙述。

18. 什么是混合基金？

中国证监会 2014 年 7 月 11 日发布、8 月 8 日起施行的《公开募集证券投资基金运作管理办法》第三十条第五款规定：“投资于股票、债券、货币市场工具或其他基金份额，并且股票投资、债券投资、基金投资的比例不符合第（一）项、第（二）项、第（四）项规定的，为混合基金。”即：在投资股票、债券、FOF 时，资产配置比例可以突破“80%”这个量化的下限要求的，就是混合基金。

再换个角度，在混合基金里，投资股票的比例可以低于 80%，投资债券的比例也可以低于 80%。就当前的市场情况要监管要求来看，混合基金暂时不可以投资其他基金份额。即：FOF 里，可以有不足 15% 的资金投资股票、债券；但混合基金，不可以投资其他基金份额。

用大白话解释混合基金：股票、债券、货币市场工具，都可以买。只是买多少？如何配置？一看基金契约，二看基金经理。

19. 混合基金有哪些细分？各有什么样的绩效特点？

（1）在混合基金可以投资的各类资产中，股票资产的风险等级最高，因此，盯紧它们的股票配置，就可以较好地掌握混合基金的细分种类了。

（2）事前法。在混合基金的合同中，有些会规定股票配置比例的下限和上限，那么，根据这些上、下限值，或者它们的中值（上限 + 下限，除 2），就可以细分了。

混合偏股：当前，混合基金里的核心类别是股票投资下限、上限为"60%～95%"的，又称老式股基、混合偏股基金。还有一些混合偏股基金，股票投资下限是 50% 的；还有少数混合基金，股票投资仓位中值是等于和大于 50% 的。

混合偏债：即股票投资比例的上限低于 50%，此类产品里的主流是"0～30%""0～40%"，另有少量"0～25%""0～35%""0～40%""0～50%"的。

在混合基金中，还有一类叫作"灵活配置混合型"的基金，其股票配置比例的下限和上限为"0"和"95%"，对于此类基金的研究，可以有四个方法入手：基金经理的从业背景、管理费率、认（申）够费率与赎回费率、业绩比较基准。

基金经理如果是研究股票出身的，自然会多做股票；反之，多做债券。在费率方面，如果费率水平与主动权益类基金（股票基金和混合偏股基金）相似，未来就基本上会偏股；反之，就会偏债。看业绩比较基准，如果权益类资产的占比高，应该会偏重对于股票市场的投资；反之，是债券。

（3）事后法。对于上述"灵活配置混合型"基金的研究，从"事后法"的角度出发，可以根据其季报中的资产配置情况来看，届时是多少，就是多少。实战中，对于"灵活配置混合型"基金的研究，往往是事前、事后紧密结合的。

“灵活配置混合型”基金，曾在2015年至2018年这四年间较为流行，每年的新发数量都是三位数，从100多只到400多只不等。近两年，这类基金发行数量锐减。

20. 什么是固收+基金？

顾名思义，就是以固收类资产为主，另配有少量权益类资产的基金。这是市场上约定俗成的一个说法，涵盖了混合偏债基金、二级债基，风险收益特征是这两大类基金的综合。

21. 什么是大盘基金、小盘基金？

炒股，有大盘股、小盘股之分，延伸到基金上，也有如此说法。对于大盘基金和小盘基金，可以从两个方面来看：

（1）基金自身的规模。若大，就是大盘基金；反之，就是小盘基金。这里的大与小，没有严格的量化区分标准，80亿元、100亿元、150亿元，等等，都可以区分。从一般性的投基操作来看，规模太大的基金，绩效往往会趋于行业平均水平。

（2）基金的投资标的定位。顾名思义，有的基金明确定位投资大盘股票，或大市值股票，有的基金明确定位投资中小盘股票。但是，在投基实践中，对于什么大盘股票、什么是中小盘股票，市场上并没有明确的定义，因此，对于相关股票的定义，要以各个基金自身的表述为准。例如，市场上多年来，人们常犯的一个经典错误，包括该基金公司的人甚至公司的前高管都犯过的错误，就是认定某“大盘基金”是投资大盘股票的，而事实上，根据该基金的公开信息披露，该基金可以投资全市场95%的股票。

22. 研究基金的边界是什么？

研究基金的方法很多，边界问题值得深思。什么是研究基金的边界？我认为就是：以研究基金为主，不要去研究股票、研究债券，等等。

经常会看到有研究基金的人、研究 FOF 的人在说，一方面，他们会根据基金的持仓情况，对于基金投资标的进行分析，进而判断基金的优劣；另一方面，他们会去基金公司调研，了解基金的最新投资运作情况，做出相关的判断。他们说这些，无非是想显示自己的研究深度，以及及时性。但是，笔者不认同这种做法。

研究基金，顾名思义，是研究基金的；FOF 经理，顾名思义，是投资基金的，这一切，都是本职工作，是自己的专业所在。而如果把他的范围延伸到了股票和债券，那其实是进入了别人的专业。如果这种跨专业的行为能够做好，那还需要在基金公司区分各个部门吗？至于调研，询问投资变动情况，除了上述问题之外，还极有可能涉及投资机密问题，还值得商榷。

因此说，研究基金的边界，其实就是做好自己的分内之事。

四、如何衡量基金公司？

1. 如何选择基金公司？

回顾中国公募证券投资基金的发展历史，遵循基本的认知逻辑，每一家成功的公司，都是从无到有、从小到大地发展起来的，因此，从一般的意义上来讲，无论老与新、小与大，每一家公司都值得关注，每一家公司旗下的基金都可以投资，包括新公司，为什么投资者不可以伴随着新公司一起成长呢？

换个角度来看，中国公募证券投资基金已经有了20多年的发展历程，按照中国证券投资基金业协会公布的数据，截至2021年1月末，我国境内共有基金管理公司132家，其中，中外合资公司44家，内资公司88家；取得公募基金管理资格的证券公司或证券公司资产管理子公司共12家、保险资产管理公司2家，这些公司，都有着各自的优点、特点。

2. 如何看待基金公司的股东背景？

资产管理行业与其他行业不太一样，尤其是在公募基金公司，为了充分保障投资者的合法权益，监管部门对于股东的资质要求非常高！一般来看，没有资产管理方面的专业背景，想做公募基金公司的股东，从当前的监管要求来看，可能性几乎为零。这其实是从不同的角度、从不同的层面、从源头上保护投资者的利益。

从国内的具体情况来看，基金公司的股东背景是多种多样的，包括：券商、商业银行、保险公司、信托公司、私募基金公司、个人系、合资，以及未来或会有的外资独资公司，等等。

理论上，股东会给自己旗下子公司提供力所能及的支持，这个方面最典型的案例就是银行系基金公司，其在自己旗下子公司发行产品的时候，往往能够给出相对更多的销售规模，而这对于基金公司的发展非常重要。再例如，带有保险背景的基金公司、券商背景的基金公司，继承着各自股东的血液，前者的产品偏好固收，后者的产品发展偏好权益，尤其是主动权益。而这或许能够给投资者增加一些选择基金的参考。

近几年，在其他背景的股东都已经使用了很多之后，尤其是那些金融行业里的大公司都已经全部成了股东，并且有些还是在“一参一控”之后，为了遏制住“公转私”的人才流失现象，个人系公募基金公司开始有较多的出现，且发展情况各有千秋。在个人系股东方面，投资者需要关注的是各位个人股东的优势所在，一方面，这些资深的公募从业人员都可以算是行业里的佼佼者；另一方面，他们的股东资格都是经过了严格的、全面的审查之后才获得的，鉴于此类股东的基数较大，展望未来，个人系公募基金公司必将会在中国的公募基金发展进程中发挥出重要的作用。

3. 如何看待基金公司所管理的基金资产规模？

按照一般的、简单的做法，公募基金公司的资产管理规模已经成为市场评判一家公司的常用指标，如：资产总规模、非货资产总规模，等等，其中，后者被很多机构使用，甚至成为硬门槛。对此，从专业化、精细化的工作做法来看，上述做法存在着显著的值得商榷之处、有待完善之处、有待修正之处。

第一，标准的准确对应。在基金产品方面，有主动的、被动的，有权益的、固收的，有精选的、量化的，境内市场、境外市场，等等，如果仅仅是以一个“非货资产总规模”来笼统地作为评判指标，则非常可能有很多误差，例如，上述指标达标了，但一定就表明相关基金的主动投资与被动投资、权益投资与固收投资、精选类产品与量化类产品，都能够达标了吗？不一定吧。

第二，标准的不可串用与替代。随着市场的发展和创新，不断地会有新形式的基金产品出现，如：FOF、MOM、REITs，等等，对于这些市场上前所未有的产品在进行筛选和评价的时候，如果使用“非货资产总规模”这个指标来作为评判指标之一，是否值得商榷呢？例如，一个商店，能卖汽车、电脑，能够销售很多的化妆品、奢侈品，这可以代表他们能够销售好食品、烟酒、蔬菜、鲜肉、水产吗？

4. 如何看待基金公司所管理的基金资产种类？

就基金产品的布局来看，有主动、被动、权益、固收、精选、量化、境内、境外，等等，是全面发展的公司好呢？还是特色化发展的公司好呢？这可能是一个见仁见智的问题了，本处不做争论。我们认为：只要是能够为投资者带来良好收益的产品，就是好的布局。

回顾中国公募基金发展史，有以封闭式基金起步的，以开放式基金起步的，有以指数基金起步的，以混合基金起步的，以债券基金起步的，以货币市场基金起步的，以保本基金起步的，等等。起步时，很多家公司都信誓旦旦，就远景目标画出了很大、很圆的“饼”，但是若干年后的今天，各有各的发展现状，其中的原因很复杂，市场因素是最大、最主要的原因，它是否违背了“初衷”，并不重要，核心在于：是否给持有者创造出了良好的回报。

看一家老公司，不要看它画的“大饼”，而要看它把握市场时机、顺势而为、做大做优做强自身产品布局的状况，如：产品数量、大类布局、细分种类、规模、业绩排名，等等。对于一家新公司，就要看他们的潜力了。

5. 如何看待基金公司的投资团队？

简单来看，就是他们的投资团队有多少人，我们认为：越多越好！因为投资团队的人，是资产管理机构业务发展的核心。

看他们有多少人？如果没有相关的数据库，那就需要大家自己做功课了，翻看基金公司网站上的公开信息披露，很快就可以搞定。

就基金产品的种类来看，有主动、被动、权益、固收、精选、量化、境内、境外，等等，投资团队人员的配置，也应该与此紧密相关。如果这个方面的人员配置有串用、混用的情况，就值得警惕了。例如，做主动权益的人兼管债券基金，做境内市场的人兼管 QDII 基金，等等。

现在，随着新媒体的普及，基金经理的出镜越来越多，通过视频，大家可以对基金经理有更进一步的观察和了解，除了颜值，更重要的是基金经理的知识底蕴、研究功底、专业素养、判断决策、思维逻辑、语言表达、举止情商、敬业精神，等等。

6. 如何看待基金公司的研究团队？

好的投资，离不开好的研究的支持，但是，如何了解基金公司的研究团队？如何了解基金公司研究机制？就都有点难了，因为研究员出镜的机会远远少于基金经理。

对此，要借助专业基金评价机构与研究机构的力量，去做间接的了解。

7. 如何看待基金公司的营销服务？

我们一贯认为，营销服务的质量如何，不必成为投基决策的主要依据。营销服务，总体上属于锦上添花的事情，常规的服务项目，各个基金公司基本上都会有，所不同的，恐怕只是平台与界面的是否友好、通俗、流畅了。有些基金公司的网站和 APP，或是为了特色而特色，或是有自己的想法，等等，但从持有人的角度来看是否适用，就是另外一回事了。

营销服务，还有售前与售后之分，最能够考验基金公司营销服务质量的，是售后的服务。现在，基金公司那么多，好基金那么多，尤其是同质化的基金那么多，因此，对于营销服务，建议大家不必强求，由于产品的替代性总体上很强，大家自由选择的空间其实是很大的。

8. 如何看待基金公司的高管变动？

公募基金的一大优点，是法定的、规范的、公开的、及时信息披露，如高管变动。由此，这既是市场上的热门话题之一，也是必须认真对待的研究项目之一。如何看待基金公司的高管变动？这是一个较为复杂的问题，一般来说，如果有高管变动，投资者要谨慎对待。鉴于中国公募基金市场20多年来的实际情况，我们有如下更为实战的建议：

（1）看变动者的职位：是董事长、总经理，还是副总经理？副总经理，要看是分管哪个方面的，分管投研的，是观察的重点；至于其他的，一般可以忽略。

（2）看公司的情况：是好公司，还是差公司？是国有背景的，还是其他背景的？是合资的，还是内资的？例如，如果是好公司，可能不好；如果是差公司，则可能是好事。

（3）看公司的管理机制、管理架构、变动者是否为实权者。有些变动的影响大，有些不大。

（4）看变动的时间，是年末、年初，还是任期届满，等等。这里，主要是为了区分是否属于正常变动。

总之，上述因素应该结合在一起看，而非简单地就某个方面进行分析。从FOF专业资产管理的角度来看，如果可能影响较大，就必须去调研。但调研是直接上门去询问，还是私下多找一些人问问，这就可能涉及调研的质量了。

9. 如何看待基金公司的自购？

自购，指的是基金公司购买自己的基金。通常，这都会解读为利好性质。但是，在具体的投基研究中，我们必须做出如下分析：

（1）区分自购的性质，即是发起式的，还是非发起式的。总体来看，自购多为发起式的，由于发起式是一个特定的基金类型，这样的基金，大家可以多多关注，适度跟随配置。

（2）区分自购的时机，即是发行时的，还是正常运作之后的。在这里，值得重视的在基金正常运行之后的基金公司自购行为，即他们的申购，一般来说，他们最了解自己的基金，对于这样的基金，投资者不妨适度跟投。

（3）区分基金的类型，即是权益的，还固收的。总体来看，自购多发生是固收产品上，如果有权益类的自购，建议广大投资者不妨多多关注，适度跟随配置。

五、如何选择基金经理？

1. 如何研究基金经理？

研究基金经理，有如下着手点：年龄、学历、学习的专业、理念、性格、从业经历、研究经历、职务、职级、管理的产品数量、管理的产品规模（总规模与单只规模）、管理的产品的特点、大类资产配置情况、行业与主题配置情况、个股配置情况、产品的运作方式，等等。

有些因素可以量化，有些则完全需要靠研究者自己去掌握。研究的时候，要具体问题具体对待。

2. 如何看待基金经理的变动？

公募基金的一大优点，是法定的、规范的、公开的、及时信息披露，如基金经理变动。由此，这既是市场上的热门话题之一，也是必须认真对待的研究项目之一。如何看待基金经理变动？这是一个较为复杂的问题，一般来说，如果有变动发生，投资者就必须要谨慎对待。鉴于中国公募基金市场 20 多年来的实际情况，我们有如下更为实战的建议：

（1）看基金的业绩情况：是业绩好的，还是业绩不好的。前者不一定是好事，后者不一定是利空。

（2）看相关产品的基金经理配置情况，是单人管理的，还是多人管理的。前者，影响大；后者，影响小。

（3）看变动的方向：是任职，还是去职。前者，没事；后者，可能有事。具体情况，需要调研。

（4）看变动的时间：是年末、年初，还是其他时间，等等。前者，可能与考核有关；后者，可能是其他因素。

（5）看内外：是公司内的变动，还是其他。公司内的，是平移、管理专户，还是提升，这个需要调研；至于离开公司了，那就要另外对待了。

总之，上述因素应该结合在一起看，而非简单地就某个方面进行分析。从 FOF 专业资产管理的角度来看，如果可能影响较大，就必须去调研。但调研是直接上门去问，还是私下多找一些人问问，这就可能涉及调研的质量了。

3. 如何看待基金经理的“一拖多”？

早在 2001 年，市场上就有了“一拖二”，我们最早发现，并进行了跟踪，还出具了相关的报告，因为已经与业绩相关了。

当前，由于新基金的大量发行，“一拖多”已经相当普遍，从研究的角度出发，最重要的事情，就是要找到相关基金经理可能会做得最好的那只基金，这里，不一定就是基金经理的道德问题，而是可能与产品的情况有关，如：研究特长、职业偏好、公司的投资管理机制、产品的设计定位、资产配置、行业与主题配置、个股配置、规模大小、成立时间、管理人数、管理时间，等等。研究的时候，要具体问题具体对待。

4. 如何看待多基金经理的管理？

市场上既有“一拖多”，也有“多管一”，对于这些客观现象，必要的时候，需要实地调研。

从产品本身来看，有规模大的基金、规模小的基金，有新公司的基金、老公司的基金，有大公司的基金，有小公司的基金，有投资范围大的基金、特定主题与行业的基金，等等。研究的时候，要具体问题具体对待。

就我们的研究经历来看，一般相对更看好单基金经理管理的基金。

5. 基金经理是否能够为我们控制住风险？

这里所说的“风险”，内涵与外延非常广，几乎包括了所有的风险，即前一章里所说的那些风险，以及我们可能没有说到的一些风险类型。由此来看，这个答案在某种条件下是否定的。

这些都是真实的案例：基金经理踩“雷”了。他们所踩到的“雷”，既有股票市场上的，也有债券市场上的，那些“雷”所涉及的上市公司、发债企业，以及他们所爆的“雷”，常常都是刻意的违法违规行为所致，也正是因为如此，那些造“雷”的相关企业，总是在通过各种方法去掩盖自己的违法违规行为，而爆“雷”，是他们实在掩盖不住了。对于这些已经上升到了违法违规层面的行为，仅仅凭借研究员和基金经理看看资料、翻翻报表、构建一系列的通用模型、参加几次研讨会交流会、组织几次常规调研等，就一定能够分析和研究出他们的违法违规行为了？我们只能说，研究员、基金经理通过优选投资标的，能够为大家避开很多的“雷”，但总有极少量隐藏极深的、形形色色的“雷”无法被发现。所以，基金经理要组合投资，分散风险。

还有一种风险，即系统性风险，我们在这里要特别提及一下，鉴于上述各类基金的基本合规要求，如权益类基金的一些仓位底限要求，就使得这些基金根本无法及时有效地规避系统性风险，即便他们意识到了风险的即将来临，但由于二级市场客观存在的冲击成本、交易制度等，一切都很难如愿。

事实上，中国的开放式基金自诞生以来，除了少量有定期开放、持有期、封闭运作特征的产品之外，以及除了境内外法定的节假日所关联到的某些产品之外，其他的绝大多数基金、在绝大多数时间里，都是可以自由赎回的，这正是开放式基金对于投资者来说最大的优势所在，因此，控制风险的最好方式，是投资者自己。

基金经理，作为专业化的资产管理人员，其价值就在于精选标的，长期投资，赚取企业成长的收益，以时间来换取净值的良好表现，至于过程中某些短期阶段的波动，他们无法保证在任意的各个阶段都是正收益。但是，将时间拉长，经过了他们的专业资产管理之后，时间的玫瑰终会绽放。

第四章

如何认（申）购、赎回基金？

从本章开始，就进入了投资基金的具体操作内容，我们将尽量仔细地介绍投资基金的具体操作方法。但是，由于市场是在不断创新发展的，有些制度、规则若有调整和更新，请以最新的法律法规为准。

按照投资基金时涉及的市场不同，所有的市场可以被划分为两大类：场外市场、场内市场。本章只讲述与场外市场相关的投基常识，即如何认（申）购、赎回基金。

什么是场外市场？不在上海、深圳两个交易所内进行交易的，就是场外市场，即上述两个市场以外的市场。在交易所内交易，需要证券账户，而投资基金不涉及使用上海、深圳两个交易所证券账户的，就是场外交易。为什么还要这样解释一下？因为有的投资者会在证券公司开户，通过证券公司的资金账户投资基金，但由于资金账户既可以关联上海、深圳两个交易所的股票交易账户，也可以关联各个基金公司的基金账户，因此就必须特别说明了。本章内容如果有与监管要求不一致的地方，请以监管规定为准。

1. 是不是所有在中国的人都能够买开放式基金？

除了法律法规明令禁止投资的个人和机构以外，其他中华人民共和国境内的自然人、法人及其他机构、组织等均可投资于开放式基金，也就是说境内居民、保险公司等机构都可以购买开放式基金。另外，我国政府机构批准的境外合格机构投资者（Qualified Foreign Institutional Investors，QFII）也可以投资我国内地的开放式基金。

2. 我适合投资开放式基金吗？

如果您属于以下几种情况，都可以考虑将您资产的部分或全部投资于基金：寻求闲置资金增值，希望预期收益水平超过银行存款；没时间理财的职业人士；缺乏投资专业知识的人士；不愿过多承担股市风险的人士；为子女准备教育资金或为将来退休生活准备资金的人士，等等。

总之，如果您有适当的资金，为实现资金的增值或是准备应付将来的支出，您都可以投资基金，委托基金管理公司的专业人士为您服务，既分享证券市场带来的收益机会，又避免过高的风险和直接投资带来的烦恼，达到轻松投资、事半功倍的效果。

3. 年满16岁了，而且已经办理了身份证的投资者，可以开户和购买基金吗？

不可以。必须是年满18周岁，且已办理身份证的投资者，方可开户和购买基金。

4. 什么是直销渠道，什么是代销渠道？

直销，就是基金公司亲自销售自己的基金产品，各家基金管理公司都有自己的直销渠道，包括有形的、设在基金公司总部的直销渠道，各个分公司的直销渠道，以及网上交易渠道、手机APP等，后者已经成为主流。

代销渠道，就是由其他渠道代为销售基金公司的基金产品，比如券商、银行、第三方销售机构等。不过，各个代销渠道的代销情况有很大的区别，主要表现在代销的品种和费率方面，这就需要投资者多多比较了。

5. 个人投资者办理开户手续需要准备什么资料？

（1）本人法定身份证件原件（包括：居民身份证、军人证或护照）；

（2）填妥的《基金账户业务申请表》。

6. 机构投资者办理开户手续需要准备什么资料？

通常，机构投资者开户时，需提供以下文件：

（1）加盖单位公章的企业法人营业执照复印件及副本原件；事业法人、社会团体或其他组织提供民政部门或主管部门颁发的注册登记证书原件及加盖单位公章的复印件；

（2）法定代表人证明书；

（3）法定代表人有效身份证明（只提供复印件的，复印件上须加盖法人公章，并注明与原件一致）；

（4）经办人有效身份证明原件（身份证、军人证或护照）；

（5）法人授权委托书；

（6）填妥的《基金账户业务申请表》并加盖公章。

在具体操作时，相关的细节要求，请以各个基金公司法定公开信息披露中的相关要求为准。

7. 投资开放式基金需要多少资金？

不说 10000 元了，100 元、1000 元，总会有吧。投基时，具体的要求，会因为公司的不同、基金类型的不同而略有差异，总之，要求不高，如某些货币市场基金，可 1 元起投。

8. 可以在什么时间里买卖开放式基金？

投资者需在基金合同规定的开放日办理基金的买卖，目前一般是上海证券交易所、深圳证券交易所的交易日。

在物理网点，具体的业务办理时间，由销售机构确定。

如果是网上、手机APP上办理，时间较为自由，不过，需要特别提示的是：在证券交易所收市（目前为下午3：00）后发出的申请，只能算作是下一个开放日的申请。

9. 什么是基金账户？

在购买基金时，需开立基金账户。基金账户是指登记结算登记机构为投资人开立的、记录其持有的、基金管理人所管理的基金份额余额及其变动情况的账户。一般在开户清算成功后10个工作日内，注册登记人会向投资人寄出记录有基金账户编号（简称基金账号）的基金账户卡，投资人也可以在此之前拨打基金管理公司或销售机构客服电话查询。由基金注册登记人向投资人分配基金账户编号是成功开立基金账户的标志。

10. 投资人开立基金账户当天可以购买基金吗？

投资人申请开立基金账户后（含当日）即可以提交认购、申购等业务的申请。如基金账户开户失败，则办理的业务申请也失败，已交纳的认购或申购资金由销售机构原路退回给投资人。

11. 一只开放式基金的诞生要经历哪些过程？

开放式基金是基金管理公司为投资者提供的一项产品，经监管机关批准后，开始进行基金的首次募集。在募集期内，投资者可以认购基金，但此时基金合同尚未生效，投资者的认购款项只能存入商业银行，基金经理还不能进行投资。

基金募集期结束后，会计师事务所验资无误，并报证监会批准后，基金合同生效。

基金合同生效后，基金经理即开始将集得的资金投资于各种证券。基金合同生效后一般都有不超过 3 个月的封闭期，在封闭期内投资者不能赎回。有的基金在成立后暂时也不接受投资者的申购，而要过一段的时间才开始接受，但一般也不超 3 个月。

开放式基金不规定固定的存续期限，在正常情况下会无限期地存续下去。但也不是绝对的，在基金合同规定的基金终止情形出现时，基金将终止并进行清算，清算后剩余的资产将按基金持有人持有的份额比例进行分配。

为鼓励投资人在发行期购买基金，认购费率通常比申购费率优惠。

12. 什么是认购？

这是投资开放式基金时的专业术语，即投资者在开放式基金的募集期（又名“发行期”）内购买该基金的行为。认购的价格通常是基金的面值，即 1.00 元；认购的资金通常不允许撤销；如果相关基金收取认购费用，其标准通常要比申购费低。

13. 什么是申购？

这是投资开放式基金时的专业术语，即投资者在开放式基金的合同生效后购买基金的行为，也就是在相关基金成立之后购买该基金的行为。申购的价格通常是基金的净值，净值既有可能比面值高，也有可能比面值低；申购的资金通常在申购日的下午 3 点之前可以撤销；如果相关基金收取申购费用，其标准通常要比认购费高。

14. 什么是赎回？

这是投资开放式基金时的专业术语，即投资者卖出开放式基金的行为，为了得到自己的资金。

15. 什么是开放式基金的封闭期？为什么设立封闭期？

基金成功募集足够资金，募集期结束，宣告基金成立，就进入了封闭期。这时，基金合同已经生效，但在封闭期中，基金不接受投资者申购或赎回基金份额的请求。从现实的情况来看，许多基金在封闭期的后期先开放申购，也就是说，在这一阶段，投资者可以根据基金资产净值申购基金，但不能将持有的基金份额赎回变现。根据《基金法》的规定，基金的封闭期不得超过 3 个月。设定封闭期首先是为了方便基金的后台（登记注册中心）为日常申购、赎回做好最充分的准备；其次，基金经理可将募集来的资金根据证券市场状况完成初步的投资安排。

16. 申购、赎回开放式基金的原则是什么？

第一，“未知价”原则。申购与赎回开放式基金时的价格确定均执行“未知价”原则，即申购、赎回价格以申请当日收市后计算的基金份额净值为基准进行计算。

第二，“金额申购”原则。金额申购是指投资者在买基金时是按购买的金额提出申请，而不是按购买的份额提出申请，例如，一个投资者提出买 10000 元的基金，而不是买 10000 份的基金。

第三，“份额赎回”原则。份额赎回是指投资者在卖基金时是按卖出的份额提出，而不是按卖出的金额提出，例如，一个投资者提出卖出 10000 份基金，而不是卖出 10000 元的基金。赎回时还要遵循“先进先出”原则，即按照投资人申（认）购的先后次序进行顺序赎回。

17. 为什么开放式基金买卖采取“未知价”原则？

投资者在 T 日买卖后，用来计算其买到的份数或卖出得到的金额的依据，是当天证券交易所收市后，基金公司计算、与托管机构核对无误之后，于 T+1 日公布的基金份额净值，因此投资者在买卖当天看到的基金份额净值是上一日买卖的投资者适用的计算基础，而不是当天买卖的计算基础。这样投资者在买卖的时候是不能知道自己能够买到的单位数或卖出的金额的，只有根据第二天公布的基金份额净值，投资者才能计算。这种计算方法称为“未知价法”。我国目前采用的就是未知价法。

之所以使用“未知价”原则，而不用买卖当日公布的基金份额净值，是为了避免投资者根据当日的证券市场情况决定是否买卖，从而对其他基金持有人的利益造成不利影响。如果当日证券市场上涨，那么基金份额净值就会增加，因为用当日已公布的基金份额净值，投资者只需付出较少的资金即可以实现当日上涨后的净值；而证券市场下跌时，投资者当日赎回就会避免当日净值下跌的损失，这样就会对仍然在持有的投资者会造成不利的影响，同时也不利于基金的稳定操作和基金份额净值的稳定，所以我国开放式基金的申赎都按照次日公布的基金份额净值计算。

18. 申购和赎回开放式基金的程序是什么？

（1）申购和赎回的申请：投资人必须根据销售机构规定的程序，在具体业务办理时间内提出申购或赎回的申请。

（2）申购和赎回申请的确认：登记结算机构以交易时间结束前受理申购和赎回申请的当天作为申购或赎回申请日（T 日），并在 T+1 日内对该交易的有效性进行确认。T 日提交的有效申请，投资人一般可在 T+2 日到销售网点柜台或以销售机构规定的其他方式查询申请的确认情况。

（3）申购和赎回的款项支付：申购采用全额缴款方式，若申购资金在规定时间内未全额到账则申购不成功。若申购不成功或无效，基金管理人或基金管理人指定的代销机构将投资人已缴付的申购款项本金退还给投资人。投资人赎回申请成功后，基金管理人将在 T ＋ 7 日（包括该日）内支付赎回款项。在发生巨额赎回时，款项的支付办法参照本基金合同有关条款处理。

19. 投资基金在金额上有限制吗？

通常，基金公司会根据基金类型的不同，并依据监管的要求，做出一些限定，这些限制，可以从两个方面来看：

第一，来自基金管理人的限制。一般来说，如单个投资人累计认购的基金份额数达到或者超过基金总份额的 50%，基金管理人可以采取比例确认等方式对该投资人的认购申请进行限制。基金管理人接受某笔或者某些认购申请有可能导致投资者变相规避前述 50% 比例要求的，基金管理人有权拒绝该等全部或者部分认购申请。投资人认购的基金份额数以基金合同生效后登记机构的确认为准。

第二，来自投资的限制。投资者为了控制风险，也会有一些相对应的做法，因为有“巨额赎回”一说即相关的风控措施预案。一方面，大额投资者在配置基金的时候，为了避免巨额赎回等的不利影响，会把持有比例控制在 10% 以内；另一方面，基金的数据已经超过了 8000 只，备选范围足够大，完全没有必要过度集中地进行投资。

20. 什么是基金份额净值？

开放式基金买卖的价格是以基金份额净值为基础计算的。

基金份额净值 = 基金资产净值 / 基金份额总数

基金资产净值＝基金资产总值－基金负债总值

基金资产总值是指基金所拥有的各类有价证券、银行存款本息及其他投资等的价值总和；基金负债总值是基金运作时所形成的负债，包括各种应付费用、应付收益等。

基金份额净值每日计算，其中基金资产净值是用当天证券交易所收市后对基金所拥有的各项资产进行估值并扣除负债后得出的，基金份额总数是该日日终加收（申购）减负（赎回）之后的基金份额总规模。

21. 什么是开放式基金的持有期？

开放式基金的持有期是指投资人持有基金的时间，即购买基金的申请确认日至赎回基金的申请确认日之间的时间。在认购期购买的基金，持有期从基金合同生效之日起计算。合同生效之前认购基金产生的利息会转为份额计入投资者的基金账户。

22. 赎回开放式基金份额有什么限制？

第一，赎回应满足最低限额要求（因定期定额申购、分红、非交易过户等特殊业务造成的小份额赎回除外，但其委托份额必须等于账户余额）。目前很多公司旗下开放式基金每次赎回申请不得低于 1.00 份基金份额，否则赎回失败。

第二，很多基金公司还规定，投资者赎回后，在该代销机构交易账户内投资人基金持有余额应满足最低限额（很多基金公司规定为 1.00 份），否则注册登记人将其所剩余额全部强制赎回。

23. 如何计算赎回费用和卖出得到的价款？

投资人在卖出基金后，实际得到的金额是赎回总额扣减赎回费用的部分，其计算公式为：

赎回总额＝赎回份数 × 赎回当日的基金份额净值

赎回费用＝赎回总额 × 赎回费率

赎回金额 = 赎回总额－赎回费用

《证券投资基金销售管理办法》规定，赎回费率不得超过基金份额赎回金额的 5%，赎回费在扣除手续费后，余额不得低于赎回费总额的

25%，并应当归入基金财产。

24. 申购开放式基金的申请有可能被拒绝吗？

投资者在办理开放式基金业务时，需准确提供相关资料，并认真填写相关的表格，如果填写有误，相关申购申请有可能会被拒绝。

此外，开放式基金在基金合同、招募说明书规定的情形出现时，会暂停或拒绝投资者的申购。一般包括如下情形：不可抗力；证券交易场所在交易时间非正常停市；基金管理公司认为市场缺乏合适的投资机会，继续接受申购可能对已有的基金持有人利益产生损害；基金管理公司认为会有损于已有基金持有人利益的其他申购；基金管理公司、基金托管银行、基金销售机构或注册登记机构的技术保障或人员支持等不充分；法律法规规定或经中国证监会认定的其他情形。暂停申购及重新开放申购时，基金管理公司都会在中国证监会指定信息披露媒体公告。

25. 什么叫巨额赎回？发生巨额赎回对投资者会有什么影响？

开放式基金单个开放日净赎回申请量超过基金总份额的 10% 的，被称为巨额赎回，在出现巨额赎回时，一般有两种处理情况：

第一，全额赎回。当基金管理公司认为有能力兑付投资人的全部赎回申请时，按正常赎回程序执行，对投资人的利益没有影响。

第二，部分延期赎回。基金管理公司认为兑付投资人的赎回申请有困难等情况下，或认为为兑付投资者的赎回申请进行的资产变现可能使基金份额净值发生较大波动时，可以在当日接受赎回比例不低于上一日基金总份额的 10% 的前提下，对其余赎回申请延期办理。对于当日的赎回申请，应当按单个账户赎回申请量占赎回申请总量的比例，确定当日受理的赎回份额。

投资人需要注意，由于延期办理的赎回将采取下一或更后开放日计算的基金份额净值，因此在提出赎回申请时，应选择：如当日发生巨额赎回并部分延期办理时，是否要将当日未获处理部分撤销赎回。

此外，开放式基金连续发生巨额赎回时，基金管理公司可按基金合同及招募说明书载明的规定，暂停接受赎回申请；已经接受的赎回申请可以延缓支付赎回款项，但不能超过 20 个工作日，并将在指定信息披露媒体公告。

26. 投资开放式基金的获利方式有哪些？

投资开放式基金赚的是“基金净值上涨”的钱。

净值增长，来源于开放式基金所投资的股票或债券升值或获取红利、股息、利息等，导致基金份额净值的增长。而基金份额净值上涨以后，投资者赎回基金份额数时所得到的净值差价，也就是投资的毛利。再把毛利扣掉申购费和赎回费，就是真正的投资收益。

另外，根据国家法律法规和基金合同的规定，基金会进行分红。投资者获得的这部分红利，其实就是净值增长的一部分。分红分多少，净值就会相应地减少多少。因此，从这个角度上来说，分红对于普通投资者来说没有实际意义。

至于投资 ETF、LOF 等的获利方式，后面另有章节详述。

27. 投资开放式基金的投资收益有保底吗？

《中华人民共和国证券投资基金法》第二十一条规定：“基金管理人不得有下列行为：向基金份额持有人违规承诺收益或者承担损失。”因此说，开放式基金的投资收益没有保底。基金是集中投资者的资金，由基金公司进行专业管理，组合投资，由投资者共享收益、共担风险的投资工具。市场经济中收益和风险是对等的，一般而言，预期收益越高，则须承担的风险也越高。

28. 投资开放式基金需要缴税吗？

根据目前的税收规定，个人投资者投资于开放式基金获得的红利及卖出后得到的价差收益均暂免纳税。

对于机构投资者来说，在营业税方面，金融机构（包括银行和非银行金融机构）申购和赎回基金单位的差价收入需要缴纳营业税；在所得税方面，企业投资者申购和赎回基金单位取得的差价收入，应并入企业的应纳税所得额，征收企业所得税。

29. 开放式基金分红吗？

《证券投资基金运作管理办法》规定：开放式基金的基金合同应当约定每年基金收益分配的最多次数和基金收益分配的最低比例。基金收益分配应当采用现金方式。开放式基金的基金份额持有人可以事先选择将所获分配的现金收益，按照基金合同有关基金份额申购的约定转为基金份额；基金份额持有人事先未做出选择的，基金管理人应当支付现金。

投资人应该了解的是，基金分红的收益原来就是基金份额净值的一部分，投资人实际拿的也是自己账面上的资产。这也是为什么分红当天（除权日），基金份额净值会下跌的原因。所以分红也并不是越多、越频繁越好，投资者应选择适合自己需求的分红方式。投资者如想实现收益，也可以通过赎回一部分份额进行。

30. 基金分红需扣除手续费吗？

和股票或封闭式基金分红不同，开放式基金分红免收分红手续费。除此而外，选择红利再投资方式的投资者其红利所转换的基金份额还免收申购费用。

31. 什么是分红权益登记日、除息日和派现日？

分红权益登记日，指享有分红权益的基金份额的登记日期，即只有在分红权益登记日前（含当日）购入的基金有资格参加分红，而分红权益登记日前（含当日）赎回的基金则不享受分红。投资人在权益登记日以前（含权益登记日）到开户的销售机构进行分红方式变更的，以变更后的分红方式为准。一般情况下，若分红权益登记日为 T 日，则除息日为 T+1 日，派现日为 T+2 日。

除息日，是指分红方案中确定的将红利从基金资产中扣除的日期，除息日的基金份额净值与上日价格相比，已扣除分红金额，所以该日的基金份额净值一般会比上日有所下降。

派现日，是实施红利分配的日期，如果分红方式是红利再投资，等额的现金红利将按派现日的基金份额净值折算为相应的基金份额；如果分红方式是现金分红，现金红利将于派现日从基金托管库划往投资人账户。

32. 如何计算红利收益？

现金红利：现金红利＝持有基金份额 × 每份基金派发红利金额

红利再投资：基金份额＝实际红利金额 / 红利实施日基金份额净值

33. 投资者可以选择哪些分红方式？

目前开放式基金一般会向投资者提供两种可供选择的分红方式，即取得现金或红利再投资。红利再投资是基金管理公司向投资者提供的直接将所获红利再投资于基金的服务。如果投资人没有选择分红方式，则一般被默认为现金分红。

选择现金形式的，红利将于分红实施日从基金托管账户向投资者预留的银行存款账户划出。如果投资者暂时不需要现金，而想直接再投资，就可以选择红利再投资方式，在这种情况下，分红资金将转成相应的基金份额并记入投资者的账户，一般免收再投资的费用。如果投资者想变更原来选择的分红方式，可以到原来办理基金业务的基金管理公司或代销机构营业网点办理变更手续。

34. 哪种分红方式好？

分红有两种方式：现金红利；分红再投资。

现金红利，属于单利增值性质；红利再投资，则是复利增值，即俗称的“利滚利”，其增值速度是大于单利的。一般来说，基金管理公司对红利再投资有免收申购费的优惠，是为客户提供的优惠服务内容的一部分，因此，如果不是等着红利的资金使用，那么，我们一般性地建议大家使用：红利再投资。

实操是，具体选择哪种分红方式，请投资人根据自己的情况确定。如需变更，应在权益登记日前到代销机构网点办理分红方式变更手续，或者网上、手机 APP 上办理。

35. 分红后，净值下降了，此时买入开放式基金好吗？

净值的高低，不能够成为是否申购、赎回基金的依据。

投资基金的本质，是享受基金公司的专业化资产管理服务。分红之前，与分红之后，一般来说，服务都是继续的、没有变化的。因此，分红前或分红后买入开放式基金没有实质的区别。投资者可以利用基金净值经过分红除息后相对较低的“机会”，一定数额的资金可购买更多份额的基金，可以得到某种心理上的满足，但实际投资金额是一样的。这样一种所谓的“占便宜”的心态要不得。

36. 权益登记日当天申购基金是否可以参与分红？

只要在权益登记日（含当日）前申购并确认有效的基金持有人，都可以参加分红，但在权益登记日（含当日）前赎回的投资者，将不参加分红。

不过，需要特别提示的是：分红分的是基金净值的一部分，普通投资者、场外投基方式，完全没有必要赶抢这个分红。例如：您申购了 10 万元基金，分红之后，拿到了红利 3 万元，您的投基本金就剩下 7 万元了，如果这 3 万元红利还要投资，还必须再缴一次申购费。何必呢？

37. 什么是基金单位净值和累计净值，两者的区别是什么？

单位基金资产净值＝（总资产－总负债）／基金份额总数

累计份额净值＝基金份额净值＋基金成立后累计分红

基金单位净值是指基金当前每一份基金份额的净值，也是申购赎回的依据。

累计净值是指基金自成立之日起，到期末累计的净值，期间可能经历了分红，所以累计净值可能比单位净值高。累计净值只表明这只基金历史上给持有人赚过多少钱，表明了基金总体的业绩水平，对投资基金操作只有简单的参考意义，不产生直接影响。

38. 什么是非交易过户？

非交易过户是指基金投资者不向基金管理公司办理赎回和申购，而直接进行基金份额的转让。开放式基金的注册登记机构一般只受理部分情况下的非交易过户，例如继承、司法强制执行等情况。

具体的非交易过户情形会在基金合同、招募说明书中规定，办理时，投资者还需要根据注册登记机构或销售机构的规定提供相应的证明文件等资料。需要提醒读者的是，基金的转让只能按规定的手续办理，由基金的注册登记机构确认，私下的转让是无效的。

39. 什么是开放式基金份额的转托管？

基金份额的转托管业务，是指基金持有人申请将其在某一销售机构（或网点）交易账户持有的基金份额，全部或部分转出并转入另一销售机构（或网点）交易账户的行为。投资人一次办理转托管申请，可以是该交易账户某基金的全部或部分份额转托管，且不限制交易账户最低保留份额，对部分转托管，转出份额采用“先进先出”原则，将持有时间最长的份额先转出。

40. 如何办理基金份额转托管？

转托管业务分转出、转入两步来完成，投资人需先在转出机构办理转出申请，再到转入机构办理转入申请。销售机构在 T 日受理投资人转托管转出申请。注册登记人于 T+1 日清算确认投资人转托管转出申请并冻结其转出部分份额。投资人在办理转托管转入前必须到转托管转入的销售机构办理多渠道开户业务。销售机构在 T 日受理投资人转托管转入申请，注册登记人于 T+1 日清算确认投资人转托管转入申请，解冻并撤销其在转出销售机构（或网点）处的权益登记记录，同时增加投资人在转入销售机构（或网点）处的权益登记记录。投资人应在办理转出申请后 20 个工作日内到转入机构办理转入申请，否则注册登记人将自动撤销其转出申请。

41. 转托管业务如何收费？

转托管业务在转托管转出时收取固定手续费，通常为 30 元。

42. 在不同渠道购买开放式基金有什么不同？

投资基金的渠道有三种：基金公司的直销；银行、券商等传统渠道；新兴的第三方渠道。

（1）基金公司直销，包括网上交易、手机 APP 两种方式。在这里的交易，一般来说，费率会较为优惠，但销售产品多为相关公司自己旗下基金。

（2）银行、券商等传统渠道，既有物理网点，也有各自的网站，并且，银行、券商的 APP 也基本普及了。不过，作为传统渠道，由于各家的销售策略不同，代销的品种、数量、费率等，都会有一些差别，需要投资者自己注意甄别。

（3）新兴的第三方渠道，销售方式有两种：网站、APP，由于各家的实力区别，代销的品种和收取的费率也有可能差别较大，因此，需要投资者自己注意甄别。

投资基金，一般性的策略之一，就是分散投资。这个分散投资，也可以将其理解为通过不同的渠道进行，作为 FOF 等专业投资者，较为普遍的选择是各个基金公司的直销渠道。

43. 基金在网上交易有哪些优点？

第一，全天候。网上 7×24 小时接受委托，随时随地可交易。

第二，低费率。网上交易一般可以享受一定的费率优惠，同样的资金可以申购更多的基金份额。

第三，高安全性。资金卡与基金账户互相绑定，交易、资金安全有保障。

第四，功能全。除申购、赎回、查询等功能外，投资者还可使用基金转换等增值功能，且赎回资金到账时间还有可能更快。

44. 什么是基金转换业务？

基金转换是管理人向持有人提供的一种“增值”服务，它是指投资者在持有了一家基金管理公司发行的某只开放式基金后，要求将其持有的全部或部分基金份额转换为该基金管理人管理的其他开放式基金份额的行为，即投资者在“卖出”一只基金的同时，同时又“买入”该基金管理公司管理的另一只基金。做基金转换不需要先赎回已持有的基金份额，更不需要重新申购目标基金份额。

基金转换以基金份额为单位，投资者采用“份额转换”的原则提交申请。基金转换一次只能转换一只基金，即如果客户要转换多只基金，要采用多次申请的方式进行处理。基金转换采取未知价法，以申请当日基金单位资产净值为基础计算。目前，绝大多数基金管理公司都开通了这项服务。不过，由于各个基金公司登记结算系统的不同、银行柜台服务系统的不同，在具体办理基金转换业务的时候，各个地方可能会有一些细小的、个性化的差别。

45. 基金转换的两大优势是什么？

基金转换具有两大显著的优点：提高了投资者的投资效率，降低了投资者的投资成本。

第一，提高效率。原先，完成一个常规的赎回、申购流程，前后可能需要 10 天左右的时间。现在，如果使用基金转换，上述烦恼就不会存在了。对于 T 日申请基金转换的投资者，转换申请通常可以在 T+2 日（工作日）得到确认。

第二，降低成本。相对于常规的申购、赎回成本，基金转换可以让投资者节省一定量的投资成本。早期曾有个别基金公司另外收取“转换费”，提高了投资者的交易成本，现在，已经没有基金公司这样做了。基金转换已经真正成为方便投资者的基金交易方式。所谓的免除“转换费”等说法，本质上是基金公司营销宣传的一个噱头而已。

需要特别注意的是，不同的基金公司可能会有不同的转换成本，但万变不离其宗，基金的转换成本可以从“申购费补差”和“赎回费补差”这两个方面来理解。

做完基金转换之后，基金公司都会给客户一个确认单，详细告知转换的时间、净值、份额等，投资者持有新的基金份额的起始时间可以该确认单上注明的时间为准。

46. 什么是“申购费补差”？

所谓“申购费补差”，是指不同类型的基金有不同的申购费率，如股票型基金的申购费率通常是 1.5% 的，债券型基金通常在 0.6%，货币市场基金的申购费率都是零。如果投资者从具有高申购费率的基金转为低申购费率的基金，则不需要再交纳申购费，如从股票型基金转为债券型基金或者货币市场基金；如果投资者从货币市场基金转为股票型基金，则需要交纳“申购费补差”，即1.5%；如果投资者从债券型基金转为股票型基金，则需要交纳“申购费补差”，即0.6%。

在申购费的收取方面，一些基金公司的基金设有前端申购费（申购时交纳申购费用）和后端申购费（赎回时交纳申购费用）两种收费方式，常规的基金转换方式是由“前端申购费”的基金向“前端申购费”的基金之间的转换。除了上述“前端—前端”的转换之外，如果投资者想进行较为少见的“前端—后端”“后端—后端”“后端—前端”这三种方式的基金转换，请参看各个基金公司的具体规定。在有些公司里，这后提及的三种方式或者都不能够做，或者只能够做其中的一两项。

47. 办理基金转换时需要注意哪些事项？

基金转换虽然有不少优点，但也有它天然的不足之处，以及其他一些需要注意的事项，请广大投资者留意。

第一，基金转换只能在同一销售机构进行，即准备转出的基金和准备转入的基金都在同一家基金销售挂牌。准备转出的基金和准备转入的基金必须是同一家基金管理公司的和由同一个注册登记人注册登记的，不是同一家基金公司的基金，没有登记在同一家注册登记机构的基金，都不能够做转换。基金转换的单笔转出申请、转入申请还会受到最低申购限额的限制。基金转换必须是当日有正常交易的基金才可以做转换。已经做了定期定额的基金，其投资中的余额部分可以做转换，方法同上。

第二，虽然绝大多数基金公司都开通了基金转换业务，但不是所有基金公司旗下的基金都适合做转换。另外，投资者不必为了转换而转换，不应该因为有转换而改变了自己的投资策略，投资者应该根据自己的投资需求确定转换操作。就目前的市场情况来看，真正做转换的投资者并不多。

第三，基金产品主要有两大类：高风险高收益预期类产品和低风险低收益预期类产品，前者主要有股票型基金、指数型基金、偏股型基金、平衡型基金、部分 FOF 等，这些类型基金的收费标准都比较高；后者主要有货币市场基金、债券型基金、养老基金、部分 FOF 等，这些类型基金的收费标准都比较低。基金转换主要应该在这两大类基金之间进行，即在高风险高收益预期类产品和低风险低收益预期类产品之间做好适当的转换。当投资者中、长期看好股票市场后市的时候，要以高风险高收益预期类产品为主要投资对象，或者转入对象；当投资者中、长期看淡股票市场后市的时候，要以低风险低收益预期类产品为主要投资对象，或者转入对象。

48. 如何办理基金账户的资料变更？

账户资料变更常见于投资人个人信息发生变化，如地址、电话、资金账号、分红方式等情况。所有投资人的相关信息变更后需要及时向基金管理公司注册登记部门办理更新，并以注册登记人确认成功为变更生效日。未能办理或及时办理变更导致的损失由投资人承担。因特殊原因（投资人、柜台人员操作失误等）造成账户重要信息资料错误投资人也需申请变更。

账户资料变更可以通过拨打相关基金公司的客服电话或直接到基金销售机构办理，提交账户资料变更申请的当天可以办理基金交易。到销售机构办理账户资料变更时需要提供身份证件和必要的变更证明文件。在变更投资人名称、身份证件类型、号码时，投资人必须在其原开户机构亲自办理。投资人的名称变更还须提供公安机关或工商机关的变更证明文件。如果基金账户为“销户”或“冻结”状态，则不允许办理基金账户资料变更业务。

49. 什么是暂停或拒绝申购？发生暂停或拒绝申购时将如何处理？

在基金存续期内，基金管理人可根据基金合同的规定暂停基金的申购，并报中国证监会备案。发生下列情况时，基金管理人可暂停或拒绝接受基金投资者的申购申请：

（1）基金资产规模过大，使基金管理人无法找到合适的投资品种，或可能对基金业绩产生负面影响，从而损害现有基金持有人的利益；

（2）基金管理人、基金托管人、基金销售代理人或注册登记机构的技术保障或人员支持等不充分；

（3）不可抗力的原因导致基金无法正常运作；

（4）证券交易所交易时间非正常停市；

（5）法律、法规规定或中国证监会认定的其他暂停申购情形；

（6）当管理人认为某笔申购申请会影响到其他基金持有人利益时，可拒绝该笔申购申请。

发生上述第 1 到第 5 项暂停申购情形时，基金管理人立即在指定媒体上刊登暂停公告；暂停期间，每月至少重复刊登暂停公告一次；暂停结束基金重新开放申购时，基金管理人应在指定媒体上刊登基金重新开放申购公告及最近一个工作日基金单位资产净值。发生上述第 6 项拒绝申购情形时，申购款项将全额退还投资者。

50. 出现非交易过户的情况有哪些？

（1）因遗产继承引起；

（2）因捐赠引起；

（3）因司法执行引起的。

51. 投资者能否将自己账户里的基金资产转让给其他人?

基金在不赎回的情况下转让户名属于非交易过户，注册登记机构受理继承、捐赠和司法强制执行和经注册登记机构认可的、符合法律法规的其他情况下的非交易过户申请。属于上述类型的基金资产转让可以进行，否则投资者不能将自己账户里的基金资产转让给其他人。

52. 非交易过户的办理原则是什么?

（1）遗产继承和捐赠情况下的非交易过户，由过出方基金份额托管点受理相关资料的初步审核和寄送;

（2）司法执行情况下的，非交易过户由注册登记人直接受理其相关资料的初步审核;

（3）过户行为最终统一由注册登记人核实相关资料后给予办理。

（4）投资者可以将其持有的基金份额的全部或部分办理非交易过户;

（5）非交易过户的受让方没有开立本公司基金账户的，要先办理开户业务。

53. 非交易过户的费用是多少?

代理机构受理非交易过户业务，每次除收取固定费用 100 元外，再按过户基金份额的申购费和赎回费之和收取手续费。

54. 什么是系统内转托管?

系统内转托管是指投资者将上市开放式基金份额在证券营业部之间或

代销机构之间进行转托管。

55. 什么是跨系统转托管？

跨系统转托管是指投资者将登记在证券登记系统中的基金份额，转托管到 TA 系统（基金份额由证券营业部转托管到代销机构 / 基金管理人）；或将登记在 TA 系统中的基金份额，转托管到证券登记结算系统（基金份额由代销机构 / 基金管理人转托管到证券营业部）。

56. 投资者办理因继承而发生的基金非交易过户的申请，需提交哪些资料？

（1）继承公证书；

（2）证明被继承人死亡的有效法律文件及复印件；

（3）被继承人生前开立的基金账户卡及复印件；

（4）继承人身份证、基金账户卡及复印件；

（5）填妥的申请表。

在具体操作时，相关的细节要求，请以各个基金公司法定公开信息披露中的相关要求为准。

57. 个人投资者办理因捐赠的基金非交易过户的交易，需提交哪些资料？

（1）捐赠公证书；

（2）捐赠方的身份证明原件；

（3）受赠方的注册证书或登记证书及加盖公章复印件；

（4）当事人双方基金账户卡及复印件；

（5）填妥的申请表。

在具体操作时，相关的细节要求，请以各个基金公司法定公开信息披露中的相关要求为准。

58. 机构投资者办理因捐赠而发生的基金非交易过户的申请，需提交哪些资料？

（1）捐赠公证书；

（2）捐赠方的企业法人营业执照或注册登记证书及加盖公章的复印件；

（3）捐赠方经办人的授权委托书；

（4）捐赠方经办人身份证件及复印件；

（5）受赠方的注册证书或登记证书及加盖公章复印件；

（6）当事人双方基金账户卡及复印件；

（7）填妥的申请表。

在具体操作时，相关的细节要求，请以各个基金公司法定公开信息披露中的相关要求为准。

59. 个人投资者办理因司法判决而发生的基金非交易过户的申请，需提交哪些资料？

（1）已经生效的司法判决书或司法调解书；

（2）当事人双方基金账户卡及复印件；

（3）当事人双方身份证、基金账户卡及复印件；

（4）填妥的申请表。

在具体操作时，相关的细节要求，请以各个基金公司法定公开信息披露中的相关要求为准。

60. 机构投资者办理因司法判决而发生的基金非交易过户的申请，需提交哪些资料？

（1）经生效的司法判决书或司法调解书；

（2）当事人双方企业法人营业执照或注册登记证书及加盖公章的复印件；

（3）当事人双方基金账户卡及复印件；

（4）经办人的授权委托书；

（5）经办人的身份证及复印件；

（6）填妥的申请表。

在具体操作时，相关的细节要求，请以各个基金公司法定公开信息披露中的相关要求为准。

61. 如何确定申购基金的时机？

确定申购基金的时机，需要依据不同的基金类型来区别对待，具体情况如下：

第一，对于风险极低的基金，如货币市场基金，随时可以申购，并将其作为资金储备的工具。

第二，对于风险与债券市场挂钩的基金，或组合内以债券市场为主要投资对象的基金，要根据投资者对债券市场的行情走势预期来判定。预期市场行情好的时候，认购，申购；反之，赎回。

第三，对于风险与股票市场挂钩的基金，或组合构成是以股票市场为主要投资对象的基金，要根据投资者对股票的行情走势预期来判定。预期市场行情好的时候，认购，申购；反之，赎回。

总之，选择基金不应看净值的高低，而是要根据基础市场行情的发展趋势、基金管理人的投资管理能力等来判断。

要摆脱对基金净值认知的误区：净值的高低与是否容易上涨、是否还将上涨等没有直接关系，只要基金品种选择得当，净值可以继续上涨；否则，如果品种选择、时机选择有问题，净值再低也仍然存在振荡回撤的可能。

62. 投资基金时，是不是基金的规模越大越好？

基金规模并非绝对的越大越好，基金存在一个最优的规模特征，也就是最合适的规模区间，对此，要看具体的基金类型来定：

（1）货币市场基金：从过往的市场情况来看，太小，不太适合运作，如规模只在 1 亿元左右；太大，如超 10000 亿元，收益率也不高；对于在 1000 亿元左右的产品，收益率的表现，还是要看基金经理的运作；对于规模在 10 亿元以上的、数百亿元的产品，都可以关注。

（2）以债券市场为主要投资对象的基金。基本情况同上，但是，债基里规模超 100 亿元的不多，即使有，也都是以机构投资者为主的。

（3）主动权益类基金。相关研究认为：规模过大之后，此类基金的绩效会趋向于市场平均，因为受到了基金经理能力半径和二级市场冲击成本的共同影响。具体的规模上限，要看基金合同所设定的投资范围大小。就当前的市场情况来看，规模大于 200 亿元以上的基金，建议投资者慎重考虑。

（4）被动的权益类基金。由于是跟踪标的指数，采用复制的方法来做投资，目前来看，尚未有规模的天花板情况出现。

（5）FOF 及按照 FOF 方式运作的养老基金。目前来看，尚未有规模的天花板情况存在，毕竟此类产品的总体不大，且单只产品的最大规模也仅仅是超过了 100 亿元而已。最重要的，是此类基金的交易方式主要为申购、赎回，不存在上述的二级市场冲击成本；如果是 ETF，由于有套利盘的情况存在，也几乎没有冲击成本。

第五章 如何买卖基金？

投资基金是一门非常专业的技术活，既有认购、申购、赎回，也有买进和卖出，必须区别对待。买卖基金，指的是通过场内渠道的方式去投资基金。而场内渠道，指的是通过沪深两个交易所的场内通道去投资基金，具体来说，就是通过券商的营业网点去投资基金，或者说，是通过证券交易账户来进行基金的买卖。

由于渠道的不同，买卖基金的时候，就会有很多细节差别需要注意，这其中或许与成本有关，或许与风控管理有关，或许与交易效率有关，或许与投基获利有关，其中后者是最重要的。

通过场内渠道投资基金，所涉及的基金种类包括：封闭式基金、封闭运作且可以上市的基金、LOF、ETF、REITs，等等。本章对于这些类型基金分为两个部分来叙述：ETF 与 ETF 之外的场内基金。之所以这样区分，因为 ETF 是场内基金的主流，其他各个类型的场内基金（暂不包括尚未发生及上市的 ERITs），其成交总额的合计，依然不及 ETF 的一个零头。本章内容如果有与监管规定不一致的地方，请以监管的要求为准。

一、ETF

1. 什么是 ETF？

ETF 是英文“Exchange Traded Fund”的缩写，中文意思是“交易型开放式指数证券投资基金”，简称“交易型开放式指数基金”，又称“交易所交易基金”。

ETF 通常由基金管理公司管理，基金资产为一揽子股票组合，组合中的股票种类与某一特定指数包含的成分股票相同，股票的数量和比例与该指数的成分股票构成比例一致。ETF 代表着一篮子股票的所有权，其交易价格、基金份额净值走势与所跟踪的指数基本一致。

ETF 是一种跟踪标的指数变化、在证券交易所上市交易的基金，属于开放式基金的一种特殊类型，它结合了封闭式基金和开放式基金的运作特点，投资者既可以向基金管理公司申购或赎回基金份额，同时，又可以像买卖股票那样在二级市场上按照市场价格买卖 ETF 的份额，从而有望获得与该指数基本相同的收益率。

根据对成分股票配置方法的不同，ETF 可以被区分为常规 ETF 和积极管理 ETF，目前国内已有的 ETF 为常规 ETF。

2. 什么是 ETF 的申购、赎回？

同其他开放式基金一样，ETF 也存在着申购与赎回，但有所不同的是，中间增加了一个买进或卖出股票的环节。

认购 ETF：用现金购买该 ETF 所跟踪的指数的一揽子成分股股票，用一揽子股票申购 ETF 份额。

赎回 ETF：赎回时，得到的是该 ETF 所跟踪的指数的一揽子股票，卖出股票，得到现金。

具体购买哪些种类的股票、购买多少股，相关的基金公司每天都会给出一份申赎清单，这些清单中的股票，都会被录入到相关的交易系统中，投资者下单之后，系统自动完成股票的买进或卖出。当然，出于某些特定的目的，在具体交易时，还会有一些特定的情况出现，如：（1）买进时，投资者已有的相关成分股票可以加入申购清单中，相对应的资金，就不必再买进特定的股票了；（2）卖出时，投资者可以保留某几只股票暂不卖出；（3）买进或卖出的成交价格，既可以直接全部成交，也可以设定一定的成交价格区间，等等。

3. 投资 ETF 的方式有哪三种？

（1）买卖 ETF 份额，赚取价差收益。投资者可以像买卖股票一样买卖交易所交易基金。所谓价差，是当相同的证券或投资组合具有不同的价格波动机会时，投资者可以根据自己的判断，先买进价格被低估的证券，待价格上涨之后再卖出该证券，从而获取一定量的价差收益。这是当前投资 ETF 最主要的方式。

（2）套利。所谓套利，是指当相同的或类似的证券或投资组合具有不同的市场价格时，投资者可以买进价格被低估的证券，卖出价格被高估的证券，从而获取无风险收益。因此，套利的典型特征是交易净现金流为正，同时不持有任何风险头寸。就 ETF 的套利交易而言，是利用 ETF 净值与一揽子股票市场实时交易价格之间的差别，赚取两者之间的瞬间收益。这种交易要借助特定的交易系统完成，专业化程度很高，也是只适合大客户投资的一种交易方式。

（3）申购与赎回。在一级市场，ETF 的最小申购和赎回量视各个基金而定，为数 10 万份至 100 万份不等，需要的资金比较多，只适合大客户购买，购买方式与一般的开放式基金相同。

4. ETF 有哪三大特点？

（1）被动操作的指数型基金：ETF 以某一选定的指数所包含的成分证券为投资对象，依据构成指数的股票种类和比例，采取完全复制的方法，是一种更为纯粹的指数基金。

（2）独特的实物申购赎回机制：投资者向基金管理人申购 ETF，需要拿这只 ETF 指定的一揽子股票来换取；赎回时得到的不是现金，而是相应的股票，如果想变现，需要再卖出这些股票。

（3）它实行的是一级市场与二级市场并存的交易制度。

5. 如何看待 ETF 的运营成本低？

普通的开放式指数基金，管理费率通常在 1.00%；而 ETF 的管理费率通常为只有 0.50%，也有一些是 0.15% 的。

在托管费方面，普通开放式指数基金通常是 0.20%，而 ETF 的托管费率通常只有 0.1%，也有一些是 0.05% 的。

事实上，无论费率如何，ETF 对标的指数的跟踪误差目标控制区间都是 2.00% 之内，即无论上述费率的高低，跟踪误差的要求是一样的，也就是：区区一点点费率的高低，总体上不会影响到它们的跟踪误差。因此，ETF 运营成本的高低，不应该成为是否选择 ETF 作为投资标的的理由。

6. 什么是 ETF 的交易成本低廉优势？

以中小投资者为例，通过场外通道投资开放式基金，申购费率通常为 1.50%；赎回费率通常为 0.50%，合计为 2.00%。

而通过场内通道投资 ETF，即在二级市场可以买进 ETF，交易佣金的费率和股票一样，还免交股票的印花税。目前，券商的交易佣金通常不超过 0.03%，买卖双向不超过 0.06%。（具体情况，请以各券商营业网点的具体收取费率为准。）

7. 什么是买卖 ETF 的交易优势和资金利用效率高的优势？

通常来说，申购、赎回老式指数型基金时，申购的基金份额通常是过一两个交易日才能够确认成交；赎回的资金需要 T+3 到 7 个工作日才能到账。相比之下，ETF 的交易优势和资金利用效率高优势有非常突出了，主要表现在：

（1）交易优势。申购、赎回基金，是按照当天的净值成交，若二级市场行情突变，就无法在交易时间里及时应对。而买卖 ETF 份额，可以在盘中实时进行，市价成交，若遇二级市场行情突然大幅上涨或突然大幅下跌时，投资者如果能够及时决策，前者可以降低建仓成本，后者可以及时规避风险，减少损失。

（2）资金利用效率高优势。通过场内通道买卖 ETF，即像买卖股票那样，只要报价合理，通常可以迅速成交：买进的，立即可以看出 ETF 份额已经到账；卖出的，资金立即到账，立即可以使用，次日可以支取或转账。

8. 什么是折价套利？折价套利的市场背景通常是如何形成的？

就 ETF 而言，成分股票所表现出的基金净值与 ETF 市价是同一投资组合的不同市场定价，因此存在套利机会。折价套利，或曰反向套利，即当 ETF 市价 < 净值时，买进 ETF，赎回 ETF，得到一揽子股票，然后卖出一揽子股票。折价套利通常出现在下跌行情中，具体的操作步骤大致如下：

（1）投资者看空后市，看跌代表指数的 ETF，出现卖出 ETF 的需求；

（2）卖出需求大于买进需求，促使 ETF 的市场交易价格下跌；

（3）ETF 市场交易价格下跌的速度超过了 ETF 净值下跌的速度，ETF 出现折价现象；

（4）ETF 的折价现象扩大，市价低于净值之后的价格偏差大于交易成本，折价套利的机会出现；

（5）大额投资者进行折价套利操作，在计算机软件的帮助下，折价套利的操作自动完成，大致的流程是：买进 ETF—赎回 ETF—卖出一揽子股票；

（6）套利操作使得 ETF 市价过度下跌的势头被遏制，市价与净值之间的价格偏差缩小，直至可以进行套利操作的空间消失；

（7）行情继续下跌，上述过程还有可能会不断出现……

（8）一轮行情结束；

（9）市场调整到位，ETF 的市价也较低，投资者开始重新买进 ETF，市场有可能再重走一轮行情。

以上也仅仅是理论上的推测，在实操时，方方面面的影响因素较多，市场情况千变万化，需要具体情况具体对待。此类操作通常是职业投资者的专利。

9. 什么是溢价套利？溢价套利的市场背景是如何形成的？

就 ETF 而言，成分股票所表现出的基金净值与 ETF 市价是同一投资组合的不同市场定价，因此存在套利机会。溢价套利，或曰正向套利，即当 ETF 净值 < 市价时，买进一揽子股票，申购成 ETF，然后二级市场卖出 ETF。溢价套利通常出现在上升行情中，其过程大致如下：

（1）投资者看好后市，看涨代表指数的 ETF，出现买进 ETF 的需求；

（1）买进需求大于卖出需求，推动了 ETF 的市场交易价格上涨；

（2）ETF 市场交易价格上涨的速度超过了 ETF 净值上涨的速度，ETF 出现溢价现象；

（3）ETF 的溢价现象扩大，市价高于净值之后的价格偏差大于交易成本，溢价套利的机会出现；

（4）大额投资者进行溢价套利操作，即在计算机软件的帮助下，溢价套利的操作自动完成，大致的流程是：买进一揽子股票—申购成 ETF—卖出 ETF；

（5）套利操作使得 ETF 市价过度上涨的势头被遏制，市价与净值之间的价格偏差缩小，直至可以进行套利操作的空间消失；

（6）行情继续上涨，上述过程还有可能会不断出现；

（7）投资者买进的 ETF 出现获利，可以卖出 ETF，实现盈利。

以上仅仅是理论上的推测，实操时，方方面面的影响因素较多，市场情况千变万化，需要具体情况具体对待。此类操作通常是职业投资者的专利。

10.ETF 套利机制的存在，最大的意义是什么？

就当前的市场情况来看，由于计算机技术的高度发达，以及套利软件的高度成熟和普遍运用，常规的折价套利、溢价套利的盈利空间已经很小了，甚至小到失去了套利的价值。但是，由于成分股票背后的上市公司情况纷繁复杂，基础市场行情风云多变，基于各种事件基础之上的套利机会，还是会有一定程度的存在。

但是，ETF 套利机制的存在，其最大的意义在于可以及时消化掉突然出现的、过量的买盘和买卖，这个消化的过程，就给 ETF 提供了良好的二级市场流动性，保证及时成交，二级市场的冲击成本小到几乎可以忽略。如此一来，就给大资金的二级市场投资提供了非常良好的流动性，能够保证交易目标的及时、完整实现。

11.ETF 为什么会在近几年得到快速的发展？

（1）股票太多，选择难度加大。

（2）二级市场分化加大，直接投资股票的难度增大。

（3）直接投资二级池的股票，冲击成本较大，以致于交易目标常常无法及时实现。

（4）行业指数、主题指数的大量研发，相关 ETF 的大量发行，标的特色鲜明，流动性良好，自然就成为大额投资者（包括很多的机构投资者）重点关注对象，并由此形成了一个很好的良性循环。

（5）ETF 的特点、优点正在得到越来越多投资者的认知。

12. 什么是 ETF 的现金替代？

所谓现金替代，是指在申购、赎回过程中，投资人按基金合同和招募说明书的规定，用于替代组合证券中部分证券的一定数量的现金。现金替代分为三种类型：禁止现金替代（标志为“禁止”）、可以现金替代（标志为“允许”）和必须现金替代（标志为“必须”）。

（1）禁止现金替代。它是指在申购、赎回基金份额时，该成分股票不允许使用现金作为替代。从理论上说，禁止现金替代应是 ETF 申购赎回规则的本源，即采取一篮子股票组合和 ETF 份额直接交换的原则。它能有效控制 ETF 的交易成本和跟踪误差，保证 ETF 基本套利机制的有效性。

（2）可以现金替代。但是在实际操作中，由于成分股票停牌等特殊情况的存在，若严格禁止现金替代，将会导致投资者由于无法买入已停牌的股票，而无法正常申购的情况出现。因此，ETF 基金则会设置可以现金替代的股票。可以现金替代是指在申购基金份额时，允许使用现金作为全部或部分该成分股票的替代，但在赎回基金份额时，该成分股票不允许使用现金作为替代。对于使用现金替代的股票，基金经理需在其恢复交易后买入，为此基金公司会向申购者收取一定的现金溢价。

（3）必须现金替代。它是指在申购、赎回基金份额时，该成分证券必须使用现金作为替代。这种设置一般适用于标的指数调整将被剔除或基金公司出于保护持有人利益原则等原因认为有必要实行必须现金替代的成分股票。对于必须现金替代的股票，基金管理人将在申购、赎回清单中公告替代的一定数量的现金，即“固定替代金额”。

对于可以现金替代的证券，替代金额的计算公式为：

替代金额＝替代证券数量 × 该证券参考价格 ×（1 ＋现金替代溢价比例）

其中，该证券参考价格目前确定原则为：该证券正常交易时，采用最新成交价；该证券正常交易中出现涨停 / 跌停时，采用涨停 / 跌停价格；该证券停牌且当日有成交时，采用最新成交价；该证券停牌且当日无成交时，采用前收盘价（考虑当日的除权除息等因素）。

（注：本问答摘自华泰柏瑞基金公司网站）

13. 如何用 ETF 做择时工具？

很多人会把 ETF 想得很复杂，就像那些初学游泳的选手会在头脑中反复地演习游泳技巧一般，把它想像得很高深，而实际在二级市场（股市）操作上 ETF 却很简单，事实上，对于股民来说，不妨简单地把它看作一只“大股票”，因为在二级市场的交易方式上，ETF 与股票几乎相同。

目前许多家庭在进行收入管理时都会考虑配置一定的股票资产，而沪深两市 4000 多只的股票又让人无所适从，因为它涉及股票的选择和仓位的及时增减。对于普通的投资人来说，他们没有那么多时间去进行股票研究，也没有那么多的精力去上市公司进行实地调研，而那些所谓的小道消息相信也曾经让不少的股民痛心疾首。

与其如此，不妨买入 ETF，这样只需要判断好大势，及时地增仓、减仓就可以了。因为 ETF 是由其追踪的标的指数成分股票组成的股票集合，增减 ETF 相当于增减了股票仓位。当行情发生变化时，直接增减

ETF 可以避免多只股票交割的麻烦，对于大额投资者来说，增减 ETF 还可以减少对股价的冲击，迅速进出市场。ETF 特殊的套利机制可以提高流动性，降低大额交易的冲击成本。使用 ETF 后，股票投资就变得很简单。当投资者判断行情即将上行时，在二级市场买入 ETF，迅速增加股票仓位；判断行情即将下行时，在二级市场卖出 ETF，迅速减持股票仓位。

（注：本问答摘自华泰柏瑞基金公司网站）

二、ETF 之外的场内基金

1. 场内基金和场外基金有哪些不同？

（1）交易费率的不同。场内基金买进或卖出的单向交易费率通常不会超过 0.03%，而场外基金申购费在 0.6% 至 1.5% 之间，同时赎回费率大多为 0.5%。

（2）交易价格的不同。场内基金的交易价格为实时变动的公布价格，跟股票价格一样波动，而场外基金的交易价格则为固定价格，以净值为价格进行交易，每天更新一次净值。

（3）交易门槛不同。相对于场外基金最低 1 元起投资、10 元起投等，场内基金门槛较高，需要一手起买，如果场外购买 ETF 则需要数十万元至 100 万元不等。

（4）资金到账时间不同。场内基金买进后 T+1 日就可以卖出，而资金在成功交易后即可使用。场外基金一般申购后 T+2 日才可以赎回，资金到账时间一般为 T+1 到 7 个工作日。

（5）分红方式不同。场内基金的分红方式只有现金分红，而场外基金分方式则可以有现金分红和红利再投资。

2. 什么是上市型开放式基金（LOF）？

上市型开放式基金（LOF）的英文全称是“Listed Open-Ended Fund”，称为“上市型开放式基金”。基金发行结束后，投资者既可以在指定网点申购与赎回基金份额，也可以在交易所买卖该基金。投资者如果是在指定网点申购的基金份额，想要在场内抛出，须办理转托管手续；同样，如果是在交易所场内买进的基金份额，想要在指定网点赎回，也要办理转托管手续。

3. 上市型开放式基金（LOF）与封闭式基金的区别是什么？

上市型开放式（LOF）基金本质上是开放式基金，与封闭式基金有很多不同的地方；但是它可以在交易所交易，更加方便投资者买卖，而且投资者可以利用两种不同交易方式进行套利交易。

4. 什么是折价和溢价？

封闭式基金的交易价格主要受二级市场供求关系的影响。当需求旺盛时，封闭式基金二级市场的交易价格会超过基金份额净值而出现溢价交易现象；反之，当需求低迷时，交易价格会低于基金份额净值而出现折价交易现象。

折价率的计算公式是：折价率 =（市价－净值）/ 净值

就当前的市场环境来看，封闭式基金大多会以折价交易的方式为主，至于折价率的高低，与到期时间的远近负相关。也正是因为如此，封闭式基金的发行很难。

5. 什么是隐含收益率？

封闭式基金的市价与净值之间存在着一个差额，如果拿这个差额除以净值，得出的结果就是折价率；如果拿这个差额除以市价，得出的结果就是隐含收益率。后者可以更为准确地反映出投资者未来的收益预期空间。

隐含收益率的计算公式是：隐含收益率 =（净值－市价）/ 市价

就当前的市场环境来看，由于封闭运作的基金期限都不长，折价率都不高，隐含收益率也便都不高。但是，从在技术层面，由于封闭式基金基本上会在每年的年报公布前后分红，因此，对于潜在分红比率预期高的基金，或有相对较多的投机与投资机会。

6. 什么是“强制性上涨”？

“强制性上涨”是由封闭式基金的高折价率和高额分红所引发出来的、一种必然会出现价格上涨的投资机会，举例如下：

假设一：某只基金的净值是 2.00 元，交易价格是 2.00 元，即目前该基金的折价率为 50%，而且这个折价率也是目前市场上所基本认可的折价率；

假设二：该基金面值以上部分全部是已实现收益，而且该基金将按照规定分红，即分配 0.90 元。

由于基金分红之后是要除权除息的，因此分红之后便会有如下情况出现：

情况一：分红后该基金的净值是 1.10 元，累计净值是 2.00 元；

情况二：分红后该基金的交易价格是 0.10 元，新的折价率将是 90.91%。

结论一：按照市场上现在认可的 50%的折价率，该基金目前的交易价格应该是 0.55 元；

结论二：现在该基金除权除息之后的交易价格是 0.10 元，那么由此上涨到 0.55 元，涨幅空间将会有惊人的 450%。

7. 如何办理 LOF 基金份额的跨系统转托管？

投资者通过深交所交易系统认购或买进的上市开放式基金份额只能在深交所交易，不能直接申请赎回，如果投资者拟将该基金份额赎回，可以先办理跨系统转托管，将基金份额转入基金管理人或其代销机构，之后再通过基金管理人或其代销机构营业网点赎回。

在办理跨系统转托管之前，投资者应确保拟转出基金份额的深圳证券账户已在基金管理人或其代销机构处注册深圳开放式基金账户。同基金份额拟转入的代销机构取得联系，获知该代销机构代码（6XXXXX），并按照代销机构的要求办妥相关手续（账户注册或注册确认）以建立业务关系。

在核实上述事项后，投资者可在正常交易日持有效身份证明文件和深圳证券账户卡到转出方证券营业部办理跨系统转托管。投资者须填写转托管申请表，写明拟转入的代销机构代码（6XXXXX）、深圳证券账户号码、拟转出上市开放式基金代码和转托管数量。

投资者通过基金管理人及其代销机构认购、申购的上市开放式基金份额只能赎回，不能通过深交所交易系统卖出，如果投资者拟将该基金份额通过深交所交易系统卖出，可以先办理跨系统转托管，将基金份额转入深交所交易系统，之后再委托证券营业部卖出。

在办理跨系统转托管之前，投资者须同基金份额拟转入的证券营业部取得联系，获知该证券营业部的深交所席位号码。投资者可在正常交易日持有效身份证明文件和深圳证券账户卡（因深圳开放式基金账户有电脑记录但无账户卡，故应携带注册该开放式基金账户时所用的深圳证券账户卡）到转出方代销机构办理跨系统转托管业务。投资者须填写转托管申请表，写明拟转入的证券营业部席位号码、深圳开放式基金账户号码、拟转出上市开放式基金代码和转托管数量，其中转托管数量应为整数份。

投资者 T 日（交易日）申请办理的跨系统转托管若为有效申报，则其申报转托管的上市开放式基金份额可在 T+2 日到账。也就是说，投资者自 T+2 日始可申请赎回或申报卖出基金份额。

8. 上市型开放式基金与开放式基金的区别是什么？

对于上市型开放式基金（LOF）的投资与普通开放式基金相比，具有一些明显的优势：

第一，交易成本大幅下降。目前开放式基金申购、赎回费用合计大多为 2.00%，而在深圳证券交易所挂牌的上市型开放式基金（LOF）最高佣金收费仅为交易金额的 0.03% 左右。

第二，存在套利的可能。上市型开放式基金（LOF）产品的二级市场交易价格与一级市场的申购、赎回价格往往会产生背离。当上市型开放式基金（LOF）的二级市场价格高于基金净值的幅度超过手续费率时，投资者就可以从基金公司申购上市型开放式基金（LOF）份额，再在二级市场卖出上市型开放式基金（LOF）份额；如果上市型开放式基金（LOF）二级市场价格低于上市型开放式基金（LOF）净值的幅度超过手续费率时，投资者又可以先在二级市场买进上市型开放式基金（LOF）份额，然后再去基金公司办理赎回业务。

有一个需要注意的问题是，当投资者将相关基金的份额在场外市场和场内市场之间进行转换的时候，需要经过两个交易日的时间，期间相关基金的价格和净值可能会发生变化，有可能使套利交易失败。这个风险需要广大投资者牢牢记住。

9. 上市型开放式基金和交易所交易基金有哪些相似点？

第一，同跨两级市场。交易所交易基金（ETF）和上市型开放式基金（LOF）都同时存在一级市场和二级市场，都可以像开放式基金一样通过基金发起人、管理人、银行及其他代销机构网点进行申购和赎回。同时也可以像封闭式基金那样通过交易所的系统进行买卖。

第二，二者从理论上都存在套利机会。由于上述两种交易方式并存，申购和赎回价格取决于基金单位资产净值，而市场交易价格由系统撮合形成，主要由市场供需决定，两者之间很可能存在一定程度的偏离，当这种偏离足以抵消交易成本的时候，就存在理论上的套利机会。投资者采取低买高卖的方式就可以获得差价收益。

第三，折溢价幅度小。基金单位的交易价格受到供求关系和当日行情的影响，但它始终是围绕基金单位净值上下波动的。由于上述套利机制的存在，当两者的偏离超过一定的程度，就会引发套利行为，从而使交易价格向净值回归，所以其折溢价水平远低于单纯的封闭式基金。

10. 如何投资上市型开放式基金？

上市型开放式基金（LOF）在券商、银行等代销机构的申购、赎回操作程序与普通开放式基金相同。上市型开放式基金（LOF）在深圳证券交易所的交易方式和程序则与封闭式基金基本一致，买进申报数量为 100 份或其整数倍，申报价格最小变动单位为 0.001 元。上市开放式基金交易价格的形成方式和机制与 A 股一致。

11. 投资上市型开放式基金的特殊风险是什么?

流动性风险。多年以来,此种基金的二级市场流动性一直不好,大额资金在进行交易的时候,冲击成本经常有可能偏高,因此,这种基金主要是中小投资者在进行一些交易。

三、重点 ETF

截至 2021 年 3 月 31 日,已经上市的 ETF 共有 442 只,总规模为 11449.85 亿元,平均规模为 25.60 亿元。规模大,是投资者的自发行为,这些 ETF,值得多多关注。

附表:规模高于 21.60 亿元的 ETF

指数序号	指数名称	指数代码	基金序号	相关 ETF	基金代码	基金规模
1	中证银行	399986.SZ	1	华宝中证银行 ETF	512800	92.31
2	中证消费	000932.SH	2	汇添富中证主要消费 ETF	159928	84.08
3	中证生科	930743.CSI	3	易方达中证生物科技主题 ETF	159837	28.20
4	中证全指通信设备	931160.CSI	4	国泰中证全指通信设备 ETF	515880	27.75
5	中证全指半导体	h30184.CSI	5	国联安中证全指半导体 ETF	512480	105.54
6	中证军工	399967.SZ	6	国泰中证军工 ETF	512660	102.59
			7	广发中证军工 ETF	512680	24.70
7	中证酒	399987.SZ	8	鹏华中证酒 ETF	512690	26.83
8	中证环保	000827.SH	9	广发中证环保产业 ETF	512580	22.21

9	中证传媒	399971.CSI	10	广发中证传媒 ETF	512980	25.14
10	中证 800	000906.SH	11	汇添富中证 800ETF	515800	23.40
11	中证 500	000905.SH	12	南方中证 500ETF	510500	382.37
			13	华夏中证 500ETF	512500	54.03
			14	嘉实中证 500ETF	159922	36.78
			15	广发中证 500ETF	510510	34.00
			16	天弘中证 500ETF	159820	24.08
12	中债 - 中高等级公司债利差因子净价	CBC00702.CS	17	平安中债 - 中高等级公司债利差因子 ETF	511030	51.77
13	中华半导体芯片 CNY	990001.CSI	18	国泰 CES 半导体芯片 ETF	512760	147.95
14	中国互联网 50	h30533.CSI	19	易方达中证海外互联 ETF	513050	55.41
15	证券公司	399975.SZ	20	国泰中证全指证券公司 ETF	512880	389.05
			21	华宝中证全指证券 ETF	512000	229.58
			22	南方中证全指证券公司 ETF	512900	67.62
16	有色金属	000819.SH	23	南方中证申万有色金属 ETF	512400	44.41
17	央企创新	000861.CSI	24	博时央企创新驱动 ETF	515900	49.31
			25	嘉实中证央企创新驱动 ETF	515680	31.64
			26	广发中证央企创新驱动 ETF	515600	22.61
18	新能源车	930997.CSI	27	平安中证新能源汽车产业 ETF	515700	47.73
19	细分化工	000813.CSI	28	富国中证细分化工产业主题 ETF	516120	22.58
20	深证红利	399324.SZ	29	工银瑞信深证红利 ETF	159905	40.92
21	深证 100	399330.SZ	30	易方达深证 100ETF	159901	98.22
22	上证红利	000015.SH	31	华泰柏瑞红利 ETF	510880	91.29
23	上证 50	000016.SH	32	华夏上证 50ETF	510050	565.74

24	上证 180	000010.SH	33	华安上证 180ETF	510180	239.04
25	上海国企	950096.CSI	34	汇添富中证上海国企 ETF	510810	101.40
26	科技龙头	931087.CSI	35	华宝中证科技龙头 ETF	515000	85.33
27	科创 50	000688.SH	36	华夏上证科创板 50ETF	588000	124.58
			37	易方达上证科创板 50ETF	588080	65.18
			38	华泰柏瑞上证科创板 50ETF	588090	49.84
			39	工银上证科创板 50ETF	588050	49.22
28	军工龙头	931066.CSI	40	富国中证军工龙头 ETF	512710	60.22
29	结构调整	000860.CSI	41	博时央企结构调整 ETF	512960	99.98
			42	华夏央企结构调整 ETF	512950	88.79
			43	银华央企结构调整 ETF	159959	23.45
30	沪深 300 医药	000913.SH	44	易方达沪深 300 医药卫生 ETF	512010	22.51
31	沪深 300	000300.SH	45	华泰柏瑞沪深 300ETF	510300	457.48
			46	华夏沪深 300ETF	510330	305.88
			47	嘉实沪深 300ETF	159919	250.93
			48	易方达沪深 300ETF	510310	94.07
			49	泰康沪深 300ETF	515380	72.37
			50	天弘沪深 300ETF	515330	59.40
			51	国寿安保沪深 300ETF	510380	50.08
			52	工银沪深 300ETF	510350	33.74
			53	广发沪深 300ETF	510360	25.94
			54	平安沪深 300ETF	510390	22.08
32	沪港深 300	931395.CSI	55	国寿安保中证沪港深 300ETF	517300	39.70

33	恒生中国企业指数	HSCEI.HI	56	易方达恒生 H 股 ETF	510900	99.64
34	恒生指数	HSI.HI	57	华夏恒生 ETF	159920	88.25
35	恒生互联网科技业	HSIII.HI	58	华夏恒生互联网科技业 ETF	513330	76.10
36	国证芯片	980017.CNI	59	华夏国证半导体芯片 ETF	159995	238.72
			60	广发国证半导体芯片 ETF	159801	26.70
37	国企一带一路	000859.CSI	61	富国中证国企一带一路 ETF	515150	22.34
38	电子 50	931461.CSI	62	华宝中证电子 50ETF	515260	24.56
39	创业板指数	399006.SZ	63	易方达创业板 ETF	159915	155.93
			64	天弘创业板 ETF	159977	37.47
			65	南方创业板 ETF	159948	24.39
40	创业板 50	399673.SZ	66	华安创业板 50ETF	159949	104.97
41	标普 500	SPX.GI	67	博时标普 500ETF	513500	25.84
42	SGE 黄金 9999	Au9999.SGE	68	华安黄金 ETF	518880	102.81
			69	博时黄金 ETF	159937	74.59
			70	易方达黄金 ETF	159934	38.46
43	CS 新能车	399976.SZ	71	华夏中证新能源汽车 ETF	515030	82.57
44	CS 生医	930726.CSI	72	国泰中证生物医药 ETF	512290	41.91
45	CS 人工智	930713.CSI	73	易方达中证人工智能 ETF	159819	47.68
46	CS 计算机	930651.CSI	74	天弘中证计算机主题 ETF	159998	22.46
47	CS 电子	930652.CSI	75	天弘中证电子 ETF	159997	26.24
48	CS 创新药	931152.CSI	76	银华中证创新药产业 ETF	159992	49.25
49	5 年地债	930865.CSI	77	鹏华中证 5 年期地方政府债 ETF	159972	35.19

50	5G 通信	931079.CSI	78	华夏中证 5G 通信主题 ETF	515050	209.66
			79	银华中证 5G 通信主题 ETF	159994	47.36
51	300 非银	h30035.CSI	80	易方达沪深 300 非银 ETF	512070	34.87
52	180 金融	000018.SH	81	国泰上证 180 金融 ETF	510230	49.25
53	0—4 年地债	931161.CSI	82	鹏华中证 0—4 年期地方政府债 ETF	159816	23.76

四、重点 ETF 所跟踪的指数

现在，配置和投资 ETF 的机构已越来越多，ETF 市场快速发展、主题与行业指数越来越丰富，就是最好的例证。投资 ETF，实质上就是投资该 ETF 所跟踪的标的指数，因此，了解相关指数的编制方法非常重要。以下，我们摘出了上述大规模 ETF 所跟踪的指数的编制方法，供大家投资参考。更为详尽的叙述，请以各指数公司、各基金公司的实际披露为准。

第一部分：宽基指数

1. 上证 180 指数

（1）选股空间。指数样本空间由同时满足以下条件的非 ST、*ST 沪市 A 股和红筹企业发行的存托凭证组成：一是，科创板证券：上市时间超过一年。二是，其他证券：上市时间超过一个季度，除非该证券自上市以来日均总市值排在前 18 位。

（2）选股方法。按照以下四个步骤选择经营状况良好、无违法违规事件、财务报告无重大问题、股票价格无明显异常波动或市场操纵的公司：一是，根据总市值和成交金额对证券进行综合排名。具体方法是：根据过去一年的日均数据，对各指标分别排名，然后将各指标的排名结果相加，所得和的排名作为证券的综合排名。二是，按照行业的自由流通调整市值比例分配样本只数。三是，按照行业的样本分配只数，在行业内选取综合排名最靠前的证券。四是，对各行业选取的样本做进一步调整，使样本总数为 180 只。

（3）加权方式：分级靠档。

2. 上证 50 指数

（1）选股空间：上证 180 指数样本。

（2）选股方法：对样本空间内的证券按照过去一年的日均总市值、日均成交金额进行综合排名，选取排名前 50 位的证券组成样本。

（3）加权方式：分级靠档。

3. 沪深 300 指数

（1）选股空间。指数样本空间由同时满足以下条件的非 ST、*ST 沪深 A 股和红筹企业发行的存托凭证组成：一是，科创板证券：上市时间超过一年。二是，创业板证券：上市时间超过三年。三是，其他证券：上市时间超过一个季度，除非该证券自上市以来日均总市值排在前 30 位。

（2）选股方法。选择经营状况良好、无违法违规事件、财务报告无重大问题、证券价格无明显异常波动或市场操纵的公司：一是，对样本空间内证券按照过去一年的日均成交金额由高到低排名，剔除排名后 50% 的证券。二是，对样本空间内剩余证券，按照过去一年的日均总市值由高到低排名，选取前 300 名的证券作为指数样本。

（3）加权方式：分级靠档。

4. 科创 50 指数

（1）选股空间。满足以下条件的科创板上市证券：

条件一，上市时间超过 6 个月。待科创板上市满 12 个月的证券数量达 100 只至 150 只后，上市时间调整为超过 12 个月。

条件二，上市以来日均总市值排名在科创板市场前 5 位，定期调整数据考察截止日后第 10 个交易日时，上市时间超过 3 个月。

条件三，上市以来日均总市值排名在科创板市场前 3 位，不满足条件二，但上市时间超过 1 个月并获专家委员会讨论通过。

存在以下情形的公司除外：一是，被实施退市风险警示。二是，存在重大违法违规事件、重大经营问题、市场表现严重异常等不宜作为样本的情形。

（2）选股方法。一是，对样本空间内的证券按照过去一年的日均成交金额由高到低排名，剔除排名后 10% 的证券作为待选样本。二是，对待选样本按照过去一年的日均总市值由高到低排名，选取排名前 50 位的证券作为指数样本。

5. 中证 500 指数

（1）选股空间。由同时满足以下条件的非 ST、*ST 沪深 A 股和红筹企业发行的存托凭证组成：一是，科创板证券：上市时间超过一年。二是，创业板证券：上市时间超过三年。三是，其他证券：上市时间超过一个季度，除非该证券自上市以来日均总市值排在前 30 位。

（2）选股方法。一是，在样本空间中剔除沪深 300 指数样本以及过去一年日均总市值排名前 300 位的证券。二是，对样本空间内剩余证券按照过去一年日均成交金额由高到低排名，剔除排名后 20% 的证券。三是，将剩余证券按照过去一年日均总市值由高到低进行排名，选取排名前 500 位的证券作为指数样本。

（3）加权方式：分级靠档。

6. 中证 800 指数

（1）选股空间。由同时满足以下条件的非 ST、*ST 沪深 A 股和红筹企业发行的存托凭证组成：一是，科创板证券：上市时间超过一年。二是，创业板证券：上市时间超过三年。三是，其他证券：上市时间超过一个季度，除非该证券自上市以来日均总市值排在前 30 位。

（2）选股方法：中证 500 和沪深 300 指数样本一起作为指数样本。

（3）加权方式：分级靠档。

7. 深证 100 指数

（1）选股空间。在深圳证券交易所上市交易且满足下列条件的所有 A 股：一是，非 ST、*ST 股票。二是，上市时间超过六个月，A 股总市值排名位于深圳市场前 10% 的股票除外。三是，公司最近一年无重大违规、财务报告无重大问题。四是，公司最近一年经营无异常、无重大亏损。五是，考察期内股价无异常波动。

（2）选股方法。一是，计算入围选样空间股票在最近半年的 A 股日均总市值和 A 股日均成交金额。二是，对入围股票在最近半年的 A 股日均成交金额按从高到低排序，剔除排名后 10% 的股票。三是，对选样空间剩余股票按照最近半年的 A 股日均总市值从高到底排序，选取前 100 名股票构成指数样本股。四是，在排名相似的情况下，优先选取行业代表性强、盈利记录良好的上市公司股票作为样本股。

（3）加权方式：自由流通市值。

8. 创业板指数

（1）选股空间。在深圳证券交易所创业板上市交易且满足下列条件的所有 A 股：一是，上市时间超过六个月，A 股总市值排名位于深圳市场前 1% 的股票除外。二是，公司最近一年无重大违规、财务报告无重大问题。三是，公司最近一年经营无异常、无重大亏损。四是，考察期内股价无异常波动。

（2）选股方法。为发布日已纳入深证综合指数计算的全部创业股票：一是，计算入围选样空间股票在最近半年的 A 股日均总市值和 A 股日均成交金额。二是，对入围股票在最近半年的 A 股日均成交金额按从高到低排序，剔除排名后 10% 的股票。三是，对选样空间剩余股票按照最近半年的A股日均总市值从高到低排序，选取前100名股票构成指数样本股。四是，在排名相似的情况下，优先选取行业代表性强、盈利记录良好的上市公司股票作为样本股。

（3）加权方式：自由流通市值。

9. 创业板 50 指数

（1）选股空间：创业板指数样本股。

（2）选股方法：考察选样空间股票最近 6 个月的日均成交金额，结合行业覆盖情况选取排名靠前的 50 只股票组成指数样本股。

（3）加权方式：自由流通市值。

第二部分：主题与行业指数

1. 上证 180 金融指数

（1）选股空间：上证 180 指数样本股。

（2）选股方法：上证 180 金融股指数从样本空间中选择银行、其他金融、资本市场、保险等行业股票。

（3）加权方式：分级靠档。

2. 中证全指证券公司指数

（1）选股空间：中证全指指数成分股票。

（2）选股方法：一是，将样本空间股票按中证行业分类方法分类。二是，如果行业内股票数量少于或等于 50 只，则全部股票构成相应全指行业指数的样本股。三是，如果行业内股票数量多于 50 只，则分别按照股票的日均成交金额、日均总市值由高到低排名，剔除成交金额排名后 10%，以及累积总市值占比达到 98% 以后的股票，并且保持剔除后股票数量不少于 50 只。行业内剩余股票构成相应行业指数的样本股。

3. 中证银行指数

（1）选股空间：中证全指指数成分股票。

（2）选股方法：一是，将样本空间股票按中证行业分类方法分类。二是，如果行业内股票数量少于或等于 50 只，则全部股票构成相应全指行业指数的样本股。三是，如果行业内股票数量多于 50 只，则分别按照股票的日均成交金额、日均总市值由高到低排名，剔除成交金额排名后 10%，以及累积总市值占比达到 98% 以后的股票，并且保持剔除后股票数量不少于 50 只。行业内剩余股票构成相应行业指数的样本股。

4. 沪深 300 非银行金融指数

（1）选股空间：沪深 300 指数样本股。

（2）选股方法：样本空间内归属于资本市场、其他金融、保险行业的股票。

（3）加权方式：自由流通市值。

5. 中证主要消费指数

（1）选股空间：中证 800 指数样本股。

（2）选股方法：将样本空间中的股票，按照中证行业分类，选取属于主要消费的上市公司股票。

6. 中证细分食品饮料产业主题指数

（1）选股空间：同中证全指指数的样本空间。

（2）选股方法：一是，将对样本空间内证券按照过去一年的日均成交金额由高到低排名，剔除排名后 20% 的证券。二是，进行主题证券筛选：食品制造等行业归为细分食品主题。三是，选取主题类别中过去一年日均总市值最大的 50 只证券作为指数样本，若某主题证券数量少于 50 只，则将其全部纳入相应主题指数。

7. 中证酒指数

（1）选股空间：中证全指指数样本股。

（2）选股方法：一是，对样本空间内证券按照过去一年的日均成交金额由高到低排名，剔除排名后 20% 的证券。二是，对样本空间内剩余证券，选取涉及白酒、啤酒、葡萄酒酿造等业务的上市公司证券作为待选样本。三是，将待选样本按照过去一年日均总市值由高到低排名，选取排名前 50 名的证券作为指数样本。

（3）加权方式：派许加权法。

8. 沪深 300 医药卫生指数

（1）选股空间：沪深 300 指数样本股。

（2）选股方法：从样本空间中选择医疗器械、医疗用品与服务提供商、生物科技、制药、制药与生物科技服务等行业股票构成样本股。

（3）加权方式：分级靠档。

9. 中证生物医药指数

（1）选股空间：中证全指指数样本股。

（2）选股方法：一是，对样本空间内证券按照过去一年的日均成交金额由高到低排名，剔除排名后 20% 的证券。二是，将提供细胞医疗、基因测序、血液制品、生物技术药物、疫苗、体外诊断等产品和服务的上市公司纳入中证生物医药主题。三是，将待选样本按照过去一年日均总市值由高到低排名，选取不超过 80 只股票构成中证生物医药指数样本股。

（3）加权方式：自由流通市值。

10. 中证生物科技主题指数

（1）选股空间：中证全指指数样本股。

（2）选股方法：一是，对样本空间内证券按照过去一年的日均成交金额由高到低排名，剔除排名后 20% 的证券。二是，将涉及基因诊断、生物制药、血液制品及其他人体生物科技的相关上市公司纳入生物科技主题。三是，将待选样本按照过去一年日均总市值由高到低排名，选取不超过 50 只股票作为样本股。

（3）加权方式：自由流通市值。

11. 中证创新药产业指数

（1）选股空间：中证全指指数样本股。

（2）选股方法：一是，对样本空间内证券按照过去一年的日均成交金额由高到低排名，剔除排名后 20% 的证券。二是，选取主营业务涉及创新药研发的上市公司作为待选样本，包括但不限于研发投入强度高的公司、有创新药品在海外或国内上市的公司以及处于创新药研发产业链的公司。三是，将待选样本按照过去一年日均总市值由高到低排名，选取排名最高的 50 只股票构成指数样本股，不足 50 只时全部纳入。

（3）加权方式：自由流通市值。

12. 中证人工智能主题指数

（1）选股空间：中证全指指数样本股。

（2）选股方法：一是，对样本空间内的股票按照最近一年（新股上市以来）的 A 股日均成交金额由高到低排名，剔除排名后 20% 的股票。

二是，对样本空间的剩余股票，将为人工智能提供基础资源、技术以及应用支持的公司作为待选样本，包括但不限于大数据、云计算、云存储、机器学习、机器视觉、人脸识别、语音语义识别、智能芯片等。三是，在待选样本中，按照过去一年日均总市值由高到低排名，选取不超过 100 只股票构成指数样本股。

13. 中证科技龙头指数

（1）选股空间：中证全指指数样本股。

（2）选股方法：一是，将样本空间中归属于电子、计算机、通信、生物科技等科技领域的股票纳入待选空间。二是，对待选样本中的股票进行稳定性筛选：剔除最新市盈率小于 0，或处于待选样本中最高的前 10% 区间的股票；剔除过去三年研发投入复合增长率为负的股票；在上述稳定性筛选的基础上，考虑部分科技领域上市公司自身发展周期的特殊性，对于营业收入（TTM）处于细分行业内前 10% 的股票，全部纳入备选空间。三是，对通过稳定性筛选进入备选空间的股票的过去一年日均总市值与营业收入（TTM）两个指标分别排名，将两项排名的算数平均作为综合排名，在细分行业内根据综合排名选取排名靠前的股票，共同构成 100 只股票，并满足各细分行业内入选数目的比例与备选池中各行业股票数目比例相同。四是，对入选的 100 只（实际可能超过 100）股票按照最近报告期的营业收入增速与净利润增速排名的算数平均排名与最近年报研发支出总额占营业收入比例排名的算数平均作为综合排名。在细分行业内根据综合排名选取排名靠前的股票，共同构成 50 只最终的成分股票，并满足各细分行业内入选数目的比例与备选池中各行业股票数目比例相同。

14. 中证计算机主题指数

（1）选股空间：中证全指指数样本股。

（2）选股方法：一是，对样本空间内的股票按照最近一年（新股上市以来）的 A 股日均成交金额由高到低排名，剔除排名后 10% 的股票。二是，对样本空间的剩余股票，选取涉及信息技术服务、应用软件、系统软件、电脑硬件等业务的上市公司股票纳入计算机主题。三是将前一类中剩余股票按照最近一年日均总市值由高到低进行排名，选取排名前 100 的股票作为指数样本股。

15. 中证环保产业指数

（1）选股空间：中证全指指数样本股。

（2）选股方法：一是，对样本空间内的证券按照过去一年日均成交金额由高到低排名，剔除排名后 20% 的证券。二是，在剩余样本中，选取业务涉及环保产业的上市公司证券作为待选样本，包括但不限于以下领域：资源管理、清洁技术和产品、污染管理。三是，在上述待选样本中，按照过去一年日均总市值由高到低排名，选取排名前 100 名的股票构成指数样本股。

（3）加权方式：等权重。

16. 中证新能源汽车指数

（1）选股空间：同中证全指指数的样本空间。

（2）选股方法：一是，对样本空间内证券按照过去一年的日均成交金额由高到低排名，剔除排名后 20% 的证券。二是，对样本空间内剩余证券，选取涉及锂电池、充电桩、新能源整车等业务的上市公司证券纳入新能源汽车主题。三是，将前一类中剩余股票按照最近一年日均总市值由高到低进行排名，选取排名在前 80 位的股票作为指数样本股。

19. 中证新能源汽车产业指数

（1）选股空间：以中证全指指数为样本空间。

（2）选股方法：一是，剔除样本空间内过去一年日均成交金额排名在后 10% 的股票。二是，在剩余样本中，选取业务涉及新能源汽车产业的股票作为样本股，具体包括新能源整车、充电桩、锂电设备、电机电控、电池材料、电芯电池组、配套设备以及相关上游材料等。

20. 中证电子指数

（1）选股空间：中证全指指数样本股。

（2）选股方法：一是对样本空间内的股票按照最近一年（新股上市以来）的 A 股日均成交金额由高到低排名，剔除排名后 10% 的股票。二是，对样本空间的剩余股票，选取涉及半导体、电脑与外围设备生产、电子设备和消费电子生产等业务的上市公司股票纳入电子主题。三是将前一类中剩余股票按照最近一年日均总市值由高到低进行排名，选取排名前 100 的股票作为指数样本股。

21. 中证电子 50 指数

（1）选股空间：中证全指指数样本股。

（2）选股方法：一是，对样本空间内的股票按照最近一年的 A 股日均成交金额由高到低排名，剔除排名后 20% 的股票。二是，在剩余样本中，按照中证行业分类，选取属于电脑与外围设备、电子设备和半导体等行业的股票作为待选样本。三是，在上述待选样本中，按照过去一年日均总市值由高到低排名，选取排名最高的 50 只股票作为样本股。

22. 国证半导体芯片指数

（1）选股空间。由剔除以下条件的沪市 A 股构成：一是，非 ST、*ST 股票。二是，上市时间超过六个月，或上市以来日均总市值排名在选样空间前 3 位，上市时间超过 3 个月。三是，公司最近一年无重大违规、财务报告无重大问题。四是，公司最近一年经营无异常、无重大亏损。五是，考察期内股价无异常常波动。六是，公司业务范畴属于芯片产业中材料、设备、设计、制造、封装和测试等。

（2）选股方法：一是，计算入围选样空间股票在最近半年的 A 股日均总市值和 A 股日均成交金额。二是，剔除选样空间内最近一年的日均成交金额排名位于对应交易所后 20% 的股票。三是，对选样空间剩余股票按照最近半年的日均总市值从高到低排序，选取前 30 名股票作为指数样本股。

（3）加权方式：自由流通市值。

23. 中华交易服务半导体芯片行业指数

（1）选股空间。由剔除以下条件的沪市 A 股构成：一是，在审核截止日，股票必须上市超过三个月。二是，非 ST、*ST 股票，非暂停上市股票。三是，公司最近一年无重大违规、财务报告无重大问题。

（2）选股方法：一是，流动性甄选：样本股按照日均成交金额由高至低排名，保留 5 日均成交金额排名前 80% 的股票。二是，半导体芯片行业甄选：样本股的主营业务收入须来自半导体芯片材料、设备、设计、制造、封装或测试。三是，市值甄选：剩余样本股按照日均市值由高至低排名，选取前 50 名作为指数样本。

24. 中证全指半导体产品与设备指数

（1）选股空间：中证全指指数样本股。

（2）选股方法：一是，将样本空间股票按中证行业分类方法分类。二是，如果行业内股票数量少于或等于 50 只，则全部股票构成相应全指行业指数的样本股。三是，如果行业内股票数量多于 50 只，则分别按照股票的日均成交金额、日均总市值由高到低排名，剔除成交金额排名后 10%，以及累积总市值占比达到 98% 以后的股票，并且保持剔除后股票数量不少于 50 只。行业内剩余股票构成相应行业指数的样本股。

25. 中证 5G 通信主题指数

（1）选股空间：中证全指指数样本股。

（2）选股方法：一是，对样本空间内的股票按照最近一年（新股上市以来）的 A 股日均成交金额由高到低排名，剔除排名后 20% 的股票。二是，对样本空间内的剩余股票，选取产品和业务与 5G 通信技术相关的上市公司股票作为样本股，相关领域包括但不限于电信服务、通信设备、计算机及电子设备和计算机运用等细分行业。

26. 中证全指通信设备指数

（1）选股空间：中证全指指数成分股票组成。

（2）选股方法：一是，将样本空间股票按中证行业分类方法分类。二是，如果行业内股票数量少于或等于 50 只，则全部股票构成相应全指行业指数的样本股。三是，如果行业内股票数量多于 50 只，则分别按照股票的日均成交金额、日均总市值由高到低排名，剔除成交金额排名后 10%，以及累积总市值占比达到 98% 以后的股票，并且保持剔除后股票数量不少于 50 只。行业内剩余股票构成相应行业指数的样本股。

27. 中证海外中国互联网 50 指数

（1）选股空间：一是，由符合下列三个条件之一，且在中国内地以外地区上市交易且上市交易时间超过 3 个月的股票和存托凭证组成（除非该证券发行市值超过 30 亿美元）：注册地在中国内地；公司营运中心在中国内地；公司主营业务收入 50% 以上来自中国内地。二是，其中在中国香港市场上市的证券还应同时满足以下条件：在中国香港交易所主板和创业板上市且以中国香港为主要上市地的证券；剔除最近过去一年日均价格小于 0.1 港元的证券；剔除最近过去一年日均价格小于 0.5 港元而且最近年度报告每股收益（EPS）小于 0 的证券；剔除最近三个月日均换手率不满足条件的证券。

（2）选股方法：一是，对于样本空间内的证券，剔除过去一年日均成交金额小于 300 万美元或过去一年日均总市值小于 20 亿美元的证券。二是，对剩余证券，选取符合以下定义的公司证券作为待选样本：互联网软件与服务、家庭娱乐软件、互联网零售、互联网服务、移动互联网。三是，在上述待选样本中，按过去一年日均成交金额以及过去一年日均总市值按 1 ：1 计算由高到低的综合排名，选取排名靠前的 50 家公司证券成为指数样本。待选样本不足 50 只时全部纳入。

28. 中证申万有色金属指数

（1）选股空间：中证全指指数样本股。

（2）选股方法：一是，对样本空间内的股票按照最近一年（新股上市以来）的 A 股日均成交金额由高到低排名，剔除排名后 20% 的股票。二是，对样本空间的剩余股票，按照申万行业分类，选取归属于有色金属行业的股票作为候选。三是，将前一类中剩余股票按照最近一年日均总市值由高到低进行排名，选取排名在前 50 位的股票作为指数样本。

29. 中证军工指数

（1）选股空间。由满足以下条件的沪深 A 股构成：一是，上市时间超过一个季度，除非该股票自上市以来的日均 A 股总市值在全部沪深 A 股中排在前 30 位。二是，不含 ST 股票、*ST 股票、暂停上市股票。

（2）选股方法：一是，对样本空间内股票按照最近一年（新股为上市以来）的A股日均成交金额由高到低进行排名，剔除排名后20%的股票。二是，对样本空间的剩余股票，将由十大军工集团控股且主营业务与军工行业相关的上市公司，业务范围涵盖航空、航天、船舶、兵器、军事电子和卫星等军工领域的其他军工类上市公司作为待选样本。三是，在待选样本中，按照过去一年日均总市值由高到低排名，选取不超过 80 只股票构成指数样本股。

30. 中证军工龙头指数

（1）选股空间。由满足以下条件的沪深 A 股构成：一是，上市时间超过三个月。二是，非 ST 股票、*ST 股票或暂停上市股票。三是，隶属十大军工集团旗下的上市公司，以及除军工集团外，有具体军工业务的其他上市公司。

（2）选股方法。分为军工和军转民两个部分：第一，军工部分：一是，在样本空间内剔除股权质押比例超过 20% 的股票。剩余股票中选取军工业务占比较高，盈利状况良好的公司，作为待选样本。二是，对于待选样本，从军工业务占比，军工业务类型进行综合评价，最后选取综合评分最高的 30 只股票构成军工部分样本股。

第二，军转民部分：一是，将十大军工集团旗下的、且归属于高端制造相关行业上市公司作为待选样本。二是，对待选样本中的股票按照过去一年日均总市值、ROE（TTM）两个指标排名，将两个指标的平均得分作为股票的综合排名。三是，选取综合排名分最高的且未在军工部分中出现的前 5 只股票构成军转民部分样本股。

31. 中证细分化工产业主题指数

（1）选股空间：同中证全指指数的样本空间。

（2）选股方法：一是，将对样本空间内证券按照过去一年的日均成交金额由高到低排名，剔除排名后 20% 的证券。二是，进行主题证券筛选：化学制品等行业归为细分化工主题。三是，选取各主题类别中过去一年日均总市值最大的 50 只证券作为指数样本，若某主题证券数量少于 50 只，则将其全部纳入相应主题指数。

32. 中证传媒指数

（1）选股空间：同中证全指指数的样本空间。

（2）选股方法：一是，对样本空间内证券按照过去一年的日均成交金额由高到低排名，剔除排名后 20% 的证券。二是，对样本空间内剩余证券，选取广播与有线电视、出版、营销与广告、电影与娱乐、互联网信息服务、移动互联网信息服务等行业中主营业务与传媒相关的上市公司证券作为待选样本。三是，在待选样本中，剔除商誉占净资产比例大于 80% 的证券，第一大股东累计质押比例大于 95% 的证券。四是，在剩余待选样本中，按照过去一年日均总市值由高到低排名，选取排名前 50 位的证券作为指数样本。

33. 中证国企一带一路指数

（1）选股空间：中证全指指数样本股。

（2）选股方法：一是，将样本空间内过去一年日均成交金额排名在后 20% 的股票剔除。二是，在剩余样本中，以全部国有企业上市公司股票为待选样本，并剔除金融地产行业的股票。三是，将在“一带一路”沿线国家或地区进行投资、并购、项目承建，或与“一带一路”沿线国家或地区进行进出口贸易，或在“一带一路”的国内沿线地区承担重要基础设施建设及运营等职能的上市公司股票作为待选样本。四是，对待选样本的市值规模、“一带一路”业务参与程度、盈利质量及股东回报、社会责任情况进行评估打分，并对这四个方面得分分别进行标准化处理，最后将四个标准化值以一定权数进行相加，记为待选样本的综合得分。五是，选取综合得分最高的 100 只待选样本作为指数样本股。

34. 中证央企结构调整指数

（1）选股空间：中证全指指数样本股。

（2）选股方法：一是，对样本空间内股票按照过去一年的 A 股日均成交金额由高到低排名，剔除排名后 20% 的股票。二是，从样本空间剩余样本的国务院国资委及其管理央企集团实际控制或能施加重大影响的上市公司中，分别将属于国民经济重要领域、战略新兴产业、科技创新行业，符合央企兼并重组方向，以及归属于央企改革试点集团的上市公司股票作为待选样本。三是，在上述待选样本中，剔除过去两年扣非净利润均为负的上市公司股票。四是，对剩余待选样本的市值规模、股东权益回报、红利支付水平、科技创新投入、国际业务发展情况进行评估打分，并对这五个方面得分分别进行标准化处理，最后将五个标准化值以 30%、10%、20%、30%、10% 的权重求和得到个股综合得分。五是，在剩余待选样本中，基于营业收入与营业利润，选取各行业龙头企业股票优先作为指数样本股。再从剩余待选样本中，依次选取综合得分最高的股票作为指数样本股，直至样本股总数达 100 只，且单一行业样本数量不超过 10 只。

35. 中证央企创新驱动指数

（1）选股空间：中证全指指数样本股。

（2）选股方法：一是，对样本空间内股票按照过去一年的 A 股日均成交金额由高到低排名，剔除排名后 20% 的股票。二是，在剩余样本中，以国务院国资委及其下属央企集团实际控股的上市公司股票为待选样本。三是，在上述待选样本中，剔除过去一年经营活动现金净流量为负，且过去两年扣非净利润为负的上市公司股票。四是，在剩余的待选样本中，计算非金融行业上市公司研发支出占总市值比例、研发人员占比、专利质量得分、参与制定国家或行业技术标准的数量等四项指标的升序百分比排名，计算金融行业上市公司营业收入、净利润、专利质量得分、参与制定国家或行业技术标准的数量等四项指标的升序百分比排名，均以 40%、10%、40%、10% 的权重求和得到个股创新得分。按照创新得分从高到低排序，选取排名前 50% 的剩余待选样本为创新主题股票。五是，在上述创新主题股票中，计算非金融行业上市公司净资产收益率、净利润增速、盈利质量、财务杠杆等四项指标的升序百分比排名，再以 30%、35%、25%、10% 的权重求和得到质量得分，计算金融行业上市公司净资产收益率和净利润增速两项指标的升序百分比排名，以 50% 和 50% 的权重求和得到质量得分。以过去一年 A 股日均总市值的升序百分比排名为规模得分。六是，将规模得分与质量得分以 80% 和 20% 的权重求和得到创新主题股票的综合得分，根据综合得分降序排列，选取排名最高的 100 只股票作为样本股。

36. 中证上海国企指数

（1）选股空间。由满足以下条件的沪市 A 股构成：一是，上市时间超过一个季度，除非该股票自上市以来的日均 A 股总市值在全部沪市 A 股中排在前 18 位。二是，不含暂停上市股票。

（2）选股方法：一是，将样本空间内所有上海市（含区县）国资控制或能施加重大影响的上市公司作为待选样本，基于总市值、国资持股比例、分红比率、市场预期计算待选样本对应的综合得分，按照综合得分由高到低排名依次入选。二是，确保入选指数的股票数量不超过 100 个。

37. 上证红利指数

（1）选股空间。由满足以下条件的沪市 A 股构成：一是，过去两年连续现金分红且每年的税后现金股息率均大于 0。二是，过去一年日均总市值排名在沪市 A 股的前 80%。三是，过去一年日均成交金额排名在沪市 A 股的前 80%。

（2）选股方法：对样本空间的股票，按照过去两年的平均税后现金股息率由高到低进行排名，选取排名在前 50 名的股票作为指数样本，但市场表现异常并经专家委员会认定不宜作为样本的股票除外。

（3）加权方式：分级靠档。

38. 深证红利指数

（1）选股空间。在深圳证券交易所上市交易且满足下列条件的所有 A 股：一是，非 ST、*ST 股票。二是，考察期内股票价格无异常波动情况。三是，具有稳定的分红历史：最近三年里至少有两年实施了分红，其中分红包含现金股利和股票股利。四是，分红具备一定的价值：在最近三年里，股息率（每股分红 / 最近 1 年内经复权调整的股价）至少有两年的市场排名进入前 20%。五是，流动性保证：近半年内日均成交金额＞ 500 万元。

（2）选股方法：将备选股票按前三年累计分红金额占深市上市公司分红金额的比重和最近半年日均成交金额占深市比重按照 1 ：1 的比例进行加权排名，并考虑经营状况、现金流、公司治理结构、防止大股东恶意高送股变现等综合因素后，选取排名在前 40 名的股票。

（3）加权方式：自由流通市值。

第六章

公募 FOF 及养老基金

FOF及按照FOF方式运作的养老基金，虽然是中国公募基金市场上近年出现的新式基金品种，虽然起步以来的发展较为缓慢，但鉴于此类产品具有一系列无可替代的、非常独特的十大优势：专业化的资产管理叠加专业化的资产管理、双重的优中选优、穿透之后投资标的整体质地良好、组合之内再嵌套组合、资产的再配置、风险的再分散、组合架构散（念第四声）而不散（念第三声）、安全性相对更高一筹、绩效表现为对风险和收益在更高一个层级上的二次平滑，等等，产品逻辑清晰，可投资价值显著，其未来的发展价值和潜力非常值得重视。

作为一个全新的、前景远大的基金品类，发展时间至今仅仅三年多，且投资者接受得依然较为缓慢，故必须单独成章，以增进读者对它的了解。本章内容如果有与监管规定不一致的地方，请以监管的要求为准。

一、概述

1. 截至2020年年末的FOF及养老基金发展情况

（1）占比

截至2020年年末，FOF及按照FOF方式运作的养老基金在开放式基金中的占比为0.458%。对此数据，从年的角度来看，它是连年增长的；从季的角度来看，在经历了连续8个季度的增长之后，出现了下降，核心原因在于：2020第四季度，是主动权益类基金产品光彩夺目的季节。

图 1：FOF 及养老基金在开放式基金重点占比

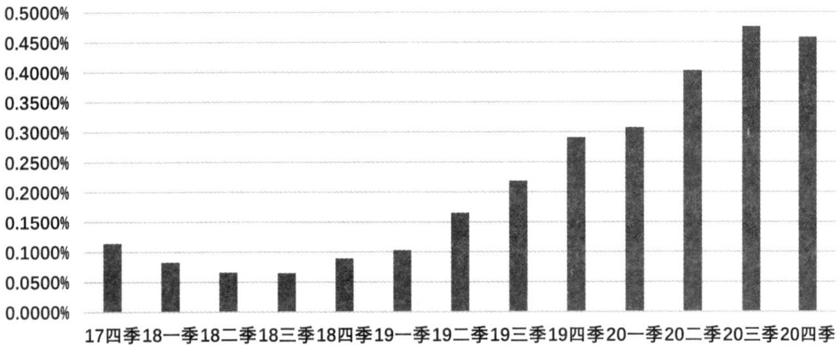

数据来源：百嘉基金管理有限公司

数据截止日期：2020 年 12 月 31 日

（2）数量

截至 2020 年年末，FOF 及按照 FOF 方式运作的养老基金数量合计为 142 只，之前的 2017 年末、2018 年末、2019 年末分别有 6 只、24 只、83 只。三年多了，数量虽然已经过百，但总体上还是发展缓慢的。

2020 年是中国公募基金发展史上的第一大年，新产品的发行总量为 1439 只，但其中 FOF 及养老基金的新发行数量仅有 55 只，占比仅有 3.82%，非常稀少！

截至 2020 年年末，FOF 和养老基金的数量分别为 38 只和 104 只；在养老基金中，TDF、TRF 分别有 49 只、55 只，数量都不多。

（3）总规模

截至 2020 年年末，FOF 及按照 FOF 方式运作的养老基金所管理的资产规模合计分别为 321.27 亿元和 589.84 亿元；在养老基金中，TDF、TRF 分别为 144.54 亿元和 445.3 亿元，总规模都不大。参看附图 1，FOF 及养老基金的发展有分化加速的趋势，养老基金总体有较为快速的发展表现。

图 2：FOF 及养老基金所管理的资产总规模

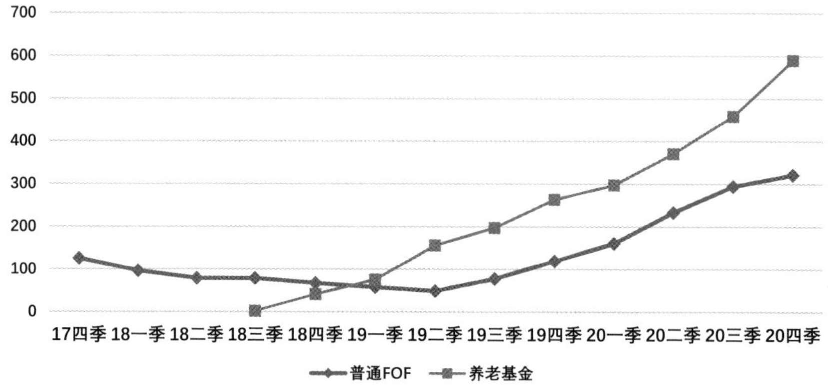

数据来源：百嘉基金管理有限公司

数据截止日期：2020 年 12 月 31 日

在 FOF 中，偏债 FOF 和偏股 FOF（含 1 只股票 FOF）的总规模分别为 181.91 亿元和 139.36 亿元。这里尤为值得注意的一个情况是：后者的规模在 2020 年第三季度末为 143.08 亿元。2020 年第四季度，偏股 FOF 的规模竟然出现了下降，并且是唯一一个有下降情况的二级细分类型。

对于偏股 FOF 的规模下降，究其原因，总体上应该是受到了权益类基金火爆的影响，毕竟由于有“收益的二次平滑”这个特点的客观存在，偏股 FOF 的业绩根本不可能非常突出，因此，17 只产品里，11 只规模下降；若具体来看，可能会有单只产品方面的一些客观因素，如产品设计、投资定位、标的基金不在风口、组合的业绩表现，等等。

在养老基金中，TDF、TRF 的总规模分别为 144.54 亿元和 445.3 亿元。后者的发展较好，我们就重点关注后者。

（4）平均规模

截至 2020 年年末，FOF 及按照 FOF 方式运作的养老基金平均规模分别为 8.45 亿元和 5.67 亿元，后者看起来似乎不高。

但是，在养老基金内部，从细分之后的 TDF、TRF 这两个角度来看，它们的平均规模分别为 2.95 亿元和 8.1 亿元。由此，情况立即明朗：参看图 3，TRF 呈现出了较好的上升态势，有望超过 FOF。

图 3：FOF、TDF、TRF 的平均规模

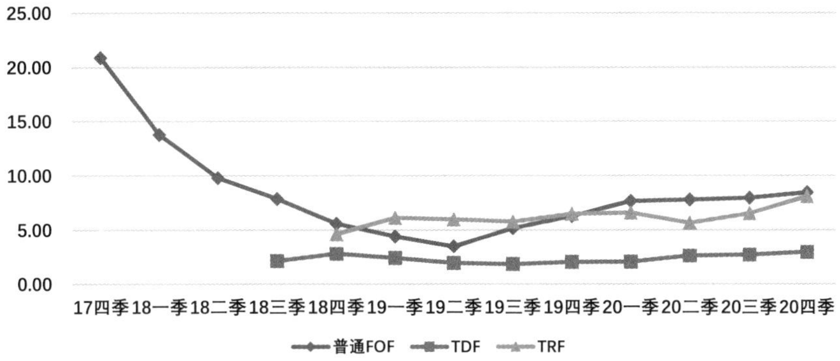

数据来源：百嘉基金管理有限公司

数据截止日期：2020 年 12 月 31 日

在 FOF 内部，偏债 FOF 和偏股 FOF（不含股票 FOF）的平均规模分别为 8.66 亿元和 8.62 亿元，与 TRF 一样，都在 8 亿元之上。未来的发展潜力基金，或将就在这三类细分产品中。

在 FOF 及养老基金方面，具体到产品上来看，截至 2020 年年末，规模超过 100 亿元的有 2 只，都是组合配置具有偏债特征的产品；规模在 50 亿元至 100 亿元的也有 2 只，也都是具有偏债特征的；规模在 20 亿元至 50 亿元之间的，是 3 只组合配置特征具有偏股特征的产品。

2. FOF 及养老基金的发展历程

（1）FOF 的发展历程

2016 年 6 月 17 日：证监会发布《公开募集证券投资基金运作指引第 2 号——基金中基金指引》征求意见稿。

2016 年 9 月 11 日：证监会发布并实施《公开募集证券投资基金运作指引第 2 号——基金中基金指引》，对基金中基金的定义、投资范围、收费模式、信息披露要求、人员设置、主体职责等方面内容均做了详细规定。

2016 年 10 月 21 日：基金业协会发布《关于基金中基金（FOF）的基金经理注册登记有关事项的通知》，对公募 FOF 基金经理的任职要求做出详细说明。从 10 月 24 日起，机构可以在人员系统中办理 FOF 的基金经理考试预约、注册和变更等相关事宜。

2016 年 10 月 27 日：首批 FOF 经理资格考试举行。

2016 年 11 月 29 日：监管部门开始正式接受公募 FOF 产品申请。15 家公司共申报了 22 只产品，其中 7 公司申报了两只 FOF。

2016 年 12 月 6 日：首批 22 只 FOF 产品申报获受理。

2017 年 3 月：基金公司此前上报的 FOF 产品获证监会首次反馈。

2017 年 4 月 24 日：监管层发布《基金中基金（FOF）审核指引》，要求各家基金管理人按要求准备基金注册的申报文件。

2017 年 5 月 4 日：基金业协会发布《基金中基金估值业务指引（试行）》，明确规定了投资于场外基金及场内基金的估值方法和净值披露时间。

2017 年 5 月 5 日：部分基金公司的 FOF 项目组前往北京进行第二轮答辩。

2017 年 9 月 8 日：首批 6 只公募 FOF 获批。分别是：南方全天候策略混合（FOF）、华夏聚惠稳健目标风险混合（FOF）、泰达宏利全能优选混合（FOF）、建信福泽安泰混合（FOF）、海富通聚优精选混合（FOF）、嘉实领航资产配置混合（FOF）。

2017 年 10 月 19 日至 11 月 6 日，首批 6 只公募 FOF 相继募集成立，募集成立规模合计 166.36 亿元。

（2）养老基金的发展历程

2018 年 2 月 11 日，中国证监会发布了《养老目标证券投资基金指引（试行）》，自发布之日起施行。

2018 年 8 月 6 日，中国证监会核发华夏基金、嘉实基金、博时基金、南方基金、富国基金、泰达宏利基金、广发基金、中银基金、万家基金、中欧基金、易方达基金、鹏华基金、银华基金、工银瑞信基金 14 家基金公司 14 只养老目标基金。按照相关规定，上述基金最晚于 6 个月内完成募集。

从 2018 年 9 月 13 日至 11 月 6 日，首批的 14 只养老目标基金中，有 5 只已经成立，它们分别为华夏养老目标日期 2040 三年持有期、中欧预见养老目标日期 2035 三年持有期、泰达宏利泰和平衡养老目标三年持有期、工银瑞信养老目标日期 2035 三年持有期、南方养老目标日期 2035 三年持有期，首募规模在 2.12 亿元至 3.80 亿元不等。从养老金的发展历程来看，养老基金起步艰难。

二、FOF

1. 什么是 FOF？

什么是 FOF？简单地、通俗地来说，FOF 就是专门或重点投资其他基金的基金。现有的基金，以公募基金为例，投资的对象是股票、债券等；

而公募 FOF，就是投资这些基金的。

关于 FOF, 最权威的定义在哪里？中国证监会 2014 年 7 月 11 日发布、8 月 8 日起施行的《公开募集证券投资基金运作管理办法》第 30 条第 4 项给出了标准答案: “百分之八十以上的基金资产投资于其他基金份额的，为基金中基金。”

基金, 英文即“Fund”, FOF, 即“Fund of Funds”的缩写。上述《办法》是 2013 年 6 月 1 日起施行的《中华人民共和国证券投资基金法》最重要的配套法规之一，因此，它所给出的关于 FOF 的定义，既是对公募 FOF 的规范，也是给予私募 FOF 的重要参照。如果私募 FOF 自身无法给出更为权威的 FOF 定义，那么，上述定义便最好能够成为私募 FOF 行业未来的行为准则参考标准之一。

“不是所有的牛奶都叫特仑苏。”我们很多人都非常熟悉这句广告语，那么，我们延伸一下，借用到 FOF 市场，那就是：不是所有持有了其他基金份额的基金都叫 FOF。因此，在未来的 FOF 定性参照标准里，最重要的、最为便于执行的、有明确量化数据的标准就是：“80%”。对于公募 FOF 来说，这是底线；对于私募 FOF 来说，大家可以自由选择是否参照执行。

2. FOF 是如何分类的？

2017 年 4 月 24 日，中国证监会证券基金机构监管部发布《基金中基金（FOF）审核指引》，其中的第二条规定如下:

“根据基金投资标的及投资方向的不同, 进一步细分 FOF 产品类别，具体为:

（1）股票型 FOF，80% 以上的基金资产投资于股票型基金份额（包括股票指数基金）；

（2）债券型 FOF，80% 以上的基金资产投资于债券型基金份额（包括债券指数基金）；

（3）货币型 FOF，80% 以上的基金资产投资于货币市场基金份额，且剩余基金资产的投资范围和要求应当与货币市场基金一致；

（4）混合型 FOF，投资于股票型基金份额、债券型基金份额、货币市场基金份额以及其他基金份额，且不符合股票型基金中基金、债券型基金中基金、货币型基金中基金等相关要求的；

（5）其他类型 F0F，即 F0F 将 80% 以上的基金资产投资于其他某一类型的基金，如 F0F 将 80% 以上的基金资产投资于商品期货基金份额的，为商品期货基金中基金。”

截至 2020 年末，全市场共有 FOF（含按照 FOF 方式运作的养老基金）142 只，其中，股票型 FOF 有 1 只，混合型 FOF 有 141 只。债券型 FOF、货币型 FOF、其他类型 FOF 这三种暂时没有。由此可见，市场非常钟爱混合型 FOF！

3. 如何进一步细分混合型 FOF？

2017 年 4 月 24 日，中国证监会证券基金机构监管部发布《基金中基金（FOF）审核指引》，其中的第二条第五款规定如下：“混合型 FOF，投资于股票型基金份额、债券型基金份额、货币市场基金份额以及其他基金份额，且不符合股票型基金中基金、债券型基金中基金、货币型基金中基金等相关要求的。”

这就是说，在混合型 FOF 里，其投资于股票型基金份额、债券型基金份额、货币市场基金份额以及其他基金份额的规模，占 FOF 资产的比例都不超过 80%。

为此，通过各相关 FOF 的《招募说明书》里“基金的投资”这个章节，我们可以根据其各类标的基金的配置比例要求，来进行类内的细分，如：偏股 FOF、偏债 FOF，等等，核心就是相关 FOF 对权益类资产的预设配置区间。

在对于 FOF 的投资实战中，我们还有两个必须要注意的地方：第一，FOF 们不仅仅会配置股票基金，还会配置混合基金，对于他们配置的混合基金，我们要从事前、事后两个角度，对相关的混合基金进行穿透观察，如：当前市场有很多混合基金对于股票的配置比例上下限是 60% ～ 95%，有的是 0 ～ 30%、0 ～ 40%，等等，配置了前者的 FOF，可能多为偏股 FOF，反之就是偏债 FOF。

第二，在一些 FOF 的产品文件中，还有可能会提及投资股票，其组合的偏股性质，将会体现在对于股票、股票基金、混合偏股基金的综合配置中。因此，在分类绩效统计和研究的过程中，必须进行穿透。

4. 为什么说 FOF 可以投资股票?

前文已述：“80% 以上的基金资产投资于其他基金份额的，为基金中基金。”

仔细品味这个条规定, 其中的量化标准为“80%”。FOF 是开放式基金，按照开放式基金的一般性运作要求，都必须要保留 5% 左右的现金或类现金资产，以应对日常赎回的需要。这就是说，理论上，FOF 可以有不足 15% 的资产进行自由配置，具体怎么做，基金合同里可以自主约定，既可以加入股票，也可以不加入股票，届时就看基金公司或者 FOF 经理的意愿了。

从“专业的人做专业的事”这个基本理念出发，我们通常建议：FOF 类产品，最好不要自主决策进行具体的股票投资、债券投资。

5.FOF 与混合基金的区别在哪里？

中国证监会于 2014 年 7 月 11 日发布、8 月 8 日起施行的《公开募集证券投资基金运作管理办法》第 30 条第 5 项规定：“投资于股票、债券、货币市场工具或其他基金份额，并且股票投资、债券投资、基金投资的比例不符合第（一）项、第（二）项、第（四）项规定的，为混合基金。”

仔细品味一下这项规定，我们可以得到这样一个结论：混合基金是可以持有其他基金份额的。不过，在公募基金行业里，基于严格的监管要求，混合基金在实际的投资运作过程中可以配置其他基金份额的这个口子暂时还没有被放开，即混合基金目前事实上是不可以持有其他基金份额的。

在私募基金里，大家可以在市场广阔的空间里自由驰骋，但是，在欢快的同时，大家是在管理 FOF，还是在管理混合基金呢？这就是对私募产品见仁见智的事情了。同样，非公募类的其他资产管理机构，如银行资管、保险资管、券商资管，等等，目前都还是具有较大幅度业务自由空间的。

6. 什么是公募 FOF？什么是私募 FOF？

公募 FOF、私募 FOF 这个说法最早是我提出的，目的在于区分管理人的不同，前者的原意指的是公募基金管理公司作为 FOF 的管理人，后者指的是私募基金管理公司。现在，随着市场的发展和认知的提高，这两个术语的内涵和外延都在扩大。在大资管的视野之下，FOF 是标的市场范围很大，从理论上来看，公募基金、私募基金都可以是潜在的投资标的。

第一，从公募 FOF 的角度来看，既可以是纯公募 FOF，也可以是非纯公募 FOF，后者即可以有不足 15% 的股票仓位，或其他证券资产。以纯公募 FOF 为例，其组合中理论上既可以只是公募基金，也可以只是私募基金，还可以是公募基金、私募基金都有，但是，根据现有的市场监管要求，公募 FOF 是不可以投资私募基金的，因此，公募 FOF 未来的投资标的将就只有一个类别：公募基金。这也足够多了。当股市上有了 700 多只股票的时候，我们就有了公募基金；现在，公募基金的基本数量已经超过了 5000 只，市场数量已经超过了 8000 只，备选池已经足够大了。

第二，从私募 FOF 的角度来看，鉴于私募投资的高度灵活性，无论是公募基金、私募基金，还是股票、债券，等等，它们都可以成为投资标的，因此，未来的私募 FOF 里将既有“私管私”（组合中只有私募基金）、“私管公”（组合中只有公募基金）类产品，更会有“私管混合”类产品，即其组合中既会有私募基金，也会有公募基金，还会有其他他们认为适合配置的品种，如股票、债券。我认为，“私管混合”类 FOF 产品，将会是私募 FOF 未来的主流。

无论公募 FOF，还是私募 FOF，它们都是市场里重要的产品存在形式，都将会满足投资者不同的投资需求，其中，公募 FOF 只投资公募基金，可以说，术业有专攻、服务对象最广泛这两个特色非常鲜明；私募 FOF 的投资备选范围最为广阔，将能够为数量众多的私募基金公司提供出各具特色的市场博弈机会。

表 1：FOF 类产品的分类

序号	管理人	投资标的	市场情况
1	公募基金公司	公募基金	可以有
2		私募基金	法规禁止
3		公募基金、私募基金、股票、债券，等等	法规禁止
4	公募基金公司专户	公募基金	略有一些
5		私募基金	有
6		公募基金、私募基金、股票、债券，等等	有

续表

7	私募基金公司	公募基金	几乎没有
8		私募基金	有
9		公募基金、私募基金、股票、债券，等等	此类产品最多

（1）公募 FOF。它是由公募基金公司作为管理人的 FOF。FOF 的投资标的从理论上可以是公募基金、私募基金，公募 FOF 的产品类型因此从理论上就有“公管公”（只配置公募基金）、“公管私”（只配置私募基金）、“公管混合”（公募基金、私募基金都可以配置）这三类。公募基金公司作为管理人，发行的 FOF 如果是公募产品，按照监管的要求，是不可以投资私募基金的，因此，公募 FOF 就只可以是“公管公”类产品。

至于公募基金公司里的专户 FOF 产品、子公司的 FOF 产品，都属于私募 FOF 的范畴。

（2）私募 FOF。由非公募机构作为管理人的 FOF。对于私募 FOF 来说，“私管公”“私管私”“私管混合”这三类产品都可以有。其实，对于私募 FOF 来说，大多对于配置的基金没有明确的仓位限制，自由度很高，甚至在他们认为合适的时候都可以全部投资股票，等等。因此，如果参照公募 FOF 里“80%”的仓位底限要求，很多私募 FOF 不能够算作做合规条件下的 FOF，只可以算作为“可以配置私募或公募基金份额的理财产品”。

（3）说明：本处提及的私募基金，为广义的私募基金，即公募以外的全部资产管理产品，包括一般意义上的私募、保险资管、信托、券商资管、银行资管、公募专户、公募子公司，等等。

7. 什么是外部 FOF？什么是内部 FOF？

外部 FOF、内部 FOF 这两个专业术语是我最早写出来的，其含义分别如下：一是，外部 FOF，指 FOF 组合中以非本公司的基金为主要投资对象，甚至是全部，即，纯外部 FOF。二是，内部 FOF，指 FOF 组合中以本公司的基金为主要投资对象，甚至是全部，即，纯内部 FOF。对于外部 FOF 和内部 FOF 之争，我们可以从这几个角度来看：

（1）标的基金池的大与小。一般来看，外部 FOF 由于可选标的范围广，理论上获利的机会将比内部 FOF 多。截至 2020 年 2 月末，全市场的公募基金的基本数量已经超过了 8000 只。

（2）“政治”困惑。以外部 FOF 为例，FOF 若将募集到的资金投资了其他公司的基金，促进了其他公司基金资产规模的增长，便容易在一些目光短浅、尤其是自身发展状况不好的基金公司里引起负面议论，这将极有可能会在一定程度上影响到当相关 FOF 经理的职业发展。至于内部 FOF，则很少会有这种“政治”问题。

（3）内部 FOF 与外部 FOF 的识别。有两种方式，第一，事前识别，即按照 FOF《招募说明书》的表述，如南方全天候策略混合 FOF 在其《招募说明书》中有这样的表述：“在开放式基金投资方面，考虑到基金费率优惠等因素，本基金将主要投资于本基金管理人旗下的基金”，这就是内部 FOF。第二，事后识别，即若 FOF 没有在产品文件中写明未来的投资重点，但在实际运作中持有了过多的本公司基金，超过了基金投资比例的 50%，则可以被阶段性地认定为内部 FOF 了。

（4）评判。内部 FOF 与外部 FOF 这两类产品无所谓必然性的好与不好，关键还是在于它们的业绩。40 年前的改革开放初期，我们国金有“猫论”，现在，“猫论”的核心思想也可以移植到公募 FOF 上来，简单来说，即：无论是纯内部、纯外部，还是偏内部、偏外部，只要有良好的业绩，就是好的公募 FOF。

但是，如果有人宣传说，做内部 FOF，FOF 经理可以有信息优势，可以更好地了解自家基金的投资运作情况，那么，就是另一个层面的问题了，这不仅仅是超越了 FOF 经理的业务边界，更有可能涉嫌内幕交易。

8. 什么是场内 FOF？什么是场外 FOF？

场内 FOF、场外 FOF 这两个专业术语是我最早写出来的，其含义分别如下：

（1）场内 FOF：以场内基金品种为重点投资对象的 FOF，必要的时候，也可以全部投资场内基金，最主要的交易方式为：买、卖；其次还可以有套利、申购、赎回，等等。从具体的市场运作来看，要根据 FOF 的规模再确定，通常，规模偏小的 FOF，更为适合做场内投资；反之，则更为适合做场外投资。

（2）场外 FOF：以场外基金品种为重点投资对象的 FOF，最主要的交易方式是申购、赎回；其次可以有买、卖、套利等交易方式。通常，规模越大的 FOF，越适合通过场外的方式进行交易；FOF 的规模越大，通过场内交易的边际效益总体上越不经济。

就现在的市场实际情况来看，没有专门场内 FOF、场外 FOF 之分，并且几乎所有的 FOF 都是重点投资场外品种的，或者说是重点通过场外通道来申购和赎回基金的。其实，从投资者的角度出发，大家最应该关注是的 FOF 的收益，至于管理人用什么样的方式去实现，则是次要的。

9. 什么是纯 FOF？什么是非纯 FOF？

中国证监会 2014 年 7 月 11 日发布、8 月 8 日起施行的《公开募集证券投资基金运作管理办法》第三十条第四项的规定：“百分之八十以上的基金资产投资于其他基金份额的，为基金中基金。”仔细品读这个定义，我们是否可以这样理解：FOF 可以有纯 FOF 和非纯 FOF 之分呢?

上述关于 FOF 的定义中，有一个明确的量化标准：80%，即，FOF 持有基金的仓位只要达到 80% 就可以了，多余的资金，理论上是可以灵活运用的，如果 FOF 契约中依然规定只可以投资基金，那么，该 FOF 就是纯 FOF；否则，多余的资金可以投资股票、债券，那么，相关的 FOF 就是非纯 FOF 了。

当前市场上的 FOF 绝大多数是开放式基金，因此通常都会预留 5% 左右的现金或现金类产品以备赎回，因此，严格来看，FOF 其实是可以有不足 15% 的资产做灵活投资的，即可以自主决定是否投资股票、债券等。

一般来看，FOF 的投资范围里可以包括少量的股票、债券等，前者都属于场内交易的范畴，后者的交易场所则相对更多一些。但是，无论如何，这些投资都是对 FOF 运作当中的辅助行为。

10. 公募 FOF 独有的十大优势

公募 FOF 的管理人是公募基金公司，投资标的是公募基金。公募 FOF 具有独特的、重要的十大优势，从而使得公募 FOF 具有了非常优越的市场发展潜力，这十大优势是：（1）投资标的整体质地良好，安全性相对更高一筹。（2）专业化的资产管理叠加专业化的资产管理；双重的优中选优。（3）对风险和收益做更高一个层级的二次平滑。（4）良好的流动性。（5）非负资产性质。（6）更增加了一层良好的、有效的风险防范与分散的安全垫。(7) 作为第三支柱，全力助推养老事业的发展。(8) 提升全市场的投基理念、方式、策略。（9）内生性地、潜移默化地促进公募基金行业更为规范和稳健地发展。（10）对于促进实体经济的发展

大有可为。具体如下:

一是，投资标的整体质地良好，安全性相对更高一筹。

（1）2018 年 4 月 27 日，中国人民银行、中国银行保险监督管理委员会、中国证券监督管理委员会、国家外汇管理局联合发布的《关于规范金融机构资产管理业务的指导意见》，即行业俗称的“资管新规”，就主要是以公募基金的相关规则为基础制订的。（2）在中国资产管理行业的各个细分类型里，从目前市场上对于它们的综合比较来看，公募基金已被一致认为是规范、透明的、长期绩效好的一个品类。那么，基于上述两点，以此构建起来的公募 FOF 组合，理论上应该不会太差。

二是，专业化的资产管理叠加专业化的资产管理；双重的优中选优。

公募基金管理公司作为一类重要的专业化资产管理机构，已经在中国的财富管理市场上树立起了良好的标杆形象。从基金投资股票、债券以及货币市场工具等行为来看，是一种专业行为；从公募 FOF 投资基金的角度来看，也是一种专业化的行为。基金都是在选择好股票、好债券等进行投资，FOF 则是在选择好的标的基金构建公募 FOF 组合，基于双重的优中选优这个基本业务逻辑，公募 FOF 理论上已经天然地具备了好产品的优良基因。

三是，对风险和收益做更高一个层级的二次平滑。

基金配置好股票、好债券，FOF 配置好基金，都是要把相对不好的标的剔除，是在优中选优之后继续优中选优，因此，这种组合理论上必然能够带来相对更好的收益预期，其绩效特征必然就是良好标的过往业绩与风险的平均，理论上已经且必然高于市场的一般性平均，即：风险预期会相对更低一些，收益预期会相对更好一些。

四是，良好的流动性。

在股市中，从百股跌停到千股跌停，投资者已经见识过很多次了。公募 FOF 的投资方式主要是场外，对于开放式基金来说，自诞生以来，从未有过任何一家基金公司敢于在基础市场行情风险爆发的时候搞暂停赎回，因此，这就使得公募 FOF 未来在需要主动规避市场风险的时候，有了极为良好的流动性潜在优势。至于场内标的，就当前的二级市场情况来看，主要是 ETF，鉴于套利机制的存在，场内 FOF 在流动性方面也是基本无忧的。（封闭、定开、规模小、二级市场交易量低、限制申购等基金，策略上都不在 FOF 的备选范围之内。）

五是，非负资产性质。

以往的基金，尤其是混合基金，若卖空了股票、全部持有现金之后，活期存款的收益将根本不足以抵消管理费加托管费这两项成本，因此，在这种情况下，基金的净值走势还是会继续往下。但是，公募 FOF 若主动规避风险，并且持有了货币市场基金之后，鉴于货基过往的绩效表现，其收益完全可以覆盖上述成本，并且还会有一些收益剩余，净值曲线还将是缓缓上升的。

六是，更增加了一层良好的、有效的风险防范与分散的安全垫。

基金投资股票、债券等，是分散投资。公募 FOF 投资基金，也是分散投资。分散加分散，理论上可以使得公募 FOF 组合具有了很好的分散投资风险的特质。假定市场平稳，股价不变；假定某基金顶格重仓（10%）持有了某股票、某公募 FOF 顶格重仓（20%）持有了该基金，股票一个跌停板，基金的净值损失 1%，FOF 的净值损失幅度只有 0.2%。（暂不考虑其他持有的品种的价格波动、净值涨跌。）

七是，作为第三支柱，全力助推养老事业的发展。

2018 年 3 月 2 日，中国证监会发布了《养老目标证券投资基金指引（试行）》，其第三条规定：“养老目标基金应当采用基金中基金形式或中国证监会认可的其他形式运作。”这充分表明了公募 FOF 作为一种产品形式的有效性、安全性、收益性特征。从养老目标基金的角度来看，它们都是公募 FOF。

八是，提升全市场的投基理念、方式、策略。

从专业化机构投资者的角度出发，公募 FOF 将会给广大基民提供一个良好的参照，尤其是 FOF 的重仓品种。因此，公募 FOF 出来之后，投资者可以有三种参考方式：直接申购 FOF；跟投 FOF 的重仓品种（季报里有）；跟投 FOF 持有的其他基金（年报、半年报里有）。另外，FOF 经理构建与维护组合时的所思所想，也具有一定的参考价值，在此过程中传递价值投资理念，促进提升资本市场定价效率。

九是，内生性地、潜移默化地促进公募基金行业更为规范和稳健地发展。

第一，未来，外部 FOF 及以外部投资为主的 FOF 将会成为市场发展的主流，而要做好对于这些 FOF 的管理，行业之间的调研必然会大范围地展开，这必定会大力促进相关基金公司的规范运作，与其事后遮遮掩掩，不如事前合规运作。第二，FOF 的第二大优势是“专业化的资产管理叠加专业化的资产管理；双重的优中选优”，理论上，FOF 经理可以挑选出好基金，引领市场，实现优胜劣汰。

十是，对于促进实体经济的发展大有可为。

公募 FOF 投资好基金，好基金投资好股票、好债券，理念和资金通过这种方式一层又一层地传递，最终传递到实体经济层面，促进资本市场的可持续发展和经济的转型升级，并在此过程中一同分享国家经济增长的红利。

11. 关于 FOF 的“双重收费”

“双重收费”这个说法，实际上是一种貌似专业情况下的伪命题。

2017 年 4 月 24 日，中国证监会证券基金机构监管部发布的《基金中基金（FOF）审核指引》第八条对此予以了明确，核心内容是：“在基金的费用与税收部分必须列明以下内容：（1）基金管理人不得对基金中基金财产中持有的自身管理的基金部分收取基金中基金的管理费。（2）基金托管人不得对基金中基金财产中持有的自身托管的基金部分收取基金中基金的托管费。（3）基金管理人运用基金中基金财产申购自身管理的基金的（ETF 除外），应当通过直销渠道申购，且不得收取申购费、赎回费（按照相关法规、基金招募说明书约定应当收取，并记入基金财产的赎回费用除外），销售服务费等销售费用。（4）混合型 FOF、股票型 FOF 应参照混合型及股票型基金标准收取赎回费；债券型 FOF 应参照债券型基金标准收取赎回费；货币型 FOF 应当参照货币市场基金标准收取服务费。”这条规定很客观，很公正，在维护了投资者利益的同时，也保护了基金公司应有的基本利益。

公募 FOF 管理人的产品销售、研究基金、投资基金、交易基金、清算 FOF、合规风控等，都是一系列的市场服务行为，体现着相关公司及人员的专业化劳动付出，如果没有合理的收入，谁来支付他们工作成本？如果没有合理的收入，FOF 管理这个子行业就不可能运作起来，更不会有发展和壮大。

FOF 收费是针对双重管理人情况来执行的，未来的 FOF，外部 FOF 必然是主流，即管理 FOF 的是一家基金公司，FOF 所投资的标的基金是另一个家基金公司。从管理 FOF 的角度来看，当前，基金的数量已经远远超过了股票，而且基金相比股票有很多独有的复杂之处，研究基金、投资基金，是一项全新的专业，且有一定的难度。

为什么说 FOF 必须合理收费？为了保证 FOF 这个资产管理行业中全新的细分种类健康发展，合理的收费制度，兼顾了各方的利益。

以我们日常生活中的手机为例，从创意、设计到最终的成品，从各种原材料到半成品到最终的手机，从制造到运输到销售，从软件到硬件，是多个行业、产业、企业通力合作的结果，其中，每一个参与方面，都必然会有各自必须上缴的税收、有各自应得的利润。试想，如果其中的某一方没有利润、一直亏损，他们还会继续生产吗？

12. 为何说公募 FOF 前景广阔？

2018 年 4 月 27 日，中国人民银行、中国银行保险监督管理委员会、中国证券监督管理委员会、国家外汇管理局联合发布的《关于规范金融机构资产管理业务的指导意见》，即行业俗称的“资管新规”，其中的第 22 条规定：“资产管理产品可以再投资一层资产管理产品，但所投资的资产管理产品不得再投资公募证券投资基金以外的资产管理产品。”

新规的第 3 条指出：“资产管理产品包括但不限于人民币或外币形式的银行非保本理财产品，资金信托，证券公司、证券公司子公司、基金管理公司、基金管理子公司、期货公司、期货公司子公司、保险资产管理机构、金融资产投资公司发行的资产管理产品等。”

由此来看，未来，要么大家直接做主动型的资产管理，要么就买公募基金。那么，这是否意味着未来的 FOF 会越来越多呢？不一定吗？

这里，非常有必要厘清一下：申购了公募基金的资产管理产品，不一定就是 FOF。因为，参照公募 FOF 的标准，有一个 80% 的仓位底限，如果相关产品能够主动按照这个标准去运作，那么就是 FOF；否则，就是申购并持有了公募基金的投资组合，以往市场上存在了大量的这类资产管理产品，持有公募基金的仓位都是低于 80% 的。

今后，第一，FOF 或许不一定会多，但购买公募基金的资金将会越来越多。第二，与其把资管产品做成了一个“四不像”的东西，业绩还不一定好，而且还跨专业那么多，其中各种各样涉嫌违法违规的行为也可能有，那么，还是老老实实地做公募 FOF 为好。

公募基金具有很多鲜明的特点，如金额申购；份额赎回；组合投资；

风险共担；收益共享；强制托管；每日估值；每日开放；法定信息披露；公平交易；风险严控；等等，都已经在中国的资产行业中树立起了良好的标杆形象，并被资产管理行业内其他个细分领域广泛仿效和借鉴。

同时，随着市场的发展，公募基金也暴露出了一些问题，如工具属性弱化；通道化；流动性风险；委外的潜在威胁；短期化投资行为；多方面的浮躁；被准确理解和认知的客观困难；等等，这些问题都会随着市场的发展和监管的完善而得到解决。

回顾中国资产管理市场的发展历程，公募基金作为行业标杆的地位已经得到了市场公认，公募基金将在未来的统一行业法律基础和监管规则的过程中发挥出积极的作用，这一点，已经被市场寄予了很高的期望。为此，我们可以乐观地畅想：公募 FOF 将天然地担当起引领和促进行业规范发展的重任。

根据标的基金归属不同，FOF 可以被区分为内部 FOF 和外部 FOF 两种，其中，外部 FOF 将会是市场中的主流。公募 FOF 对于公募基金行业发展的最重要作用，正是将会借此机会内生性地进一步促进行业的规范和发展。目前，行业里对于公募 FOF 公认的一个潜在困难，就是相互之间的调研，为此，大家想到了两个暂时克服的办法：量化、被动。但长远来看，随着公募 FOF 的登场，公募基金行业之间的交流将会从无到有，并逐渐触及到更深的层次，无论是调研方，还是被调研方，大家将会有更多的反省和认知，这一切，都将会潜移默化到进一步促进行业的规范和发展。

对于现有公募基金公司，我们可以将它们分成这样两个类别：第一，老公司、大公司；第二，新公司、小公司。在未来的公募 FOF 发展进程中，从研究基金、评价基金的角度，对于老公司、大公司，我有这样的期待，希望它们能够进一步解放思想、放开手脚，前期的产品有着较为明显的偏重量化、偏重内部 FOF 这样的情况，未来，希望公募 FOF 将会更加丰富多彩；对于新公司、小公司，公募 FOF 将是大家面临的一个千载难逢的、可以走捷径的、能够有全新发展模式的大好机遇，原有的资产管理方式，老公司、大公司已经做得很好了，唯有在 FOF 方面是大家站在同一个起跑线上的，未来为何不与大家一起并肩跑呢？为何非要在人家的强项中与人家竞争、追着人家跑呢？由此来看，公募基金行业的发展格局将会在公募 FOF 出现之后有着较大的转变和提升。

13. 对 FOF 应有什么样的收益预期？

FOF 的核心特点之一，就是对风险与收益的二次平滑，在对风险和收益做了二次平滑之后，理论上，组合的风险降低了，收益预期也应该降低。

一方面，基金的收益是一组股票或债券等证券品种二级市场表现的规模加权统计之和；另一方面，FOF 的收益则主要是一组基金净值变动情况的规模加权统计之和。

明白了上述道理之后，对于 FOF 类产品的业绩表现，就应该有一个合适的预期了，即：FOF 适合追求稳定的、较高收益的投资者。

当然，由于 FOF 内部也有较多的细分类型，因此，相关的收益预期，要建立在对各个细分类型风险收益特征有一个较为准确的认知基础之上。

从长期来看，FOF 的业绩最好是能够在基础市场行情有过一个完整的牛熊震荡，而相关 FOF 的投资运作恰好可以覆盖这段基础市场行情之后，基于专业化的资产管理叠加专业化的资产管理、双重的优中选优等一系列优势支持的 FOF，一定能够表现出它应有的风采。

14. 基民不要过度考虑抄底，尤其是 FOF！

为什么有如此说法？因为 FOF 的核心特点之一是“双重的优中选

优”，第一层，是基金经理在选择好的股票、好的债券，等等；第二层，是 FOF 经理在选择好的标的基金。既然已经有两个层级的优中选优，普通投资者何必再操心抄底呢？

15. 为什么讲“FOF”时不要带“基金”二字？

FOF已经走进了我们的投资生活，但是，一些人总是在讲FOF的时候，在“FOF”的后面跟上“基金”这两个字，即“FOF 基金”。

从专业的角度来看，上述说法不合适，因为“FOF”中的两个“F”所代表的都是基金；并且，“FOF”的中文意思就是“基金中基金”，如果再说“FOF 基金”，就实在是太多余了。

因此，建议大家以后在谈到 FOF 的时候，不要带上“基金”这两个字。谈 FOF，就说 FOF；谈基金，就说基金，这样也便于交流。

新的俗语：说“FOF”不要带“基金”。您记住了吗？

16. 为什么说 ETF·FOF 是未来的 FOF 类产品之星？

ETF·FOF，就是以 ETF 为主要投资对象的基金中基金。投资 ETF，本质上就是在投资基金；而重点投资基金里的 ETF，本质上就是在投资指数基金，具有简单、直观、透明、低费、高效、分散风险等特点。

买卖 ETF，最大的优势在于冲击成本极低，在核心品种的过往交易中，很少出现双向超过 0.5% 的情况。偶尔或有流动性断点出现，但在 1 个百分点之内都能够满足交易要求，因为那些觊觎在场外的套利盘可以随时消化掉市价与净值偏差过大的买单、卖单，或实时创设份额，或反向套利。

在沪深两市现有的 ETF 中，流动性良好的 ETF 有 50 只左右，其中低风险产品有 10 只左右，高风险产品有 40 只左右，已经完全可以满足

ETF·FOF 的交易需要。那些流动性良好的 ETF·FOF，其背后的原因，在于其成分股票是市场中的热点。因此，ETF·FOF 是相对最为容易捕捉市场热点的 FOF 产品。

基础市场行情有三种走势：涨、跌、盘整。涨的时候，尽量通过高风险的 ETF 去谋取收益；跌的时候，尽量通过低风险的 ETF 去规避风险；盘整的时候，通过低风险的 ETF，依然可以获取一定的收益，如货币 ETF，其收益率完全可以覆盖掉管理 ETF 的成本。

做 ETF·FOF，最大的亮点在于可以做到实时转换，快速掉头，毕竟影响市场行情走向的因素总是会在各种时间里出现，尤其是在遭遇到重大利好或利空之时。为此，管理 ETF·FOF，要做的事情就很明确了，密切关注市场动态，快速抉择，然后：一是，做好大类资产配置，即高、低风险资产之间的配置；二是，选择合适的 ETF。

三、养老目标基金

由于特定的历史原因，中国现在正在快速地向着老龄化社会迈进，预计，到 2040 年的时候，65 岁以上人口的占比将高达 25%，即每四个人中就有一位 65 岁以上老人，老年抚养比（老年人口占劳动人口的比例）将大概率地达到超过 50%。届时，作为 80 后的独生子女一代，每个家庭将面临 6 位老人（夫妻双方 + 双方的父母），老年抚养比到 2040 年将攀升至 50% 左右，由此来看，我国目前的养老形势较为严峻。

中国社科院世界社保研究中心日前发布的《中国养老金精算报告 2019-2050》指出，我国城镇职工基本养老保险基金累计结余到 2035 年有耗尽累计结余的可能性。而随着人们追求健康生活的意识不断提高，以及医疗水平的进步，人的寿命不断延长，但是寿命越长，退休后需要花费的资金则越多。如此一来，矛盾就凸显出来了。

在老龄化问题日趋严重的当下，不少人承受着“上有老下有小”的两面夹击，却忽略了个人养老积累。但现实情况是，按我国目前 43% 左右的养老金替代率来测算，退休前月工资收入在 1 万元的人，退休时估计只能够拿到 4300 元左右的养老金，另外，鉴于地区差的客观现实，届时，退休之前工资收入少的人，退休之后的收入或会相对更低一些，这一切，无疑会对未来的生活质量造成较大的影响。

因此，面对养老压力正在悄然而至这个客观现实，并且还有着持续增加的趋势，在基本养老保险只可能满足老人们的“基本生活所需”的情况下，未来的老人们要想获得比较舒适悠闲的老年退休生活，要想使退休前后的生活水平、生活质量能够基本保持一致，那么，趁年轻的时候，提前规划和落实一些与养老有关的投资储备，便显得非常必要了。

1. 什么是养老目标基金？

养老目标基金是指以追求养老资产的长期稳健增值为目的，鼓励投资人长期持有，采用成熟的资产配置策略，合理控制投资组合波动风险的公开募集证券投资基金。

为满足养老资金理财需求，规范养老目标证券投资基金（以下简称为“养老目标基金”）的运作，保护投资人的合法权益，根据《证券投资基金法》《公开募集证券投资基金运作管理办法》等有关规定，中国证监会 2018 年 2 月 11 日发布了《养老目标证券投资基金指引（试行）》，自发布之日起施行。

根据《指引》，养老目标基金应当采用基金中基金形式或中国证监会认可的其他形式运作。养老目标基金应当采用成熟稳健的资产配置策略，控制基金下行风险，追求基金长期稳健增值。投资策略包括目标日期策略、目标风险策略以及中国证监会认可的其他策略。

因此，对于养老目标基金，我们可以有如下四个核心的理解：（1）它们本身都是公募基金，并且是公募基金大家庭中一个全新的、极具发展潜力的细分品种；（2）它们的投资管理受到了相关法律法规的严格规范；（3）它们的运作方式都必须是 FOF，投资标的主要是符合一定条件的公募基金；（4）它们的整体风险相对较低，更加适合长期投资，更加适合定投。（5）它们当前的投资策略有两种：目标日期策略、目标风险策略，未来，中国证监会还有可能会根据市场情况，公布其他合适的投资策略。

2. 为什么养老目标基金必须按照 FOF 的方式进行运作？

前文已述："根据《指引》，养老目标基金应当采用基金中基金形式或中国证监会认可的其他形式运作。"关于养老基金的运行方式，《指引》中明确提到了"基金中基金形式"，这是对于 FOF 这种基金类型的肯定：这种基金类型，相比其他基金类型，安全性、收益性、业绩稳定性等结合在一起，综合性价比相对更好一些。

一方面，养老基金是一种为了特定目的而设立的基金产品，承担着养老服务的重大历史使命，尤其是在中国即将面临着严峻的养老任务之际，产品类型的选择，就显得非常重要了；另一方面，前文已经详尽地叙述了 FOF 所独有的十大优势，更加凸显出了 FOF 这种产品的独特优势。目前，经过了三年多时间的发展，市场对于 FOF 的认知正在越来越深、越来越透，典型的表现之一，就是正有越来越多的机构将 FOF 作为主业来进行拓展。

3. 什么是目标日期策略、目标风险策略？

中国证监会2018年2月11日发布了《养老目标证券投资基金指引（试行）》规定，养老目标基金应当采用成熟稳健的资产配置策略，控制基金下行风险，追求基金长期稳健增值。投资策略包括目标日期策略、目标风险策略以及中国证监会认可的其他策略。

采用目标日期策略的基金，应当随着所设定目标日期的临近，逐步降低权益类资产的配置比例，增加非权益类资产的配置比例。权益类资产包括股票、股票型基金和混合型基金，从行业的现状来看，混合型基金指的是最近四个季度末对于权益类资产的最低配置比例均高于基金资产50%的基金。目标日期策略的英文缩写是：TDF。

采用目标风险策略的基金，应当根据特定的风险偏好设定权益类资产、非权益类资产的基准配置比例，或使用广泛认可的方法界定组合风险（如波动率等），并采取有效措施控制基金组合风险。采用目标风险策略的基金，应当明确风险等级及其含义，并在招募说明书中注明。目标风险策略的英文缩写是：TRF。

由此来看，这两类基金各有自身鲜明的风险收益特征，广大投资者可以借此审慎选择。就当前的市场情况来看，这两类基金已经衍生出了较多的细分品类，风险收益特征更加丰富多样，能够较为充分地满足投资者更为精细的养老保障投资选择。

4. 证监会对养老基金的投资运作有什么样的更高要求？

中国证监会2018年2月11日发布了《养老目标证券投资基金指引（试行）》规定，养老目标基金应当采用定期开放的运作方式或设置投资人最短持有期限，与基金的投资策略相匹配。养老目标基金定期开放的封闭运作期或投资人最短持有期限应当不短于1年。

证监会还规定：养老目标基金定期开放的封闭运作期或投资人最短持有期限不短于1年、3年或5年的，基金投资于股票、股票型基金、混合型基金和商品基金（含商品期货基金和黄金ETF）等品种的比例合计原则上不超过30%、60%、80%。

就当前的养老目标基金发行情况来看，既有1年、3年、5年持有期的，也有1年定期开放的，其中，后者仅有一只。在1年、3年、5年持有期这三种产品中，3年持有期目前是主流品种。在养老目标基金中设置一定时间长度的持有期限要求，既是出于此类基金的本质特征的考虑，更是希望借此来有效地启发、培养和促进广大投资者的长期投基理念与方式，并在此基础上获得较好的长期投资收益。

5. 证监会对养老目标基金的投资运作标的有什么样的要求？

中国证监会2018年2月11日发布了《养老目标证券投资基金指引（试行）》规定，养老目标基金的基金管理人应当制订标的基金（含香港互认基金）选择标准和制度，重点考察风格特征稳定性、风险控制和合规运作情况，并对照业绩比较基准评价中长期收益、业绩波动和回撤情况，且被投资的标的基金应当满足以下条件：

（1）标的基金运作期限应当不少于2年，最近2年平均季末基金净资产应当不低于2亿元；标的基金为指数基金、ETF和商品基金等品种的，运作期限应当不少于1年，最近定期报告披露的季末基金净资产应当不低于1亿元；（2）标的基金运作合规，风格清晰，中长期收益良好，业绩波动性较低；（3）标的基金的管理人及标的基金的基金经理最近2年没有重大违法违规行为；（4）中国证监会规定的其他条件。

在上述规定里，两个“2”是适用范围最广的指标，这两个指标，也可以作为广大基民选择基金时的参考指标。证监会的这些规定，是一个完整的、自成体系的、对标的基金遴选的规范性要求，例如："2 年"，没有如此基本的运作时间长度，就无从考量它们的中长期收益，更无法借此来分析和研究它们的投资运作情况及风险收益特征。另外，在规模方面，"2 亿元"曾经是常规基金合同生效的基本标准之一，而基金规模的大小，其背后所蕴含的内容，既包括了相关基金的过往业绩表现，还包括了全市场投资者对于这些基金可投资价值的判断，以及最终的申购、赎回行为，历史数据已经无数次地验证：绩效与规模之间有着正相关关系。

6. 证监会对养老目标基金的管理人有什么样的规定？

中国证监会 2018 年 2 月 11 日发布了《养老目标证券投资基金指引（试行）》鼓励具备以下条件的基金管理人申请募集养老目标基金：（1）公司成立满 2 年；（2）公司治理健全、稳定；（3）公司具有较强的资产管理能力，旗下基金风格清晰、业绩稳定，最近三年平均公募基金管理规模（不含货币市场基金）在 200 亿元以上或者管理的基金中基金业绩波动性较低、规模较大；（4）公司具有较强的投资、研究能力，投资、研究团队不少于 20 人，其中符合养老目标基金基金经理条件的不少于 3 人；（5）公司运作合规稳健，成立以来或最近 3 年没有重大违法违规行为；（6）中国证监会规定的其他条件。

在上述规定中，"2 年""200 亿元"等量化要求非常严格，这是因为能够达到这样标准的基金公司都是具有较好发展状况的公司，这是证监会对养老目标基金的特别关注，是对养老目标基金投资人的特别呵护。

在对其他各类型公募基金产品的监管过程中，证监会从来就没有给出过如此具体的规定，这正好是从另一个角度证明了监管层对此类基金的重视程度。从过往的市场情况来看，并非所有的公司在经过了一定时间的运作之后就一定能够取得良好的发展结果，并且，就当前的基金市场发展格局来看，非货公募资产的 200 亿元量化入门标准，达到了此标准的公司，理论上会有一个较好的发展状况。那么，让这样的公司来管理养老目标基金，相关各方才会有一个基本的安全保障。

7. 证监会对养老目标基金的基金经理有什么样的要求？

中国证监会 2018 年 2 月 11 日发布了《养老目标证券投资基金指引（试行）》规定，基金管理人应当优先选择具备以下条件的投研人员担任养老目标基金的基金经理：（1）具备 5 年以上金融行业从事证券投资、证券研究分析、证券投资基金研究评价或分析经验，其中至少 2 年为证券投资经验；或者具备 5 年以上养老金或保险资金资产配置经验；（2）历史投资业绩稳定、良好，无重大管理失当行为；（3）最近 3 年没有违法违规记录；（4）中国证监会规定的其他条件。

证监会给出这样的要求，也是为了更好地保护好养老目标基金投资者的合法权益，为了让养老目标基金能够充分有效地实现相关的投资运作要求。“5 年”“2 年”，这是证监会对于养老目标基金管理者给出的明确的量化要求指标，就当前各类基金管理者的情况来看，这是最高标准的要求了。如此高标准的背后，是阅历和经历的叠加，是对专业知识与技能的基本考量，是未来合规管理与较好业绩的基本保障，是对养老目标基金发展的呵护，是对中国养老保障事业第三支柱建设的鼎力支持！

8. 证监会对养老目标基金还有哪些独特的要求？

中国证监会 2018 年 2 月 11 日发布了《养老目标证券投资基金指引（试行）》规定：（1）养老目标基金可以设置优惠的基金费率，并通过差异化费率安排，鼓励投资人长期持有。（2）基金管理人、基金销售机构向投资人推介养老目标基金，应当遵循以下原则：根据投资人年龄、退休日期和收入水平，向投资人推介适合的养老目标基金，引导投资人开展长期养老投资；向投资人推介的目标日期基金应与其预计的投资期限相匹配。（3）养老目标基金应当在基金名称中包含“养老目标”字样且反映基金的投资策略。采用目标风险策略的基金还应当在基金名称中明确产品风险等级。其他公募基金，不得使用“养老”字样。

通过上述对于养老目标基金的系列独特要求，可以看到监管机构的良苦用心，第一，通过适度降低管理费率，来促进投资者提高收益；第二，是对投资者适当性制度的进一步贯彻和落实；第三，是为了让养老目标基金更加醒目，更加容易辨识。总之，一切都是为了促进养老目标基金的稳健发展，是政府所承担的监管与规范市场职责的重要体现。

从居民储蓄与经济增长的关系来看，建设第三支柱养老金是改善家庭资产配置、推动经济增长的重要途径。养老金事关全民福祉和社会未来，在养老金顶层制度设计上，在养老金制度的细节完善上，我们没有犯错误的机会。建设一个普惠、透明、高效的第三支柱养老金服务体系，是全社会的共同理想，是包括公募基金在内的资产管理业服务社会的方向。

9. 养老保障的三大支柱各有什么样的内涵，现状如何？

养老保障是社会保障体系的重要组成部分，当前，我国虽然已经初步形成了国家基本养老、企业补充养老、个人补充养老这三大支柱相结合的养老保障体系，但发展不均衡的问题十分突出。截至 2015 年末，养老金的总规模合计为 4.4 万亿元，但三大支柱的具体情况相差非常大。

作为第一支柱的国家基本养老，是政府兜底的公共养老金，旨在保障全体国民的养老安全，实行现收现付制。截至 2015 年末，基本养老金的总规模合计为 3.5 万亿元，占比为 79.55%。当前，基本养老保险“一支独大”，且面临一系列问题：如充足性有限、可持续性面临挑战，等等。

作为第二支柱的企业补充养老金，或曰：职业养老金，企业年金，政府给予税收优惠，单位和个人共同缴费，完成积累。第二支柱属于自愿性缴费，缴费负担以企业为主，自 2004 年设立至今，覆盖面有限，涉及人数不足 3000 万人。截至 2015 年末，企业年金的总规模为 0.9 万亿元，占比为 20.45%。

第三支柱：个人养老储蓄计划，是与前两大支柱互补的，带有一定个人改善性质的养老。政府对此给予税收优惠，个人自愿参加，完成积累。第三支柱的核心是实现政府、单位和个人三方的养老责任分担。这个方面的相关工作近几年才刚刚开始，尚处于市场自发探索阶段，包括养老目标基金。

1991 年发布的《国务院关于企业职工养老保险制度改革的决定》提出：“逐步建立起基本养老保险与企业补充养老保险和职工个人储蓄性养老保险制度相结合的制度”，明确我国养老保障将建成包括以上三个部分的三支柱的养老保障体系。但经过二十多年的发展，目前我国市场的现状是：第一支柱独大，第二支柱是短板，第三支柱还比较薄弱，远没有达到前两大支柱多惠及到的人数规模，正需要我们大家的共同参与、共同努力，而养老目标基金就是其中非常重要的组成部分。

10. 如何做好对于养老目标基金的“第一笔投资”？

每一个类型的基金，都是为了满足某一个特定的投资需求而存在。养老目标基金，顾名思义，就是为了未来的养老，因为目的明确，所以就天然地具有了“超长期投资”的典型特点，即投资时间高于 5 年，甚至 10 年、20 年、30 年，实际时间将有多长，完全要根据投资者开始进行养老投资的起始年龄来确定。

在对养老目标基金进行投资时，有两种不同的投资行为，即“第一笔投资”和“持续投资”，并辅之以不同的投资方式和相应的投资额度参照标准。

如何做好对于养老目标基金的“第一笔投资”？有两个要点：一是，认购、申购都可以。对于养老目标基金的“第一笔投资”，是养老投资的起点，投资的方法既可以是认购，也可以是申购。当前正处于行业发展的初期，参与的人非常少，新养老目标基金的发行数量较多，因此认购不失为一种较好的起始方式，且应该是相对主要的方式。当然，参照一下那些已经开始运作的养老目标基金不足一年的“历史业绩”，做一些有限的选择，然后择优申购，也可以。

二是，“第一笔投资”的起始金额大小有参照。做“第一笔投资”，主要目的是为未来的养老投资奠定一个略微厚实些的底仓，这个底仓，要有一定的规模，但不可太过分。因此，具体金额的大小，应该根据投资者要做“第一笔投资”时的积蓄情况来定，如个人已有积蓄的 5%，或 10%，等等，每个人视自己当时的总体积蓄情况来定个比例，可多，可少，以不会影响到退休之前的生活质量为主要参考标准。

11. 为什么要选择公募基金来运作养老目标基金?

养老目标基金是我国养老保障体系建设中的第三支柱，公募基金行业参与养老金投资管理历史悠久，早已为服务养老金第三支柱积累了丰富经验，目前已经进行市场化投资运营的养老金资产里，全国社保 18 家境内委托管理人中，公募基金公司占据 16 席，管理资产占比超过 90%；第一支柱基本养老保险 21 家社会管理人中，14 家是公募基金公司；第二支柱企业年金 22 家投资管理人中，11 家是公募基金，由此来看，公募基金始终是养老金最重要的投资管理人之一。

公募基金行业发展二十多年来，已经培育出了一大批专业的、规范的投资管理人才和队伍。公募基金的制度性优势突出，是参与第三支柱建设的重要力量。公募基金参与养老金第三支柱是着力完善我国多层次养老金体系的重要内容，也是行业发展的必然选择。

公募基金是法规最严格、信息披露最完整规范透明的资产管理机构，而养老金管理所需要低风险能力和绝对收益能力，公募基金是可以做到的。管理养老金方面，公募基金将发挥出以下自身优势：（1）账户透明：公募基金的信息披露法规极严，投资者能清楚地知道自己的钱都投了些什么。（2）收费低廉：中国证监会 2018 年 2 月 11 日发布了《养老目标证券投资基金指引（试行）》规定：养老目标基金可以设置优惠的基金费率，并通过差异化费率安排，鼓励投资人长期持有。（3）潜在回报更高：长期来看，往往是不承诺最低收益的长期收益更高，而公募基金立法不允许承诺最低收益，因为公募 FOF 投资权益资产，且配置比例可以相对更为灵活、仓位最高可以达到 80%，长期收益或能优于其他类型的养老产品。

12. 为什么要通过养老目标基金的方式进行养老投资？

首先，在我国当前的养老体系三大支柱中，发展状况极不均衡：第一支柱占有近 80% 的规模，但仅仅能够满足大家最为基本的生活需求，并且，即使是这些，根据测算，在 2035 年之后，还有可能陷入支付的困境；第二支柱是企业主导的、以企业年金方式为主的养老金模式，但惠及的人口不足 3000 万人，覆盖面太小。目前，在“单位 + 个人”分担的缴费机制之下，无论是强制性的第一支柱，还是自愿性的第二支柱，都无法对全体国民提供足够的、有效的养老保障。因此，从养老体系建设的角度来看，设立与前两大支柱功能互补的第三支柱意义重大；从居民储蓄与经济增长点的关系来看，建立第三支柱养老金是改善家庭资产配置、推动经济长期增长的重要途径。

其次，第三支柱的构建目前已经开始试点，具体的方法是：由国家立法，按照自愿参与的原则，个人根据自己的经济状况对未来的养老保障进行储备，通过与金融机构签订受托协议来设立个人养老金账户，政府可适当提供税后优惠，有金融机构提供多样化的金融产品，政府承担监管和规范市场的职责。在第三支柱所使用的金融工具里，养老目标基金有望成为其中的三大重要选项之一。

再次，即便目前暂时没有养老投资个人税收递延减免的优惠存在，作为公募基金中一个全新的细分品类并且是以 FOF 方向进行运作的养老目标基金，也非常值得广大投资者将其作为养老保障投资的备选，这是由公募基金的内在优势、FOF 这种投资方式的内在优势等共同决定的。

13. 全国社会保障基金、基本养老保险基金、企业年金、养老目标基金在投资范围，以及权益类投资方面有什么主要区别？

它们的区别主要在于对于权益类资产投资比例，具体情况如下：

（1）全国社会保障基金可以参与境内与境外的投资，资产配置的范围非常广泛，自运作以来，过去 19 年间，年化收益率达到了 8.4%。

（2）基本养老保险基金与企业年金只能参与境内投资。

（3）前三类资金都可以投资于权益类资产，全国社会保障基金权益类资产投资比例上限为 40%，而基本养老保险基金及企业年金的权益类投资比例上限为 30%。

（4）中国证监会 2018 年 2 月 11 日发布了《养老目标证券投资基金指引（试行）》规定，养老目标基金应当采用定期开放的运作方式或设置投资人最短持有期限，与基金的投资策略相匹配。养老目标基金定期开放的封闭运作期或投资人最短持有期限应当不短于 1 年。证监会还规定：

养老目标基金定期开放的封闭运作期或投资人最短持有期限不短于 1 年、3 年或 5 年的，基金投资于股票、股票型基金、混合型基金和商品基金（含商品期货基金和黄金 ETF）等品种的比例合计原则上不超过 30%、60%、80%。由此来看，养老目标基金的投资运作比前三类资金更为灵活，收益预期有望更高一些。

其实，除了上述区别之外，我们更应该看到它们之间共性：公募基金管理公司。养老目标基金是我国养老保障体系建设中的第三支柱，公募基金行业参与养老金投资管理历史悠久，早已为服务养老金第三支柱积累了丰富经验，目前已经进行市场化投资运营的养老金资产里，全国社保 18 家境内委托管理人中，公募基金公司占据 16 席，管理资产占比超过 90%；第一支柱基本养老保险 21 家社会管理人中，14 家是公募基金公司；第二支柱企业年金 22 家投资管理人中，11 家是公募基金，由此来看，公募基金始终是养老金最重要的投资管理人之一，完全值得信赖。

14. 养老金投资的基本原则是什么？公募基金在其中的作用如何？

（1）要实行分散投资，要进行不同资产类别的组合，要根据不同性质养老资金安全性的要求和风险承受能力进行不同比例资产的配置。

（2）要进行专业化投资。养老金的管理必须实现专业化，要经过市场化的遴选机制选择专业性强的机构投资者，透明度高，运作规范，为养老金的安全运营和保值增值提供比较好的保障。

（3）要坚持长期投资的原则。国际上的养老金作为机构投资者一般会秉承长期投资、价值投资的理念，投资周期往往达到十年，甚至三十年，使得最终能和社会经济发展的回报相适应。

对于上述三项原则，公募基金长期以来一直在努力践行着。公募基金拥有 20 年的专业投资经验，能够充分发挥养老金第三支柱的“长钱”优势，实现长期稳健收益。据中国证券投资基金业协会统计，公募基金成立 20 年，偏股型基金年化收益率为 16.18%，超出同期上证综指平均涨幅 8.5 个百分点，跑赢上证综指 1 倍；债券型基金平均年化收益率为 7.64%，超出现行 3 年期银行定期存款基准利率 4.89 个百分点。

公募基金行业参与养老金投资管理历史悠久，为服务养老金管理积累了丰富经验，目前已经进行市场化投资运营的养老金资产中，包括全国社保基金、企业年金及部分基本养老金，其中约 60% 由基金公司投资管理，公募基金始终是养老金最重要的投资管理人之一。公募基金行业发展 20 年来，培育了一大批专业的投资管理人才和队伍。公募基金制度性优势突出，是参与养老金管理的重要力量。更为重要的是，公募基金参与养老金第三支柱管理，是着力完善我国多层次养老金体系的重要内容，也是行业发展的必然选择。

15. 个人每月缴纳的养老金算养老投资吗？为什么还要额外地投资养老目标基金？

个人每月缴纳的养老金，即第一支柱：参与了国家的基本养老。个人每月扣除的那部分养老金，相当于国家强制为大家做的理财计划：将现在年轻人工资中的一定比例交养老金，用来赡养已经退休的老人，等我们退休后，也可以每月领到下一代缴纳的养老金，类似于“现收现付制”。因为是强制性的养老金来源，如果定得太高，年轻人的收入就会被压垮，所以，这部分养老金可能只满足老人们的“基本生活所需”。

当前，在“人口老龄化”和“社会少子化”这两大因素的共同作用下，国家基本养老的“现收现付制”面临着难以持续的巨大压力，即养老金的主要来源是当前正在工作的年轻人缴付的养老金，而老人的数量——

占比——却是在不断地增加。根据社科院《改革内参·高层报告》的测算，我们即将面对的老龄化社会将是这样的：2005 年，我们是 6 个年轻人养一个老人；2025 年，我们将是 3 个年轻人养 1 个老人；而到了 2050 年，我们将是 2 个年轻人养一个老人。由于历史的原因，人口结构现状已经形成，老龄化趋势将会快速发展，并在今后较长的一段时间里还将延续，对于这样的社会现实，我们必须正视。

一方面，基本退休金仅能保障基本生活，基本养老保险金和企业年金（少数人有）金额有限，基本养老保险主要配置低息存款，企业年金权益资产上限为 30%，投资收益较低，保障作用较为有限；另一方面，退休金既无法提供一种能够维持退休前生活水准的需要，更无法满足大额开支，如子女购房、医疗等，也无法畅快享受美好生活，如说走就走的舒适旅游等，因此，想要追求更加美好的退休生活，提前规划养老、手握充裕的养老金是至关重要的，而这就涉及了额外地、尽早地投资养老目标基金这样一个非常现实且非常有必要的问题。

第七章 QDII 基金

2016 年末，曾有主流媒体的记者在 QDII 基金入市 10 周年之际采访我，想让我这个过来人谈一谈对于 QDII 基金发展情况的看法，我告诉她："别采访我了，因为 QDII 基金是一个至今依然在泥潭中苦苦挣扎的、命运多舛的类别。"

之前，我曾经写过数百万字的研究报告，总共写过 12 本投资基金方面的专业书籍，QDII 基金在其中的内容占比或少、或无，为什么？因为 QDII 基金发展得太艰难了！艰难的甚至让我曾经一直看不到此类基金的希望和未来在哪里。

今天，我把 QDII 基金单独作为一章列入此书中，是因为中国的公募基金行业经过了超过 13 年的曲折和探索之后，有着中国专业化资产管理机构之标杆这个光环的公募基金公司，已经可以初步担当起独立走向国际投资市场的重任了，大发展之际即将到来。本章内容如果有与监管规定不一致的地方，请以监管的要求为准。

一、超越十三年的涅槃

QDII 基金，曾经寄托了参与各方多角度、多层次、多年份、多市场的梦想，层层叠叠、反反复复、前前后后、大大小小的期望，13 年多来一直在历尽艰辛、幡然醒悟、艰苦卓绝、东山再起地发展着，以下四幅统计图，既是对于 QDII 基金发展历程的全方位回顾，也是对于 QDII 基金涅槃再生的期冀。

参看图 1，QDII 基金自成立以来的产品数量变动情况（按年统计），从 2007 年金秋的最初 4 只，到 2020 年年末的 164 只，不仅仅是在数量方面有了大幅度的增加，在种类和投资范围方面，也有很大的扩展，从权益到固收，从主动型产品到被动型产品，从常规基金到类似 FOF，从少数几个国家和地区的市场到更多国家的市场，等等，全面发展的基础已经初步奠定。

图 1：QDII 基金自成立以来的产品数量变动情况（按年统计）

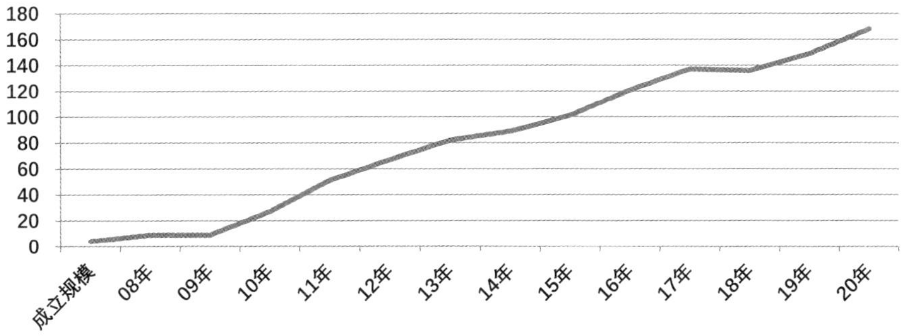

数据截止日期：2020 年 12 月 31 日

数据来源：百嘉基金管理有限公司

单位：只

参看图 2，QDII 基金自成立以来所管理的资产总规模变动情况（按年统计），13 年前超级高调起步，4 只 QDII 基金成立时，经配售之后的合计总规模为 1193.76 亿元，之后，便是长达 12 年多的“停滞、不长进”——合计资产总规模一直低于起步，即便数量在不断地增加。在 2016 年，曾经有过昙花一现地再过 1000 亿元的规模，然后直至 2020 年，才不仅重新超过了 1000 亿元整数关，更是有 4 个月份超过了具有特定意义的 1200 亿元，年末为 1288.94 亿元，为此类基金上市以来的最高规模！

根据中国证券投资基金业协会公布的数据，截至 2021 年 2 月 28 日，QDII 基金的数量为 167 只，资产总规模为 1633.72 亿元。

观察某一类产品的发展状况，在所有的统计数据中，规模的数据最重要。规模变化的原因通常有两个方面，一个是投资者的认（申）购、赎回行为，另一个是基金所持资产市值的涨跌，其中前者是主要的。在开放式基金中，由于投资者的交易行为通常不会受到任何限制，大家可以自由认

（申）购、赎回相关产品，因此，规模的自然变动，能够最忠实地反映出投资者的心态。

图 2：QDII 基金自成立以来所管理的资产总规模变动情况（按年统计）

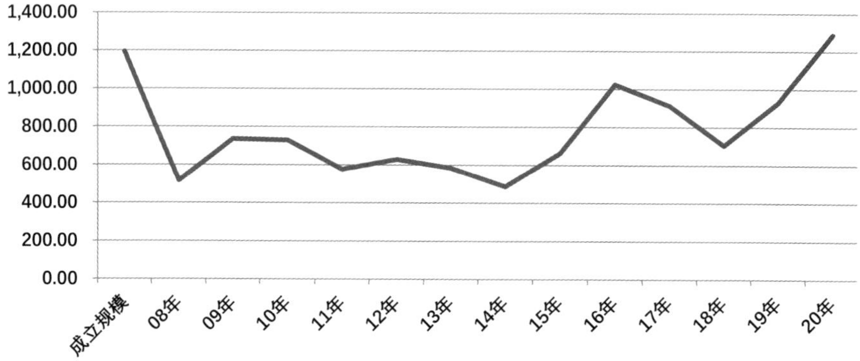

数据截止日期：2020 年 12 月 31 日
数据来源：百嘉基金管理有限公司
单位：亿元

参看图 3，QDII 基金自成立以来的产品平均规模变动情况（按年统计），完全就是一种非常典型的暴跌之后躺在底部长期起不来的走势。具体来看，造成前期基均暴跌的原因主要在于：（1）2007 年的行情太疯狂！（2）2008 年的全球金融危机突然爆发。（3）4 只 QDII 基金的净值下跌速度太快、太低，远超我们自己投资于国内市场的基金。（4）前四只基金都聘请的境外投顾来作为研究支持，但实践证明，他们没用，后来，大家都解聘了他们。（5）那些从境外高薪聘请来的、管理 QDII 产品的基金经理，让投资者很失望。（6）初期，每只 QDII 基金 300 亿元的募集上限，即便是在 13 年后的现在，也都是再也无法企及的天量，如此巨量的背后，是近 702 万客户深深的失望与无奈，这个数量，在 13 年前的市场中占有很大的比重，且影响深远。

在那之后的 10 多年时间里，是 QDII 基金的业绩表现一直缺乏亮点，叠加业内自身对于海外市场研究力量的薄弱，反复循环地影响着它的表现。基均规模在 2012 年跌破 10 亿元，在 2018 年最低达到 5.19 亿元。2020 年末，基均规模已经回升到了 7.67 亿元，再叠加上其他的一些基本面积极因素，QDII 基金有望在不久的将来走出困境，继续发展。

图 3：QDII 基金自成立以来的产品平均规模变动情况(按年统计)

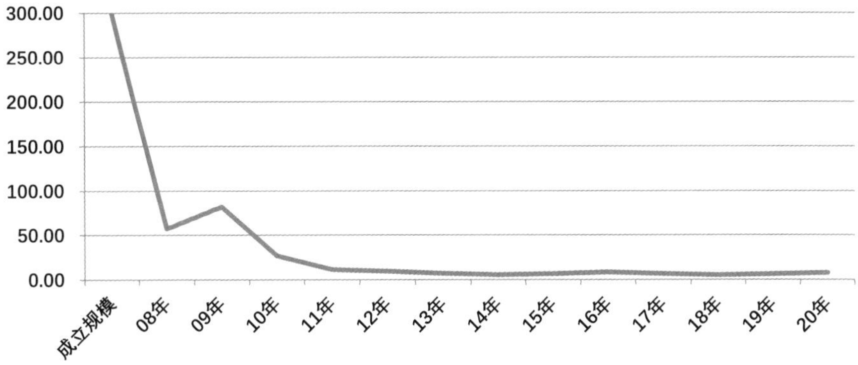

数据截止日期：2020 年 12 月 31 日
数据来源：百嘉基金管理有限公司
单位：亿元

参看图 4，QDII 基金自成立以来在公募基金中的占比变动情况（按年统计），总体上也是一种典型的长期下降表现。2007 年起步时，QDII 基金的占比是 3.92%，但次年便立即减少一个多百分点，为 2.76%，之后还是一路下降，2017 年之后，是连续四年低于 1.00%。2018 年，最低值为 0.54%，为最低值，之后，才是连续两年的缓步回升，分别回升到 0.63% 和 0.65%。2020 年，占比值虽然只提高了 0.02 个百分点，但其重要意义在于：该年是国内市场基金的大发展年，尤其主动权益类基金的大量爆款，使得公募基金的总规模增加得非常快，至年末是已经接近 20 万亿元。在这样的一种市场大背景情况下，QDII 基金也同步默默地获得了一些发展。

图 4：QDII 基金自成立以来在公募基金中的占比变动情况（按年统计）

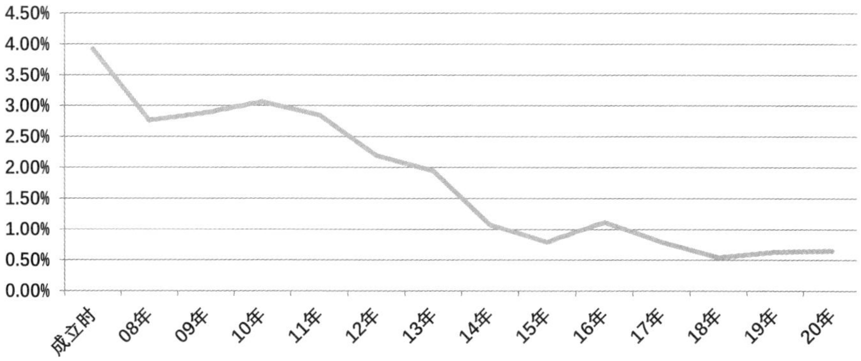

数据截止日期：2020 年 12 月 31 日

数据来源：百嘉基金管理有限公司

二、现有 QDII 基金的业绩情况

表 1：QDII 基金的业绩表现

分类级别	基金类型	基金数量	2020 年平均净值增长率	成立以来平均累计净值增长率	成立以来平均年化净值增长率
一级分类	全部 QDII 基金	164	15.41%		
二级分类	QDII 股票基金	82	17.87%		
	QDII 混合基金	39	38.42%		
	QDII 债券基金	27	-1.54%		
	QDII 其他基金	16	-21.03%		
三级分类	QDII 股票型基金	67	18.45%	67.21%	9.35%
	QDII 跨境股票 ETF 基金	15	14.69%	64.16%	13.02%
	QDII 混合基金	39	38.42%	74.87%	13.74%
	QDII 债券型基金	27	-1.54%	16.04%	3.25%
	QDII 商品基金	11	-22.13%	-36.95%	-7.61%
	QDII 房地产信托基金	5	-18.62%	28.31%	3.26%

数据截止日期：2020 年 12 月 31 日

数据来源：百嘉基金管理有限公司

统计方法：（1）对于不同的基金，有不同的建仓期安排，从 1 个月到 3 个月不等。(2) 成立以来平均累计净值增长率，统计的是所有的基金。(3) 成立以来平均年化净值增长率，统计的是成立时间在 1 年以上的基金。

对于 QDII 基金的业绩观察，我们可以从三个产品分类的层级来看，由此可以得到对于 QDII 基金业绩较为全面的观察和认知。

1. 全部 QDII 基金的业绩表现

参看表 1，截至 2020 年年末，全部 QDII 基金的年平均净值增长率为 15.41%。这个业绩好不好？我们从不同的评价角度，可以得到不同的结论。

一是，与国内的基金相比，尤其是与 2020 年超级红火的主动权益类基金相比。这是当前市场上较为广泛使用的一种比较，得出的结论自不必赘言。但是，这种比较方法是不专业的、不准确的，存在着很大的误导，因为前者是某一类基金的全部，而后者是另一类基金里阶段性表现最好的一个策略类型。

不同类型的基金，有着不同的风险收益特征。同理，投资于不同市场的基金，也有着不同的风险收益特征，各种各类基金的可配置价值，正是由此而生。QDII 基金的内在投资价值，表面上在于其与国内市场的风险隔离，实质上，在于国际市场的特定配置价值。

二是，与 QDII 基金自身的过往业绩对比。往前看 3 年，即 2019 年、2018 年、2017 年，全部 QDII 基金的平均净值增长率分别为 21.12%、-8.61%、25.20%。2020 年，QDII 基金业绩表现的最大亮点，在于其连续两年的平均净值增长率都有两位数的增长。

这很不容易，因为：（1）在过往的三年里，QDII 基金的数量分别是 137 只、136 只、149 只，而 2020 年年末，QDII 基金的数量是 164 只，年净增加 19 只，是近几年里净增量最多的一年，数量的增加，摊薄的“风险”就越大；（2）另外，仅仅投资于越南、法国、英国、印度、日本等单独国家市场的 QDII 基金，以及债券型 QDII 基金的数量增多，也会在一定程度上摊薄本大类基金的平均收益。

2. 二级分类视角下的 QDII 基金业绩表现

参看表 1，在二级分类的情况下，我们就可以对 QDII 基金在 2020 年的业绩表现有一个更为明晰的观察，二级分类的方法，与我国的法定基金分类标准一样，具体的业绩表现情况为：

QDII 股票基金：82 只，17.87%；

QDII 混合基金：39 只，38.42%；

QDII 债券基金：27 只，-1.54%；

QDII 其他基金：16 只，-21.03%。

以二级分类的专业视角，把 QDII 基金的业绩重新排列之后，我们可以有新的发现：QDII 混合基金的绩效表现最好；QDII 其他基金的绩效表现最令人诧异。

不过，做二级分类，只是专业化对于 QDII 基金绩效分析的必须中间步骤，更为有效、更为贴近实战的绩效观察，是三级分类。

3. 对于 QDII 基金业绩表现更为细致的观察

参看表 2，在三级分类项下，我们从三个角度来观察细分之后各个类型基金的业绩：2020 年平均净值增长率、成立以来平均累计净值增长率、成立以来平均年化净值增长率。

（1）QDII 股票型基金和 QDII 股票 ETF。

这是对于 QDII 股票基金的细分，细分的标准在于投资策略，即主动与被动，不过，在统计的时候，把老式指基也归入了前者，这一是因为历史原因，二是因为 ETF 代表了市场的新兴发展方向。

从 2020 年的平均净值增长率来看，主动投资略胜一筹；从成立以来平均累计净值增长率来看，两者不相上下；从成立以来平均年化净值增长率来看，后者目前领先。二者都是做股票的，主动与被动，谁优谁劣，就好像是矛与盾之间的争吵。其实，在我看来，两者都是很好的，之后优与劣，要看使用者，也就是投资者了。

（2）QDII 混合基金。

无论是二级分类、三级分类，QDII 混合基金还是 QDII 混合基金。看业绩，无论是 2020 年平均净值增长率，还是成立以来平均累计净值增长率、成立以来平均年化净值增长率，三项指标，都是三级分类项下最高的。由此来看，混合基金有望获得投资者最多的青睐。

（3）QDII 债券基金。

参看表 2，一方面，由于大家对于境外市场的了解程度有限；另一方面，尤其市场规则、交易规则等方面的种种隔阂与限制，在 QDII 债基基金方面，目前暂无细分。从 2020 年平均净值增长率、成立以来平均累计净值增长率、成立以来平均年化净值增长率这三个角度来看，总体绩效表现较为有限，总体上对于投资者的吸引力有待提高。

（4）QDII 商品基金和 QDII 房地产信托基金。

当年，在为证券投资基金制定相关法律法规的时候，在基金分类方面，为了给未来的创新留出空间，就给出了一个“其他基金”这个内涵与外延均无边界的类型。现在，在“其他基金”可以包容一切创新的基金类型里，QDII 商品基金和 QDII 房地产信托基金就属于“后来的创新”。

参看附表，从 2020 年平均净值增长率、成立以来平均累计净值增长率、成立以来平均年化净值增长率这三个角度来看，尤其是前者，即 QDII 商品基金，上述三项统计全为负值：-22.13%、-36.95%、-7.61%。这些数字说明了什么？是这些基金不好吗？其实，该如何回答，就看您站在什么样的立场了。

什么是好基金？涨的？跌的？都不是！能够让投资者赚钱的，才是好基金。净值在涨的基金，当然好。但是，您持有了吗？市场是有波动的，在无止境的波动过程中，最好的投基机会就是跌出来的。

由此来看，净值在跌的基金，到底是好还是不好呢？您若在低位、在底部开始了持有，就是好基金。以 QDII 商品基金为例，此类型中的基金有三个典型特征：被动型；大宗商品；定价与国际市场高度挂钩。此类型中的一些基金，净值在 2020 年 12 月份见底，至本书编写时的 2021 年春节，净值已经上涨了 50% 左右，这可是它们在短短两个月时间里的净值表现啊！

基金，无论何种基金，都是投资工具。投基的关键，就是如何使用好这些工具。

表 2：QDII 基金三级细分项下的总体表现情况

基金类型	基金数量	2020 年平均净值增长率	成立以来平均累计净值增长率	成立以来平均年化净值增长率
QDII 股票型基金	67	18.45%	67.21%	9.35%
QDII 跨境股票 ETF 基金	15	14.69%	64.16%	13.02%
QDII 混合基金	39	38.42%	74.87%	13.74%
QDII 债券型基金	27	-1.54%	16.04%	3.25%
QDII 商品基金	11	-22.13%	-36.95%	-7.61%
QDII 房地产信托基金	5	-18.62%	28.31%	3.26%

数据来源：万得；各相关基金公司网站
数据截止日期：2020 年 12 月 31 日
数据整理：百嘉基金管理有限公司

第八章 公募 MOM

为促进证券期货经营机构资产管理业务的创新发展，规范管理人中管理人产品运作，保护投资者合法权益，为支持证券期货经营机构更好承接各类中长期资金的资产配置需求，为资本市场引入更多中长期资金，根据《证券投资基金法》《公开募集证券投资基金运作管理办法》（证监会令第104号）、《证券期货经营机构私募资产管理业务管理办法》（证监会令第151号）及其他有关法律法规，2019年12月6日，中国证监会发布了《证券期货经营机构管理人中管理人（MOM产品）产品指引（试行）》（以下简称为《指引》），自发布之日起施行。

2021年1月13日，建信基金管理有限公司发布《建信智汇优选一年持有期混合型管理人中管理人（MOM产品）证券投资基金招募说明书》，这预示着中国的MOM产品正式起步，未来的一切，值得期待。本章内容如果有与监管规定不一致的地方，请以监管的要求为准。

一、与MOM产品相关的规范要求

1. 什么是MOM产品？运作模式是什么样的？

管理人中管理人（Manager of Managers，以下简称“MOM产品”）产品是境外一类成熟的资产管理产品，具有“多元管理、多元资产、多元风格”的特征，既可以实现管理人大类资产配置的能力，又能发挥不同资产管理机构在特定领域的专业投资能力。

《指引》规定，MOM产品是指证券期货经营机构（以下简称“管理人”）管理的同时符合以下特征的资产管理产品：

（1）管理人按照《指引》要求，委托两个或者两个以上符合条件的第三方资产管理机构（以下简称“投资顾问”），就资产管理产品的部分或者全部资产提供投资建议；

（2）根据资产配置需要将资产管理产品的资产划分成两个或者两个以上资产单元，每一个资产单元按规定单独开立证券期货账户。

《指引》所称证券期货经营机构，是指证券公司、公募基金管理人、期货公司及前述机构依法设立的从事私募资产管理业务的子公司。证券期货经营机构设立资产管理产品并委托两个或者两个以上投资顾问的，适用本《指引》。

由此可见，MOM 产品在本质上还是一类基金，只是在投资运作的时候，原先的管理人会就部分或全部的基金资产，听取一些外部投资顾问的建议。理论上来看，MOM 产品可以汇集一些优选管理人的投资建议，有望取得良好的投资收益。

2. 管理人和投资顾问各自的基本职责是什么？

《指引》规定：（1）管理人委托投资顾问提供投资建议服务，依法应承担的责任不因委托而免除。

（2）投资顾问按照《证券投资基金法》相关规定接受管理人委托，在约定的权限范围内为特定资产单元提供投资建议等服务。

（3）管理人履行 MOM 产品的法定受托职责，负责投资决策及交易执行。

把上述（2）（3）两条结合起来看，通俗地理解即：投资顾问就是顾问，提供投资建议，其相关职责不得转授予其他机构；MOM 产品管理人履行法定管理人的受托职责，负责投资决策及交易执行。

3.MOM 产品的设立有哪两种方式？

MOM 产品可以通过公开募集方式或者非公开募集方式设立，即：未来的 MOM 产品，可以有公募产品、私募产品这两种方式。由于私募产品没有法定的、完整的、规范的、公开的、及时的信息披露，本书所关注的 MOM 产品，都是公募产品。

所谓的公募产品，有三个重要特点：第一，公开发行；第二，面向所有的投资者；第三，可以公开宣传。

4. 管理人拟发行公募 MOM 产品，应提交什么材料？

根据《指引》，注册公开募集 MOM 产品，管理人应当向中国证监会提交下列材料：

（1）《证券投资基金法》《公开募集证券投资基金运作管理办法》要求的公开募集证券投资基金注册申请文件；

（2）拟聘请的投资顾问情况及投资顾问协议；

（3）投资顾问选聘、考核、解聘等管理制度；

（4）中国证监会规定的其他文件。

另外，备案非公开募集 MOM 产品，管理人应当按照《证券投资基金法》《证券期货经营机构私募资产管理业务管理办法》等要求向中国证券投资基金业协会提交相关产品备案材料。

5.MOM 产品的账户是如何运作的？

根据《指引》，管理人或托管人应当按照规定办理 MOM 产品及各资产单元证券期货账户的开立、变更、注销等业务。

这个规定，与现有公募基金的规定完全一致，即保持各个账户的独立性。就 MOM 产品本身来说，账户之间的独立，还有利于管理人对各个投资顾问进行业绩考核。

6. 管理人与投资顾问之间的投顾协议包括哪些内容？

根据《指引》，管理人应当与投资顾问签订投资顾问协议，内容包括但不限于：

（1）管理人与投资顾问双方的权利义务；

（2）资产单元的投资目标、投资范围、投资策略、投资禁止行为等；

（3）资产单元估值核算相关安排；

（4）投资顾问的投资经理、核心投研人员等主要人员配备情况；

（5）投资顾问的费用收取；

（6）协议终止的情形、程序等；

（7）可能影响 MOM 产品运作及投资者保护的其他事项。

7. 管理人的职责有哪些？

根据《指引》，管理人承担的职责包括但不限于：

（1）科学划分资产单元；

（2）建立合理的投资顾问选聘、评估、更换机制及流程，对投资顾问进行充分的尽职调查；

（3）聘请符合条件的投资顾问，对投资顾问持续进行监督评估，并定期进行回访，回访频率不少于每年 1 次；

（4）办理投资顾问注册、备案等相关事宜；

（5）做出投资决策，负责交易执行；

（6）对 MOM 产品及各资产单元分别进行估值、核算；

（7）对 MOM 产品进行整体的风险控制，确保产品的投资运作符合法律规定及合同约定；

（8）对各资产单元的每笔交易执行情况实行留痕管理，保存期限不得少于 15 年；

（9）将资产单元的交易执行、持仓信息等相关情况按约定反馈相应投资顾问；

（10）依法编制 MOM 产品的信息披露文件，定期披露投资顾问信息及产品的投资运作情况；

（11）法律法规规定的其他职责。

总之，管理人应当建立完善的投资顾问管理制度，制定投资顾问选聘、监督、考核、评估、解聘标准和流程，健全决策程序和授权机制，明确投资决策委员会、投资总监、投资组合经理等各投资决策主体的职责和权限划分。

管理人还应当对投资顾问的投资研究能力和合规风控能力开展审慎尽职调查，加强对投资顾问的监督评估，及时解聘或者更换不合格投资顾问。

另外，管理人还应当制定科学、清晰的 MOM 产品投资策略，并根据投资策略合理确定投资顾问数量及各资产单元资产规模。

8. 投资顾问的职责是什么？

根据《指引》，投资顾问承担的职责包括但不限于：

（1）按照投资顾问协议约定为特定资产单元提供投资建议；

（2）及时向管理人报告与资产单元相关的重大事项；

（3）公平对待不同资产，严禁直接或者通过第三方的交易安排在不同资产之间进行利益输送；

（4）法律法规规定的其他职责。

投资顾问不得将服务职责转授予其他机构。投资顾问违法违规的，应当承担相应的法律责任。

另外，投资顾问应当建立健全公平交易等风险管理制度和流程，将 MOM 产品投资建议活动与自身投资管理活动一并纳入公平交易管控，不得泄露与 MOM 产品投资运作相关的非公开信息，对可能导致不公平交易和利益输送的异常交易行为进行监控，定期形成公平交易分析报告备查。

9. 担任公募 MOM 产品管理人，有什么条件？

《指引》规定，申请募集 MOM 产品，拟任管理人应当符合《公开募集证券投资基金运作管理办法》《证券期货经营机构私募资产管理业务管理办法》等法规关于资产管理产品管理人的相关要求，并持续具备专门的投资研究团队，专职从事 MOM 产品或基金中基金产品相关投资研究人员不少于 3 人。

10. 担任投资顾问，有什么要求？

《指引》规定，拟任公开募集 MOM 产品的投资顾问应当为公募基金管理人。即：公募产品的一切，都是在公募圈子里循环。

拟任非公开募集 MOM 产品的投资顾问应当符合《证券期货经营机构私募资产管理业务管理办法》《证券期货经营机构私募资产管理计划运作管理规定》（证监会公告〔2018〕31 号）等法规关于资产管理产品投资顾问的相关要求。

11. 担任公募 MOM 产品的投资经理，有什么要求？

《指引》规定，拟任公开募集 MOM 产品的投资经理，应当符合下列要求：

（1）具备 5 年以上金融行业从事证券期货投资、证券期货研究分析、证券投资基金研究评价或分析经验，其中至少 2 年为证券期货投资经验；或者具备 5 年以上养老金或保险资金资产配置经验。

（2）历史投资业绩稳定、良好，无重大管理失当行为；

（3）最近 3 年没有重大违法违规记录；

（4）中国证监会根据审慎监管原则规定的其他要求。

12.MOM 产品如何收费？

《指引》规定，投资顾问收取的投资顾问费用应当从管理人收取的管理费中列支，具体由管理人与投资顾问自主约定。

管理人不得向未提供实质服务的投资顾问支付费用，支付的费用应当与投资顾问提供的服务相匹配。

总之，投资 MOM 产品，不会增加投资者额外的负担。

13. 实际运作 MOM 产品时，还有哪些细节要求？

MOM 产品应当在产品名称中标识“管理人中管理人（MOM 产品）”字样。公开募集 MOM 产品资料概要或者非公开募集 MOM 产品风险揭示书应当向投资者充分揭示产品的特定风险。管理人应当要求投资者以纸质或电子形式确认其了解产品特征及相关风险。

MOM 产品应当在基金合同或者资产管理合同中详细列明 MOM 产

品的投资目标、策略、范围，资产单元划分标准，投资顾问选择标准，投资顾问基本信息等核心产品要素。

投资顾问基本信息包括但不限于：投资顾问名称、注册地址、办公地址、法定代表人、成立时间、联系人及联系方式等。

MOM 产品应当在定期报告中披露各资产单元的规模及占比、管理人与投资顾问及不同投资顾问之间是否存在关联关系等信息，在年度报告中披露投资顾问当年获得的投资顾问费用及占基金年均资产净值的比例等。

MOM 产品运作期间，投资顾问调整或者发生其他可能对基金运作产生重大影响事件的，管理人应当及时公告，并在更新的招募说明书或者计划说明书中予以说明。

14.MOM 产品变更投资顾问时，需要注意什么？

投资顾问的身份并非永久的，如果顾问的不好，就会被替换。《指引》规定，MOM 产品变更投资顾问应当依法履行变更注册或备案程序。

公开募集 MOM 产品变更投资顾问的，应当依法履行向中国证监会申请基金产品变更注册等法定程序。

非公开募集 MOM 产品变更投资顾问的，应当按照中国证券投资基金业协会的规定履行产品变更备案等程序，并抄报中国证监会相关派出机构。

法律法规或中国证监会另有规定的，从其规定。

15. 如何加强利益冲突防范及风险管控？

《指引》要求 MOM 产品的管理人与投资顾问均应针对非公平交易、异常交易、潜在利益输送行为等建立健全监控监测制度和流程。管理人应将投资顾问关联方一并纳入关联交易管控范畴，从事关联交易应当履行内部审批程序并定期评估审视，并且依法向投资者披露相关信息。

投资顾问应将 MOM 产品的投资建议活动与自身投资管理活动一并纳入公平交易管控，不得泄露与 MOM 产品投资运作相关的非公开信息，对可能导致不公平交易和利益输送的异常交易行为进行监控，定期形成公平交易分析报告备查。

管理人、投资顾问不得以MOM产品的资金与关联方进行不正当交易、利益输送、内幕交易和操纵市场。

MOM 产品依据法律法规及基金合同或者资产管理合同投资管理人、托管人、投资顾问及其控股股东、实际控制人或者与其有重大利害关系的公司发行或者承销的证券，或者从事其他重大关联交易的，管理人应当建立健全内部审批机制和评估机制，并遵守向投资者充分披露信息等法规要求。

管理人应当加强非公开募集 MOM 产品投资者资金来源的核查，严禁利用 MOM 产品违规开展配资、通道等业务。

二、MOM 产品案例

截至本书编辑之时，即 2021 年清明节之前，市场上仅有两只 MOM 产品，都已经成立。现就两只产品的基本情况给大家做一个简单的介绍，全部内容均来自相关基金公司网站。更为详尽的、完整的内容，请大家以相关基金公司的法定公开信息披露为准。

1. 建信智汇优选一年持有期混合型管理人中管理人（MOM）证券投资基金

（1）投资顾问

本基金拟聘请广发基金管理有限公司、景顺长城基金管理有限公司 2 名投资顾问。

（2）投资目标

本基金通过优选投资顾问为特定资产单元提供投资建议和灵活的投资策略，捕捉市场中的投资机会，并且采用有效的风险管理措施，降低波动风险的同时，争取获取稳定的收益。

（3）基金的投资组合比例

股票资产投资比例为基金资产的 30—75%；港股通标的股票投资比例不超过全部股票资产的 50%；每个交易日日终在扣除国债期货和股指期货合约需缴纳的交易保证金后，现金或到期日在一年以内的政府债券不低于基金资产净值的 5%，其中，现金不包括结算备付金、存出保证金、应收申购款等。

（4）投资策略

本基金为混合型管理人中管理人（MOM）证券投资基金，将通过优选投资顾问为特定资产单元提供投资建议。本基金的投资策略主要分为四个层次：大类资产配置策略、子资产单元划分策略、投资顾问选择策略和个券投资策略。

（5）大类资产配置策略

一是，战略性资产配置。本产品为风险收益特征相对平衡的基金。为了保持平衡的风险收益特征，本基金的长期资产配置比例为权益类资产和固定收益类资产 6∶4，并引入不同市场的权益资产增加组合的分散程度。本基金的战略资产配置方案为：A 股权益类资产的投资占比为 50%，港股权益类资产的投资占比为 10%，固定收益类资产的投资占比为 40%。

二是，战术性组合调整。为进一步增强组合收益并控制最大回撤，本基金根据对市场的判断对战略资产配置方案进行调整，可以将权益类资产占比最低调整到 30%，最高调整至 75%。

（6）子资产单元划分策略

本基金分为价值、成长和固定收益三个子资产单元，三个子资产单元间相关性较低，能够有效分散风险。本基金对价值和成长单元进行均衡配置，能够充分利用两者超额收益负相关所带来的分散化效果，达到熨平波动，稳健增值的目的。

（7）业绩比较基准

50%×中证800指数收益率+10%×恒生指数收益率+40%×中债综合财富指数收益率。

（8）发行日期

本基金自2021年1月20日至2021年2月3日通过基金管理人指定的销售机构发售，基金管理人可根据募集情况适当延长或缩短本基金的募集期限并及时公告。

（9）募集规模上限

本基金首次募集规模上限为50亿元人民币（不包括募集期利息）。基金管理人根据认购的情况可适当调整募集时间，并及时公告，但最长不超过法定募集期限。在募集期内任何一天（含第一天）当日募集截止时间后认购申请金额超过50亿元人民币，基金管理人将采取末日比例确认的方式实现规模的有效控制。

（10）MOM产品的成立

① 成立日期：2021年1月26日

② 户数：57152户

③ 规模：2,700,452,240.57元

2. 创金合信群力一年定期开放混合型管理人中管理人（MOM）证券投资基金

（1）投资顾问

基金管理人将基于对现有公募产品体系化的研究，通过定量分析与定性分析相结合的方式，从投资顾问、投资人员及其管理产品等维度，精选出拥有丰富管理经验的优秀投资顾问，作为资产单元投资顾问的备选。

最终选择的四家投资顾问是：永赢基金管理有限公司、惠升基金管理有限责任公司、信达澳银基金管理有限公司、大成基金管理有限公司。

选择投资顾问的主要步骤如下：

① 基金管理人根据全市场权益基金的历史业绩（超额收益）、风险调整后收益（信息比率）、收益稳定性（超额收益最大回撤、月度胜率）等指标进行初筛并确定基金优选样本。

② 根据 Barra/Brinson 业绩归因模型结合实际尽职调查结论，从平均业绩排名、管理基金的总规模及增速、投研团队配置与离职率、投研转化机制、风控制度与落实情况、公司受到的奖惩情况等维度出发，选聘投研一体化机制完善、业绩稳定且优异的基金公司作为投资顾问。

③ 基金管理人通过定量分析与定性分析相结合的方式，研究投资顾问的投研团队及其管理产品的表现情况，确定投资人员的投资风格以及其适合和擅长的市场环境等。基金管理人对投资顾问投资人员的定量分析主要从基金产品的投资业绩和投资人员的投资风格等方面进行；对投资人员的定性分析主要通过现场走访、电话、邮件等调研方式进行，了解投资人员取得优异表现的原因，理解投资人员的投资理念、投资策略、投资风格、投资流程和风险控制等信息。基金管理人将定量分析与定性分析的结果相互交叉验证，最终形成投资人员的投资画像。

（2）投资目标

本基金是管理人中管理人基金，基金管理人构建复合维度的资产配置体系，通过资产配置和优选不同投资风格、业绩良好的投资顾问，在分散化投资前提下合理控制投资组合风险并保持基金资产良好流动性，力争实现超越业绩比较基准的收益。

（3）基金的投资组合比例

本基金投资于股票的比例不低于基金资产的 60%（其中，投资港股通标的股票占股票资产的 0 ～ 50%），但应开放期流动性需要，为保护基金份额持有人利益，每个开放期开始前 1 个月、开放期及开放期结束后 1 个月内，基金投资不受上述股票投资比例限制。

在开放期内，每个交易日日终，在扣除股指期货合约、国债期货合约、股票期权合约需缴纳的交易保证金后，保持不低于基金资产净值 5%的现金或者到期日在一年以内的政府债券；封闭期内，本基金不受上述 5% 的限制，但如有衍生品投资，每个交易日日终在扣除股指期货合约、国债期货合约、股票期权合约需缴纳的交易保证金后，应当保持不低于交易保证金一倍的现金; 其中,现金不包括结算备付金、存出保证金和应收申购款等。

（4）投资策略

本基金在封闭期与开放期采取不同的投资策略。其中，前者是核心，后者是短期的、暂时的。

（5）资产单元划分标准

在做好资产配置和总体风险控制的基础上，基金管理人基于大类资产及资产单元基本分析框架，综合评估股票、债券等各类资产类别的风险收益特征；通过对宏观经济所处的经济周期及运行趋势，结合对资金供求状况、股票债券等市场的估值水平以及市场情绪的分析形成对不同资产类别走势的预期，决定将资产划分为若干固定收益类资产单元（如有）和若干权益类资产单元。

基金管理人结合中国经济周期与股票市场板块轮动的内在联系和对市

场趋势性的判断，根据具体权益类资产的投资策略，辅以对各投资顾问的研究、遴选及考核结果等，进行不同特长和不同风格的投资顾问之间的战术配置及动态优化调整，决定具体权益类资产单元的划分。

基金管理人未委托投资顾问管理的资产，可以由基金管理人直接开展投资管理工作。

（6）业绩比较基准

沪深300指数收益率 ×65%+ 中证短融AAA指数收益率 ×30%+ 恒生中国企业指数收益率（经汇率调整后）×5%。

（7）发行日期

本基金将自2021年2月18日至2021年3月4日通过本公司直销渠道（直销柜台及电子直销平台）和非直销渠道公开发售。

（8）募集规模上限

本基金首次募集规模上限为50亿元人民币（不包括募集期利息）。

基金管理人根据认购的情况可适当调整募集时间，并及时公告，但最长不超过法定募集期限。在募集期内任何一天（含第一天）当日募集截止时间后认购申请金额超过50亿元人民币，基金管理人将采取末日比例确认的方式实现规模的有效控制。当发生末日比例确认时，基金管理人将及时公告比例确认情况与结果。

（9）MOM产品的成立

① 成立日期：2021年3月9日

② 户数：12326户

③ 规模：337，637，300.17元

三、理想、现实与思考

2016年下半年，在时任中国证券投资基金业协会秘书长贾红波的领导下，我作为副主编，带领近20家公募、私募基金管理公司一起，合作编写了《私募证券FOF——大资管时代下的基金中基金》一书。在编写该书时，我们曾专门开会讨论过如何处理MOM产品方面的内容，是为其单独编写一本呢？还是将其作为一个或多个章节融入该书中呢？最后，大家确定的做法是：单独作为一章。之所以如此，核心原因在于：MOM产品在当年的发展情况较为一般。以下两段内容：MOM产品在国内的发展情况、MOM产品在国外的发展情况，均摘自该书，供大家参考。

1. MOM产品在国内的发展情况

2012年，MOM概念被引入中国，拉开了国内资本市场MOM产品的序幕。经过近几年的发展，现在MOM在国内仍然属于全新的投资模式。随着我国基本市场的逐渐成熟，资本市场将逐渐进入机构主导的时代，随着机构化、专业化投资的深入，MOM模式将会越来越受资本市场青睐，发展前景远大，MOM可能会开启一个资产管理的新时代。

自2014年8月中国证券监督管理委员会发布《私募基金经理监督管理暂行办法》以来，国内私募基金新成立的数量如雨后春笋般快速增长。在此背景下，基于私募基金的MOM也呈加速发展的趋势。目前，国内MOM主要集中于私募基金公司，其次是第三方财富管理机构，虽然银行、券商、信托等都在抢滩MOM市场，但总体发展态势一般。

私募产品在净值信息尤其是资产规模等信息上的披露相对较少，且只针对其自身的投资者，因此对于我国目前市场上的MOM的规模统计相对困难，主要以估算为主。据不完全统计，2015年以来成立的MOM

数量多达 78 只，可以看出各方机构对 MOM 组合基金的青睐程度较高，态度较为积极，这些 MOM 所管理的资产总规模在 40 亿元左右。截至 2016 年 4 月末，有净值披露的 MOM 有 30 只，“今年以来”的平均净值损失幅度为 5.67%，而同期沪深 300 指数的下跌幅度为 15.05%，MOM 在相对收益上远远跑赢市场。

在 MOM 的类型方面，根据发行的渠道不同，MOM 可以被区分为自主发行、信托、公募专户、券商资管以及期货专户等五类，其中以自主发行、公募专户和信托这三种占比最大，合计超过 90%。在私募排排网所统计的 106 只 MOM 里，自主发行产品 43 只，占比最大，达到 40%，其次是公募专户 28 只，信托 25 只。

从产品类型的变化趋势来看，2012 年，第一只 MOM 产品以信托的形式发行，随后两年所发行的产品大多数也是走信托渠道，以信托计划的方式发行。随着对私募监管政策的逐步明确，2013 年开始，公募专户和信托的产品开始增多，券商、基金公司子公司等机构开始试水 MOM。MOM 真正的爆发期是在 2015 年，全市场良好的盈利效应助推众多私募机构以各种形式发行产品，MOM 等创新型产品模式也随着基础市场行情的上涨，产品的发行数量也随之快速增长，这一时期自主发行和公募专户的占比逐步发展壮大，尤其是自主发行的数量增长迅速。

2. MOM 产品在国外的发展情况

MOM 于 20 世纪 80 年代诞生于美国，1980 年，罗素资产管理公司发行了第一只 MOM，后来这种模式被其他公司沿用，MOM 由此迅速发起起来。由于 MOM 在国外是一种多管理人（Multi Manager）的投资策略，MOM 管理人没有披露的义务，因此 MOM 的相关数据较少，仅从 Cerulli Associates 的研究报告中找到 2001 年至 2006 年 MOM 的资产管理规模，在这六年里，MOM 的资产管理规模从 2440 亿美元上升到 6390 亿美元，增速比同期的 FOF 缓慢。这可能是因为 MOM 需要其管理人进行自主调整、动态配置，对发行人资质要求较高，因此主要由海外一些实力雄厚的资产管理机构参与，比如罗素、黑石等，这便在一定程度限制了其规模的扩大速度。MOM 模式的发展动因主要有三个方面：

（1）对冲基金数量增加产生的基金挑选需求。对冲基金从 20 世纪 40 年代末诞生以来，数量与规模发展迅速，大量对冲基金的涌现增加了投资者挑选基金的难度，投资者在选择基金时出现障碍，MOM 的需求应运而生。

（2）单一投资经理难以保持优异业绩。传统股票型基金的投资策略一般是一位投资经理进行操盘投资，这种模式的缺陷在于投资经理难以摆脱生命周期的魔咒。如果对 2002 年业绩排名前 1/4 的投资经理进行统计，在之后的 5 年中，能够持续保持排名 1/4 的人数迅速下滑，到了 2007 年仅有 1 位的业绩仍保持前列。而 MOM 的优势在于通过多策略投资来分散单一策略的风险，在每个子策略里选择优秀的投资经理来操盘。MOM 具有多种策略、多种风格、多投资经理操盘的特点，可以有效平滑波动，避免极端风险。

（3）养老金、商业保险等风险偏好较低的机构准入，为 MOM 发展提供了资金基础。20 世纪 90 年代，美国推出 401K 计划和 DC plan，养老金相继入市，这些机构资金的风险偏好较低，而对冲基金的业绩波动较大，对冲基金每年的收益排名十分不稳定，而 MOM 模式一定程度降低了对于对此基金进行投资的风险，使之与险资类机构投资者风险偏好接近，因而颇受欢迎。现在，MOM 模式已经成为机构客户资产管理的引领者，主要客户群体包括大型企业年金、养老金、慈善基金以及保险资金等大型机构投资者。

在这三方面因素的推动下，MOM 模式广受投资人的欢迎。MOM 诞生之初主要为机构投资者服务；直到 2002 年末，在 MOM 中，机构和零售所占比重才基本相当；在 2002 年之后，零售 MOM 的发展迅速，甚至超过了机构 MOM 的占比。

如果将 MOM 的收益率与同期的 FOF 进行对比，可以发现 MOM 在 2005 年至 2010 年的近 6 年来，MOM 的收益率在大部分年份都打败了共同基金和 FOF，体现了整体收益上的比较优势。这说明 MOM 的收益率方面有一定的亮点，也体现出其优选管理人的作用，以及通过多投资经理管理模式的优势。

3.MOM 产品在中国的未来

以上两部分的内容，仅代表我们在截止到 2016 年年末的那个时点上对于 MOM 产品的认知。以往，无论是在国外，还是在国内，MOM 产品主要是以私募的形式存在，由于私募自身的信息披露特点，市场对它们的运作、绩效、统计与了解均较为有限，但无论如何，MOM 类产品还是发展起来了。这说明，此类产品有着强劲的内在生命力。

2021 年，中国的公募 MOM 已经起步，由此，我们可以对此类产品建立起完整的跟踪观察、统计、研究体系。也许有读者会说我国的第一只公募 MOM——建信智汇优选一年持有期混合型管理人中管理人（MOM）证券投资基金——的募集情况既没有爆款，也没有达到募集规模的上限，其实，这一切都只是表象。没有爆款，是因为 2020 年出现的大批量爆款产品主要是集中在已有 20 多年市场存在历史的股票基金、混合偏股基金方面，并且这两类基金都有一个共同的特点：主动权益；其次，没有达到上限，也很好理解，即一方面表明了投资者在成熟，另一方面，该 MOM 所确定的两家投资顾问的基金产品，是可以自由申购到的。27 亿元的募集规模，已经是一个很好的起步了！毕竟它是中国的第一只，毕竟大家都没有经验积累、都是在探索，这样的规模，在起步阶段，笔者认为较为合适。

投资基金、评价基金，我们一直在说，要看长期业绩，同理，MOM也是一类基金，并且是一个全新的、具有特定策略内涵的、内在逻辑良好的产品类型，从长期的角度来看，我们对MOM有信心！

第九章 公募 REITs

公募基础设施证券投资基金，即公募 REITs，是一种全新的公募基金产品，穿透之后的底层资产与以往基金的投资标的有较多的不同，但从基金的角度来看，其自身的运作，以及大家未来对它的投资，都有着非常多的相同之处，其此类基金产品内在投资价值也有着独特之处。

截至本书编辑时（2021 年 3 月），公募 REITs 虽然都还没有上市，但已经引起市场广泛的关注，从中国证监会到沪深交易所，以及基金公司、销售渠道、高校、投资培训机构等，都在非常积极地为公募 REITs 发行与上市做着详尽细致的准备。本节内容根据证监会和沪深交易所的相关规则整理而成，尽量从通俗的角度，对公募 REITs 这一全新品类的基金做出全面的解读，为大家未来的投资公募 REITs 提供帮助。未来，若监管方面有更新的规则出台，请大家以最新的规则为准。

一、公募 REITs 的常识

1. 什么是公募 REITs？

公募 REITs，即公开募集基础设施证券投资基金，简称为“基础设施基金”。2020 年 8 月 6 日，中国证监会发布《公开募集基础设施证券投资基金指引（试行）》（以下简称为：《指引》），自公布之日起施行。《指引》中所称的“基础设施基金”，是指同时符合下列特征的基金产品：

“（1）80% 以上基金资产投资于基础设施资产支持证券，并持有其全部份额；基金通过基础设施资产支持证券持有基础设施项目公司全部股权；（2）基金通过资产支持证券和项目公司等载体取得基础设施项目完全所有权或经营权利；（3）基金管理人主动运营管理基础设施项目，以获取基础设施项目租金、收费等稳定现金流为主要目的；（4）采取封闭式运作，收益分配比例不低于合并后基金年度可供分配金额的 90%。”

通过上述四个方面的内容，我们可以知道，未来 REITs 将具有如下特点：

（1）虽然“REITs”这些字母中没有“F”，但我们依然可以简单直接地把它当作一只基金来理解。

（2）一个基金，对应一个基础设施项目。

（3）基金的收益，将来自该项目的租金、收费等，且都为具有稳定预期的现金流。

（4）该基金将采取封闭式的运作方式，将来可以上市。

（5）由于是封闭式的，只要有收益，每年都将会有“年度可供分配金额的 90%”的红利分配。

2. 公募 REITs 在中国出现的市场背景是什么？

公募 REITs（Real Estate Investment Trusts，即不动产投资信托基金）自 20 世纪 60 年代在美国推出以来，已有 40 多个国家（地区）发行了该类产品，其投资领域由最初的房地产拓宽到酒店商场、工业地产、基础设施等，已成为专门投资不动产的成熟金融产品。

2020 年 4 月 30 日，中国证监会、国家发展改革委联合发布试点通知，正式启动基础设施公募 REITs 试点工作。为填补当前我国公募 REITs 产品空白，盘活基础设施存量资产，拓宽社会资本投资渠道，提高直接融资比重，增强资本市场服务实体经济质效，并为后续推动我国 REITs 立法积累实践经验，中国证监会制定了《公开募集基础设施证券投资基金指引（试行）》，在《证券投资基金法》框架下，聚焦基础设施领域开展公募 REITs 试点。

推动公募 REITs 试点是落实国家金融供给侧结构性改革的关键抓手，

也是自觉站位新发展阶段、贯彻新发展理念和融入新发展格局的重要举措。公募 REITs 能有效盘活存量资产，带动增量投资，形成良性投资循环，降低企业杠杆率，提高直接融资比重，推动资本市场更好地服务实体经济。

同时，公募 REITs 为投资者提供除股票、债券、基金和衍生品之外新的大类资产配置类别，填补了当前金融产品空白，丰富了资本市场投资工具，拓宽了社会资本投资渠道。建设公募 REITs 市场，需要市场各方一道，齐心协力，扎实推进。

3. 公募 REITs 的资产享有哪些基本安全保障？

《指引》规定：“（1）基金管理人、基金托管人从事基础设施基金活动应当恪尽职守，履行诚实信用、谨慎勤勉的义务，遵守持有人利益优先的基本原则，有效防范利益冲突，实现专业化管理和托管。

（2）为基础设施基金提供服务的专业机构应当严格遵守法律法规，恪守职业道德、执业准则和行为规范，诚实守信、勤勉尽责、专业审慎，出具的专业意见不得存在虚假记载、误导性陈述或重大遗漏。

（3）因基础设施基金的管理、运用或者其他情形而取得的财产和收益，归入基础设施基金财产。基础设施基金财产的债务由基础设施基金财产承担。

（4）基础设施基金财产独立于原始权益人、基金管理人、基金托管人及其他参与机构的固有财产。

（5）原始权益人、基金管理人、基金托管人及其他参与机构因依法解散、被依法撤销或者被依法宣告破产等原因进行清算的，基础设施基金财产不属于其清算财产。

（6）基础设施基金财产的债权，不得与原始权益人、基金管理人、基金托管人及其他参与机构的固有财产产生的债务相抵消。不同基础设施基金财产的债权债务，不得相互抵消。”

对于上述法律原文，该如何简单地理解呢？前文已述：一个基金，对应一个基础设施项目，现在，这些基础设施项目就好比是以往基金所持有的那些股票、债券等，原来的基金是如何对待那些股票和债券的，未来的基金与基础设施项目也是如此。

4. 作为公募 REITs 的管理人，必须符合哪些条件？

《指引》规定，拟任基金管理人应当符合《证券投资基金法》《公开募集证券投资基金运作管理办法》规定的相关条件，并满足下列要求：“

（1）公司成立满 3 年，资产管理经验丰富，公司治理健全，内控制度完善；

（2）设置独立的基础设施基金投资管理部门，配备不少于 3 名具有 5 年以上基础设施项目运营或基础设施项目投资管理经验的主要负责人员，其中至少 2 名具备 5 年以上基础设施项目运营经验；

（3）财务状况良好，能满足公司持续运营、业务发展和风险防范的需要；

（4）具有良好的社会声誉，在金融监管、工商、税务等方面不存在重大不良记录；

（6）具备健全有效的基础设施基金投资管理、项目运营、内部控制与风险管理制度和流程；

（7）中国证监会规定的其他要求。

拟任基金管理人或其同一控制下的关联方应当具有不动产研究经验，配备充足的专业研究人员；具有同类产品或业务投资管理或运营专业经验，且同类产品或业务不存在重大未决风险事项。

在上述条件里，最为严格的地方，是提出了一些明确的量化要求，如:

满 3 年、至少 2 名、5 年以上等，条件的严苛、明确，是对于投资者合法权益保障的基本前提。

5. 作为公募 REITs 的托管人，必须符合哪些条件？

《指引》规定，拟任基金托管人应当符合《证券投资基金法》《公开募集证券投资基金运作管理办法》规定的相关条件，并满足下列要求：

（1）财务状况良好，风险控制指标符合监管部门相关规定；

（2）具有良好的社会声誉，在金融监管、工商、税务等方面不存在重大不良记录；

（3）具有基础设施领域资产管理产品托管经验；

（4）为开展基础设施基金托管业务配备充足的专业人员；

（5）中国证监会规定的其他要求。

基础设施基金托管人与基础设施资产支持证券托管人应当为同一人。

6. 作为公募 REITs 未来投资标的的基础设施项目，必须符合哪些要求？

《指引》规定，REITs 拟持有的基础设施项目应当符合下列要求：

（1）原始权益人享有完全所有权或经营权利，不存在重大经济或法律纠纷，且不存在他项权利设定，基础设施基金成立后能够解除他项权利的除外；

（2）主要原始权益人企业信用稳健、内部控制健全，最近 3 年无重大违法违规行为；

（3）原则上运营 3 年以上，已产生持续、稳定的现金流，投资回报良好，并具有持续经营能力、较好增长潜力；

（4）现金流来源合理分散，且主要由市场化运营产生，不依赖第三方补贴等非经常性收入；

（5）中国证监会规定的其他要求。

在上述五点内容，是对 REITs 底层资产的充分保障，是对广大基民权益和利益的充分保障，是对未来市场稳健规范发展的充分保障，其中的第三条，既是最为核心的保障，更是定价的依据。

7. 公募 REITs 基金管理人的尽职调查报告必须包含哪些内容？

《指引》规定，基金管理人应当制定完善的尽职调查内部管理制度，建立健全业务流程，对基础设施项目出具的尽职调查报告应当包括下列内容：

（1）基础设施项目原始权益人及其控股股东、实际控制人，项目管理机构等主要参与机构情况；

（2）基础设施项目财务情况；

（3）基础设施项目对外借款情况及基础设施基金成立后保留对外借款相关情况（如适用）；

（4）基础设施项目现金流的稳定性和历史记录，以及未来现金流的合理测算和分析；

（5）已签署正在履行期内及拟签署的全部重要协议；

（6）安全生产及环境保护情况，以及是否符合城市规划要求；

（7）基础设施项目法律权属，以及是否存在抵押、查封、扣押、冻结等他项权利限制和应付未付义务；

（8）是否已购买基础设施项目保险，以及承保范围和保险金额；

（9）同业竞争、关联关系及关联交易等潜在利益冲突情况；

（10）基础设施基金是否可合法取得基础设施项目的所有权或经营

权利；

（11）可能影响基础设施项目运营的其他重要事项。

上述内容，再次显现出监管对 REITs 的精心呵护，对尽职调查报告的内容做出了详尽的规范要求，以期在相关的 REITs 产品发行之前，尽量排除一些潜在的风险，以促进市场的稳定运行。

同时，基金管理人可以与资产支持证券管理人联合开展尽职调查，必要时还可以聘请财务顾问开展尽职调查，但基金管理人与资产支持证券管理人依法应当承担的责任不因聘请财务顾问而免除。基金管理人或其关联方与原始权益人存在关联关系，或享有基础设施项目权益时，应当聘请第三方财务顾问独立开展尽职调查，并出具财务顾问报告。财务顾问应当由取得保荐业务资格的证券公司担任。基金管理人、财务顾问应按照法律法规及中国证监会有关规定对基础设施项目进行尽职调查，充分了解基础设施项目的经营状况及其面临的风险和问题。

8. 公募 REITs 基金管理人为什么要聘请独立的评估机构？

未来保障公募 REITs 的平稳运行，《指引》规定，申请注册基础设施基金前，基金管理人应当聘请独立的评估机构对拟持有的基础设施项目进行评估，并出具评估报告。

评估机构应当按照《证券投资基金法》第九十七条规定经中国证监会备案，并符合国家主管部门相关要求，具备良好资质和稳健的内部控制机制，合规运作、诚信经营、声誉良好，不得存在可能影响其独立性的行为。

评估机构为同一只基础设施基金提供评估服务不得连续超过 3 年。

评估机构在评估过程中应当客观、独立、公正，遵守一致性、一贯性及公开、透明、可校验原则，不得随意调整评估方法和评估结果。

9. 公募REITs评估报告应该包括哪些内容?

《指引》规定，评估机构出具的评估报告应该包括下列内容:

（1）评估基础及所用假设的全部重要信息;

（2）所采用的评估方法及评估方法的选择依据和合理性说明;

（3）基础设施项目详细信息，包括基础设施项目地址、权属性质、现有用途、经营现状等，每期运营收入、应缴税收、各项支出等收益情况及其他相关事项;

（4）基础设施项目的市场情况，包括供求情况、市场趋势等;

（5）影响评估结果的重要参数，包括土地使用权或经营权利剩余期限、运营收入、运营成本、运营净收益、资本性支出、未来现金流变动预期、折现率等;

（6）评估机构独立性及评估报告公允性的相关说明;

（7）调整所采用评估方法或重要参数情况及理由（如有）;

（8）可能影响基础设施项目评估的其他事项。

基础设施基金份额首次发售，评估基准日距离基金份额发售公告日不得超过6个月；基金运作过程中发生购入或出售基础设施项目等情形时，评估基准日距离签署购入或出售协议等情形发生日不得超过6个月。

上述这一切，使得公募REITs的项目评估与新股的发行上市很有些相像，所有的这些做法，只有一个核心目的：把好事办好。

10. 公募REITs的招募说明书将会披露什么内容?

公募基金最大的、最核心的、其他资管产品无法比拟的优势之一，就是法定的、公开的、规范的、详尽的信息披露。作为一个全新的公募基金品类，公募REITs未来也会有一系列的公开信息披露，《指引》规定,基础设施基金经中国证监会注册后，基金管理人应当在基金份额公开发售3日前，依法披露基金合同、托管协议、招募说明书、基金份额发售公告、基金产品资料概要等法律文件。基金招募说明书除按照法律法规要求披露相关信息外，还应当披露下列信息：

（1）基础设施基金整体架构及拟持有特殊目的载体情况；

（2）基金份额发售安排；

（3）预期上市时间表；

（4）基础设施基金募集及存续期相关费用，并说明费用收取的合理性；

（5）募集资金用途；

（6）基础设施资产支持证券基本情况；

（7）基础设施项目基本情况，包括项目所在地区宏观经济概况、基础设施项目所属行业和市场概况、项目概况、运营数据、合规情况、风险情况等；

（8）基础设施项目财务状况及经营业绩分析；

（9）基础设施项目现金流测算分析；

（10）基础设施项目运营未来展望；

（11）为管理基础设施基金配备的主要负责人员情况；

（12）基础设施项目运营管理安排，聘请外部管理机构的，应当披露外部管理机构基本信息、人员配备、项目资金收支及风险管控安排等；

（13）借款安排，基础设施基金成立后保留基础设施项目已存在对外借款的，应当充分说明理由，详细说明保留借款的金额、比例、偿付安排、符合法定条件的说明及对基础设施项目收益的影响，并充分揭示相关风险；

（14）关联关系、关联交易等潜在利益冲突及防控措施，包括基金管理人与原始权益人关联关系情况，基金管理人运用基金财产买卖基础设施资产支持证券涉及的关联交易及其他关联交易概况，基金管理人就关联交易采取的内控措施等；

（15）基础设施项目原始权益人基本情况及原始权益人或其同一控制下的关联方拟认购基础设施基金份额情况；

（16）基础设施基金募集失败的情形和处理安排；

（17）基础设施基金拟持有的基础设施项目权属到期、处置等相关安排；

（18）主要原始权益人及其控股股东、实际控制人对相关事项的承诺；

（19）基础设施项目最近 3 年及一期的财务报告及审计报告，最近一期财务报告截止日距离招募说明书披露日不超过 6 个月。如无法提供上述材料，则应当充分说明理由，并提供基础设施项目财务状况和运营情况；

（20）经会计师事务所审阅的基金可供分配金额测算报告，测算期限不超过 2 年且不晚于第二年年度最后一日；

（21）基础设施项目尽职调查报告、财务顾问报告（如有）；

（22）基础设施项目评估报告；

（23）主要参与机构基本情况，包括名称、注册地址与办公地址、成立日期、通讯方式、法定代表人、主要业务负责人等；

（24）可能影响投资者决策的其他重要信息。

前述的尽职调查报告、评估报告等，所做的一切工作，最后都汇总到了即将上市的公募 REITs 的法定公开信息披露材料里，其中，基民们最应该认真阅读的就是相关公募 REITs 的招募说明书，而在招募说明书中里，第六至第十部分的内容，大家应该认真阅读，因为这最为切实地涉及了未来的定价。

11. 基础设施项目应当符合哪些条件？

基础设施项目即公募 REITs 所投资的项目，它们应当符合以下条件：

（1）权属清晰，资产范围明确，并依照规定完成了相应的权属登记；

（2）不存在法定或约定的限制转让或限制抵押、质押的情形，且转让已获得有效的审批手续（如适用）；

（3）不存在抵押、质押等权利限制，基础设施基金成立后能够解除相关限制的除外；

（4）基础设施资产已通过竣工验收，工程建设质量及安全标准符合相关要求，已按规定履行规划、用地、环评等审批、核准、备案、登记，以及其他依据相关法律法规应当办理的手续；

（5）基础设施资产的土地实际用途应当与其规划用途及其权证所载用途相符。如不一致，基金管理人和资产支持证券管理人聘请的律师应说明其实际用途的法律、法规及政策依据，基金管理人和资产支持证券管理人应当在相关文件中充分揭示风险，并设置相应的风险缓释措施；

（6）基础设施资产涉及经营资质的，相关经营许可或者其他经营资质应当合法、有效。相关经营资质在基础设施基金和基础设施资产支持证券存续期内存在展期安排的，应当按照相关规定或主管部门要求办理展期手续，基金管理人和资产支持证券管理人应当在相关文件中披露具体安排；

（7）中国证监会和上海证券交易所、深圳证券交易所规定的其他条件。

12. 基础设施项目公司应当符合哪些条件？

基础设施项目公司即公募 REITs 所投资的项目公司，它们应当符合以下条件：

（1）依法设立并合法存续；

（2）财务会计制度和财务管理制度规范；

（3）合法持有基础设施项目相关资产；

（4）中国证监会和本所规定的其他条件。

13. 基础设施项目采用 PPP 模式的，有什么特别规定？

基础设施项目即公募 REITs 所投资的项目，它们采用 PPP 模式的，除满足本指引第十三条、第十四条的规定外，还应当符合以下条件：

（1）2015 年以后批复实施的 PPP 项目，应符合国家关于规范有序推广 PPP 模式的规定；

（2）2015 年 6 月以后批复实施的特许经营项目，应符合《基础设施和公用事业特许经营管理办法》有关规定。此前采用 BOT、TOT、股权投资等模式实施的特许经营项目，应符合当时国家关于固定资产投资建设、特许经营管理等相关规定；

（3）收入来源以使用者付费（包括按照穿透原则实质为使用者支付的费用）为主。收入来源含地方政府补贴的，需在依法依规签订的 PPP 合同或特许经营协议中有明确约定；

（4）PPP 项目运营稳健、正常，未出现暂停运营等重大问题或重大合同纠纷；

（5）中国证监会和上海证券交易所、深圳证券交易所规定的其他条件。

14. 基础设施项目的现金流应当符合什么条件？

基础设施项目即公募 REITs 所投资的项目，它们的现金流应当符合以下条件：

（1）基于真实、合法的经营活动产生，价格或收费标准符合相关规定；

（2）符合市场化原则，不依赖第三方补贴等非经常性收入；

（3）持续、稳定，近 3 年（不满 3 年的，自开始运营起，下同）未出现异常波动。存在异常波动的，需说明波动原因和合理性；

（4）来源合理分散，直接或穿透后来源于多个现金流提供方。因商业模式或者经营业态等原因，现金流提供方较少的，重要现金流提供方应当资质优良，财务情况稳健；

（5）近 3 年总体保持盈利或经营性净现金流为正；

（6）中国证监会和本所规定的其他条件。

15. 基础设施项目的运营情况应当符合什么条件？

基础设施项目即公募 REITs 所投资的项目，它们的运营情况应当符合以下条件：

（1）具备成熟稳定的运营模式，运营收入有较好增长潜力；

（2）运营时间原则上不低于 3 年，投资回报良好；

（3）若为产业园、仓储物流、数据中心等依托租赁收入的基础设施项目，近 3 年总体出租率较高，租金收入较高，租金收缴情况良好，主要承租人资信状况良好、租约稳定，承租人行业分布合理；

（4）如为收费公路、污水处理等依托收费收入的基础设施项目，近 3 年运营收入较高或保持增长，使用者需求充足稳定，区域竞争优势显著，运营水平处于行业前列；

（5）中国证监会和本所规定的其他条件。

通过上述（3）（4）两条，我们已经可以初步知晓未来上市的公募 REITs 将会投资的是什么项目了，应该是包括但不限于：产业园、仓储物流、数据中心、收费公路、污水处理，等等。

16. 高比例分红是 REITs 的特色吗?

完全不是。之所以这么说得这么肯定，原因在于:

第一，它们都是必须要按照封闭式的方式进行运作的。

第二，封闭式基金的高比例分红是法律规定的，中国证监会 2014 年 7 月 11 日发布、8 月 8 日起施行、作为新版《基金法》配套法规的《公开募集证券投资基金运作管理办法》第三十七条规定:“封闭式基金的收益分配，每年不得少于一次，封闭式基金年度收益分配比例不得低于基金年度可供分配利润的百分之九十。”

17. 影响 REITs 二级市场定价的因素有哪些?

(1) 在二级市场的流通规模。按照一般性的封闭式基金二级市场定价规则，受供求关系的影响，折溢价率与规模的大小有一定的关联。

(2) 期限。参照以往封闭式基金的二级市场定价表现，期限越长，越有可能折（溢）价；相反，越接近净值。国内 20 世纪末出现的那些封闭式基金，既在前期有过溢价率超 100% 的情况，也在 2005 年末至 2006 年中有过折价率超 50% 的情况。

(3) 无变现压力。原来，封闭式基金主要是折价的，关于封闭式基金的折价的原因，市场一致认可的一个原因是：它们所持有的股票的变现损失。但是现在，REITs 都没有变现的压力。

(4) 网下认购和战略配售部分的上市安排。就现有的信息披露情况来看，相关份额的可上市之时，就是二级市场投资者的谨慎之际，毕竟供求关系会出现重大变化。

(5) 预期收益率。由于 REITs 所对应的都是资产质量良好、现金流充足、盈利能力较为稳定、商业模式通畅、周期性较小、可扩募资产较为丰富，且都是已经进入了正常运作阶段的基础设施项目，因此各相关项目都会有一个较为稳定收益预期，且分红，这便会让定价减少了很多的不确定性。

（6）认购价格。这个是定价的锚，换个角度来看，好像也可以称之为：初始净值。

（7）管理人的管理能力：这里可以理解为在另一个形式、另一种层面上有安全感。与已有的公募证券投资基金不同，“管理人”在管理REITs时不需要选择股票、债券，不需要做资产配置，只是面对各自事先配对好的那一个实体经济项目，并且原先的基础设施管理人或相关人员，总体上都会作为原始权益人以战略投资者的身份持有了很多REITs份额。

18. 学习和了解REITs，有哪些途径或者书及课程？

大家来这个市场，目的很明确：为了个人资产的增值。说成白话就是：想赚钱。作为创新产品的REITs，得到了一些敏感人士的特别关注，想要“弯道超车”，这种心情可以理解。回顾中国证券市场，的确是有些时候，某个全新的品种，让一些之前没有机会的人突然发达了，如：权证。

在投资之前加强学习，是很好的事情。但是，在REITs方面，我们的建议是：

第一，的确是有一些REITs相关的书，到网上书店、卖场等处，一搜就可以搜到很多。但这里有个时间节点的问题，即对于一个中国内地市场的全新品种，那些书是否“贴地气”，就不知晓了，尤其是很多书籍编写在国内相关法规的出台之前。

第二，至于课程，就我的从业经历来看，有的可能性极小；若有，实质上与上述书籍应该类似。

第三，关于其他途径，我可以给出两个建议：

（1）必须认真学习相关的法规、业务规则，如 2020 年 8 月 6 日中国证监会发布《公开募集基础设施证券投资基金指引（试行）》。

还有，2021 年 1 月 29 日，为完善基础设施公募 REITs 配套规则体系，保障试点工作有序开展，按照中国证监会的整体工作部署，上交所制定发布三项主要业务规则，分别是《公开募集基础设施证券投资基金 (REITs) 业务办法（试行）》（以下简称《业务办法》）、《公开募集基础设施证券投资基金 (REITs) 规则适用指引第 1 号——审核关注事项（试行）》（以下简称《审核关注事项》）、《公开募集基础设施证券投资基金 (REITs) 规则适用指引第 2 号——发售业务（试行）》（以下简称《发售业务指引》）。这三项规则的正式发布，标志着上交所推进基础设施公募 REITs 试点工作取得阶段性进展。

同上日期，深交所也有相关的文件发布，也必须学习。

(2) 公募基金最大的、最核心的、其它资管产品无法比拟的优势之一，就是法定的、公开的、规范的、详尽的、及时的信息披露。作为一个全新的公募基金品类，公募 REITs 当然也会有一系列的公开信息披露，《指引》规定，基础设施基金经中国证监会注册后，基金管理人应当在基金份额公开发售 3 日前，依法披露基金合同、托管协议、招募说明书、基金份额发售公告、基金产品资料概要等法律文件，目前来看，还有询价公告。这些法定的信息披露，在近一个月的时间里陆续发布，都值得大家认真研读，请大家切记：对于一切全新的品类，必将会有很多全新的基础数据、全新的分析方法、全新的研究逻辑，并且，越是新的东西，越要尽快研究。

第四，我之前曾给出了投资 REITs 的 16 字方针：“全面撒网，重点持有，固收替代，权益思维。”要研究好、投资好 REITs，需要有一定的基本知识储备，包括：开放式基金、封闭式基金、场外市场、场内市场、固收产品、权益产品，等等。

二、公募 REITs 的发行

总体来看，公募 REITs 的发行与股票的发行有着很多的相似之处，因此，公募 REITs 对于广大基民来说，既陌生，又熟悉。正是带着这层神秘的面纱，才会让公募 REITs 有着不一样的吸引力，有着不一样的投资价值。

1. 公募 REITs 价格如何确定？

《指引》规定，基础设施基金份额认购价格应当通过向网下投资者询价的方式确定。

网下询价结束后，基金管理人应当及时向公众投资者公告基金份额认购价格。公众投资者通过基金销售机构以询价确定的认购价格参与基础设施基金份额认购。

基金管理人或其聘请的财务顾问受委托办理基础设施基金份额发售的路演推介、询价、定价、配售等相关业务活动。

网下投资者为证券公司、基金管理公司、信托公司、财务公司、保险公司、合格境外机构投资者、商业银行及其理财子公司、符合规定的私募基金管理人，以及其他中国证监会认可的专业机构投资者。全国社会保障基金、基本养老保险基金、年金基金等可根据有关规定参与基础设施基金网下询价。

前一节已经介绍过，公募 REITs 将按照封闭的方式进行运作，而在公募基金里，封闭就意味着规模的固定，未来，是在规模预先固定的情况下，各个公募 REITs 有着高低不同的价格呢？还是根据已经预估出来的大致的定价，来确定相关公募 REITs 的规模，从而保证相关公募 REIRs 能够按照公募基金的惯例，即人民币 1.00 元价格来发行呢？我们拭目以待吧。其实，无论是哪一种方式，穿透之后的基础设施内在价值，才是定价的根本。

2. 公募 REITs 的战略配售将如何进行？

《指引》规定，基础设施项目原始权益人或其同一控制下的关联方参与基础设施基金份额战略配售的比例合计不得低于本次基金份额发售数量的 20%，其中基金份额发售总量的 20% 持有期自上市之日起不少于 60 个月，超过 20% 部分持有期自上市之日起不少于 36 个月，基金份额持有期间不允许质押。原始权益人或其同一控制下的关联方拟卖出战略配售取得的基础设施基金份额的，应当按照相关规定履行信息披露义务。

基础设施项目原始权益人或其同一控制下的关联方以外的专业机构投资者可以参与基础设施基金份额战略配售，战略配售比例由基金管理人合理确定，持有基础设施基金份额期限自上市之日起不少于 12 个月。

基金管理人应当与战略投资者事先签署配售协议，且应当在基金合同、招募说明书等法律文件中披露战略投资者选择标准、向战略投资者配售的基金份额总量、占本次基金份额发售比例及持有期限等。

扣除向战略投资者配售部分后，基础设施基金份额向网下投资者发售比例不得低于本次公开发售数量的 70%。对网下投资者进行分类配售的，同类投资者获得的配售比例应当相同。

3. 公募 REITs 发行之前有哪些适当性要求？

投资者适当性制度是资本市场的一项基础制度，是落实依法监管、从严监管、全面监管的实际行动，也是切实保护投资者合法权益的重要举措。适当性管理构筑的是投资者进入资本市场的第一道防线，从某种意义上讲，没有健全并有效落实的适当性制度，就不会有成熟的经营机构和投资者，也不会有稳定健康的资本市场。公募 REITs 的发行也是如此。

《指引》规定，基金管理人应当严格落实投资者适当性管理制度，会同基金销售机构认真做好产品风险评价、投资者风险承受能力与投资目标识别、适当性匹配等投资者适当性管理工作，将适当的产品销售给适合的投资者。

基金管理人应当制作基础设施基金产品资料概要，简明清晰地说明基金产品结构及风险收益特征，在基金合同、招募说明书及产品资料概要显著位置，充分揭示基础设施基金投资运作、交易等环节的主要风险。

基金管理人及基金销售机构应当加强投资者教育，引导投资者充分认识基础设施基金风险特征，要求普通投资者在首次购买环节以纸质或电子形式确认其了解基础设施基金产品特征及主要风险。

4. 公募 REITs 在什么情况下会发行失败？

《指引》规定，基金募集期限届满，出现下列情形之一的，基础设施基金募集失败：

（1）基金份额总额未达到准予注册规模的 80%；

（2）募集资金规模不足 2 亿元，或投资人少于 1000 人；

（3）原始权益人或其同一控制下的关联方未按规定参与战略配售；

（4）扣除战略配售部分后，向网下投资者发售比例低于本次公开发售数量的 70%；

（5）导致基金募集失败的其他情形。若基金募集失败，基金管理人应当在募集期限届满后 30 日内返还投资人已交纳的款项，并加计银行同期存款利息。

就当前的市场前期准备情况来看，以及鉴于公募 REITs 的特殊市场背景，其发行失败的可能性，至少是在前期，出现的概率非常小。

5. 公募 *REITs* 成立之后将如何运作?

《指引》规定，基础设施基金成立后，基金管理人应当将 80% 以上基金资产投资于与其存在实际控制关系或受同一控制人控制的管理人设立发行的基础设施资产支持证券全部份额，并通过特殊目的载体获得基础设施项目全部所有权或经营权利，拥有特殊目的载体及基础设施项目完全的控制权和处置权。前述行为应当按照相关法律法规关于重大关联交易要求履行适当程序、依法披露。

基础设施基金除投资基础设施资产支持证券外，其余基金资产应当依法投资于利率债，AAA 级信用债，或货币市场工具。

基础设施基金投资基础设施资产支持证券的比例不受《公开募集证券投资基金运作管理办法》第三十二条第（1）项、第（2）项限制，即公募基金著名的“双十规定”：“（1）一只基金持有一家公司发行的证券，其市值超过基金资产净值的百分之十；（2）同一基金管理人管理的全部基金持有一家公司发行的证券，超过该证券的百分之十。”

由此可见，公募 REITs 未来将是风险收益特征非常鲜明的一种新式公募基金投资品类，除了不低于基金资产 80% 的部分配置必须于特定的基础设施之外，其他不足 20% 的资产部分，将配置在：第一，不投资股票类高风险产品；第二，不配置其他基金份额；第三，即便可以投资债券，也都是风险相对更低的利率债和 AAA 级信用债。

6. 公募 *REITs* 对所涉及的借款，有什么规定?

《指引》第二十八条规定：基础设施基金成立前，基础设施项目已存在对外借款的，应当在基础设施基金成立后以募集资金予以偿还，满足本条第二款规定且不存在他项权利设定的对外借款除外。

基础设施基金直接或间接对外借入款项，应当遵循基金份额持有人利益优先原则，不得依赖外部增信，借款用途限于基础设施项目日常运营、维修改造、项目收购等，且基金总资产不得超过基金净资产的 140%。其中，用于基础设施项目收购的借款应当符合下列条件：

（1）借款金额不得超过基金净资产的 20%；

（2）基础设施基金运作稳健，未发生重大法律、财务、经营等风险；

（3）基础设施基金已持基础设施和拟收购基础设施相关资产变现能力较强且可以分拆转让以满足偿还借款要求，偿付安排不影响基金持续稳定运作；

（4）基础设施基金可支配现金流足以支付已借款和拟借款本息支出，并能保障基金分红稳定性；

（5）基础设施基金具有完善的融资安排及风险应对预案；

（6）中国证监会规定的其他要求。

基础设施基金总资产被动超过基金净资产 140% 的，基础设施基金不得新增借款，基金管理人应当及时向中国证监会报告相关情况及拟采取的措施等。

7. 公募 REITs 的分红有什么具体规定？

《指引》规定，基础设施基金应当将 90% 以上合并后基金年度可供分配金额以现金形式分配给投资者。基础设施基金的收益分配在符合分配条件的情况下每年不得少于 1 次。

可供分配金额是在净利润基础上进行合理调整后的金额，相关计算调整项目至少包括基础设施项目资产的公允价值变动损益、折旧与摊销，同时应当综合考虑项目公司持续发展、偿债能力和经营现金流等因素，具体由中国证券投资基金业协会另行规定。

基础设施基金进行分配的，应当至少在权益登记日前 2 个交易日公告权益登记日、收益分配基准日、现金红利发放日、可供分配金额（含净利润、调整项目及调整原因）、按照基金合同约定应分配金额等事项。

一方面，基础设施基金的收益将来自该项目的租金、收费等，且都为具有稳定预期的现金流；另一方面，公募 REITs 是封闭运作的，分红的标准是“90% 以上”，因此，未来对于具体公募 REITs 可交易份额的二级市场定价，总体上将会较为便利。

同时，具体的 REITs 项目在运作的时候，或会由于各种市场因素的作用，而有各类事项发生，如收购、出售、扩募、资产处置，等等，届时的一切，请大家以相关的公开信息披露为准，进行具体的分析、研究、定价。

基础设施基金存续期间，基金管理人应当聘请评估机构对基础设施项目资产每年进行 1 次评估。出现下列情形之一的，基金管理人应当及时聘请评估机构对基础设施项目资产进行评估：（1）基础设施项目购入或出售；（2）基础设施基金扩募；（3）提前终止基金合同拟进行资产处置；（4）基础设施项目现金流发生重大变化且对持有人利益有实质性影响；（5）对基金份额持有人利益有重大影响的其他情形。

8. 公募 REITs 的临时公告有哪些？

《指引》规定，除《公开募集证券投资基金信息披露管理办法》规定的情形外，发生下列情形之一的，基金管理人应当依法编制并发布临时公告：

（1）基础设施基金发生重大关联交易；

（2）基础设施项目公司对外借入款项或者基金总资产被动超过基金

净资产 140%；

（3）金额占基金净资产 10% 及以上的交易；

（4）金额占基金净资产 10% 及以上的损失；

（5）基础设施项目购入或出售；

（6）基础设施基金扩募；

（7）基础设施项目运营情况、现金流或产生现金流能力发生重大变化；

（8）基金管理人、基础设施资产支持证券管理人发生重大变化或管理基础设施基金的主要负责人员发生变动；

（9）更换评估机构、律师事务所、会计师事务所等专业机构；

（10）原始权益人或其同一控制下的关联方卖出战略配售取得的基金份额；

（11）可能对基础设施基金份额持有人利益或基金资产净值产生重大影响的其他事项。

9. 公募 REITs 的定期报告包括哪些内容？

《指引》规定，基金管理人应当按照法律法规及中国证监会相关规定，编制并披露基础设施基金定期报告，内容包括：

（1）基础设施基金产品概况及主要财务指标。季度报告主要财务指标包括基金本期收入、本期净利润、本期经营活动产生的现金流量、本期可供分配金额和单位可供分配金额及计算过程、本期及过往实际分配金额（如有）和单位实际分配金额（如有）等；中期报告和年度报告主要财务指标除前述指标外还应当包括期末基金总资产、期末基金净资产、期末基金份额净值、基金总资产占基金净资产比例等，年度报告需说明实际可供分配金额与测算可供分配金额差异情况（如有）；

（2）基础设施项目明细及相关运营情况；

（3）基础设施基金财务报告及基础设施项目财务状况、业绩表现、未来展望情况；

（4）基础设施项目现金流归集、管理、使用及变化情况，如单一客户占比较高的，应当说明该收入的公允性和稳定性；

（5）基础设施项目公司对外借入款项及使用情况，包括不符合本指引借款要求的情况说明；

（6）基础设施基金与资产支持证券管理人和托管人、外部管理机构等履职情况；

（7）基础设施基金与资产支持证券管理人、托管人及参与机构费用收取情况；

（8）报告期内购入或出售基础设施项目情况；

（9）关联关系、报告期内发生的关联交易及相关利益冲突防范措施；

（10）报告期内基础设施基金份额持有人结构变化情况，并说明关联方持有基础设施基金份额及变化情况；

（11）可能影响投资者决策的其他重要信息。

基础设施基金季度报告披露内容可不包括前款第（3）（6）（9）（10）项，基础设施基金年度报告应当载有年度审计报告和评估报告。

基础设施基金应当充分披露与产品特征相关的重要信息。确不适用的常规基金信息披露事项，基础设施基金可不予披露，包括但不限于：每周基金资产净值和基金份额净值，半年度和年度最后一个交易日基金份额净值和基金份额累计净值，定期报告基金净值增长率及相关比较信息。

基金信息披露文件涉及评估报告相关事项的，应在显著位置特别声明相关评估结果不代表基础设施项目资产的真实市场价值，也不代表基础设施项目资产能够按照评估结果进行转让。

三、公募 REITs 的上市交易

《指引》第二十七条规定："基础设施基金应当采取封闭式运作，符合法定条件并经证券交易所依法审核同意后，可上市交易。"

2021 年 1 月 29 日，为完善基础设施公募 REITs 配套规则体系，保障试点工作有序开展，按照中国证监会的整体工作部署，上交所制定发布三项主要业务规则，分别是《公开募集基础设施证券投资基金（REITs）业务办法（试行）》（以下简称《业务办法》）、《公开募集基础设施证券投资基金（REITs）规则适用指引第 1 号——审核关注事项（试行）》（以下简称《审核关注事项》）、《公开募集基础设施证券投资基金（REITs）规则适用指引第 2 号——发售业务（试行）》（以下简称《发售业务指引》）。这三项规则的正式发布，标志着上交所推进基础设施公募 REITs 试点工作取得阶段性进展。

同日，为保障基础设施领域不动产投资信托基金（REITs）试点的顺利实施，规范深圳证券交易所公开募集基础设施证券投资基金上市审核、持续监管及交易等行为，维护正常市场秩序，保护投资者合法权益，根据中国证监会《公开募集基础设施证券投资基金指引（试行）》（中国证监会公告〔2020〕54 号），本所制定了《深圳证券交易所公开募集基础设施证券投资基金业务办法（试行）》《深圳证券交易所公开募集基础设施证券投资基金业务指引第 1 号——审核关注事项（试行）》《深圳证券交易所公开募集基础设施证券投资基金业务指引第 2 号——发售业务（试行）》，现予以发布，自发布之日起实施。

鉴于沪深两个交易所的《业务办法》基本一样，本处就以上交所的相关文件作为参考，从公众投资者的角度，对于公募 REITs 的上市交易进行解读。更为准确的、详尽的内容，请以沪深两个交易所披露的相关规则为准。

1. 公众投资者可以在哪里认购公募 REITs？

公众投资者可以通过场内证券经营机构或者基金管理人及其委托的场外销售机构认购基础设施基金。

2. 公募 REITs 的上市通知书具有哪些内容？

基金管理人应当在基金份额上市交易的 3 个工作日前，公告上市交易公告书。上市交易公告书除应披露中国证监会《证券投资基金信息披露内容与格式准则第 1 号 < 上市交易公告书的内容与格式 >》规定的内容外，还应披露下列内容：

（1）基础设施基金发售情况；

（2）基础设施项目原始权益人或其同一控制下的关联方、其他战略投资者参与本次基金战略配售的具体情况及限售安排；

（3）基础设施基金投资运作、交易等环节的主要风险；

（4）基础设施基金认购基础设施资产支持证券以及基础设施基金所投资专项计划投资的基础资产的情况；

（5）上交所所要求的其他内容。

3. 公募 REITs 开盘价、收盘价如何确定？

基础设施基金的开盘价为当日该证券的第一笔成交价格，收盘价为当日该证券最后一笔交易前一分钟所有交易的成交量加权平均价（含最后一笔交易）。基础设施基金份额上市首日，其即时行情显示的前收盘价为基础设施基金发售价格。

4. 公募 REITs 上市交易后的涨跌幅比例为多少？

上交所所对基础设施基金交易实行价格涨跌幅限制，基础设施基金上市首日涨跌幅限制比例为 30%，非上市首日涨跌幅限制比例为 10%，交易所另有规定的除外。

基础设施基金涨跌幅价格的计算公式为：涨跌幅价格＝前收盘价 ×（1± 涨跌幅比例）。

上市首日："30%"，这是公募 REITs 与其他场内交易尤为不一样的地方，值得特别关注。

5. 公募 REITs 上市交易之后的报价有何规定？

基础设施基金申报价格最小变动单位为 0.001 元。

基础设施基金采用竞价交易的，单笔申报的最大数量应当不超过 1 亿份；基础设施基金采用询价和大宗交易的，单笔申报数量应当为 1000 份或者其整数倍。

上交所可以根据市场发展需要，调整基础设施基金交易申报数量。

报价精确到小数点后的第三位，这个规则与现有的基金一样。不过，单笔申报应当为 1000 份或者其整数倍，这里的"1000"，是一个全新的地方，为什么会如此？其实不难理解，因为未来的公募 REITs 发行，极有可能会参照现有封闭式基金的方式发行，即：1.00 元的面值定价，若果真如此，买卖 1000 份，二级市场的交易总价格将不会高，投资者通常都可以承受。

展望未来，今后在投资公募 REITs 的时候，可能会在一定条件下，要像研究一些上市公司那样，对相关的基础设施进行研究，即投基研究的进一步穿透、进一步超越，投基的魅力将会更大。

第十章
公募基金公司如何运作？

基金公司是如何运作的？增加本章的目的，是为了让投资者能够更加了解公募基金，并且准确地了解基金公司，从而进一步树立对公募基金的持有信心。

2018 年 4 月 27 日，中国人民银行、中国银行保险监督管理委员会、中国证券监督管理委员会、国家外汇管理局联合印发了《关于规范金融机构资产管理业务的指导意见》，这就是业内俗称的《资管新规》。按照《资管新规》的要求，所有的券商资管全部必须按照公募基金的方式进行运作，所有的银行理财产品必须净值化运作。公募基金在中国资产管理行业中的标杆地位，由此得到了充分的凸显。

以此为标志，券商资管做全面的公募化转型，即全部按照公募基金的方式进行运作，其他的资管机构均做净值化转型，同时，所有的资管机构，不可以承诺收益，等等。中国的资产管理行业由此进入了一个全新的时代，而站立在新时代潮头的，就是公募基金。本章所述内容如有与监管规定不一致的地方，请以监管要求为准。

1. 基金运作中参与的主体有哪些？它们之间的相互关系如何？

基金运作中参与的主体通常包括：基金持有人、基金管理人、基金托管人及基金服务机构，如基金销售机构、注册登记机构、基金投资咨询、注册会计师、律师等中介服务机构。

基金当事人之间的相互关系建立在信托关系基础上：持有人与管理人之间的关系是委托人、受益人与受托人的关系；管理人与托管人之间的关系是委托人和受托人的关系；持有人与托管人之间的关系在公司型基金中是委托人与受托人的关系，在契约型基金中是收益人与受托人的关系。

2. 基金如何运作？

当投资者投资某只基金时，投资者的资金会跟许多其他投资者的资金汇集在一起，专业的基金经理会将募集得到的资金投资于各种证券。每只基金会分为均等的单位，所有单位及其代表的资产都属于基金投资者所有。投资者在购买时获分配的单位数将根据投资者的投资金额和基金份额净值确定，在卖出时获得的金额将根据投资者赎回的份额数和基金份额净值确定。基金份额净值根据投资者买卖当日证券交易所交易时间结束时基金投资项目的价值计算，并于次日公布。

投资人投资基金期间，基金管理人、基金托管人和基金持有人等当事人的权利义务是由基金合同加以规范的。投资者的资金由托管银行设立独立基金托管专户进行保管，而基金管理公司专责基金的投资运用。基金管理公司和托管银行还依据法律法规、基金合同和托管协议进行相互监督，确保基金资产的安全，保护投资者的合法权益。此外，会计师事务所的注册会计师定期对基金进行审计，确保基金按照国家规定的会计准则计算资产。此运作架构可确保投资人的资金安全，并通过相互监督和定期的信息披露让资金运用公开透明化。

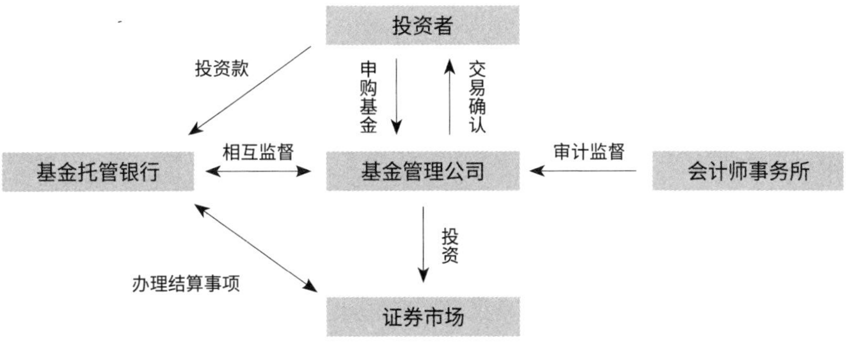

图 1：QDII 公开募集证券投资基金

3. 基金的投资对象有哪些？

根据有关法律法规，开放式基金的投资范围限于国内依法发行的股票、债券及中国证监会允许基金投资的其他金融工具，具体包括普通股股票、国债、金融债、企业债、可转换债券、银行存款、黄金、石油、基础设施类公共事业项目，等等。

投资对象的不同，既关系到基金的风险收益特征，也关系到基金的运作方式，以及基民的投基策略。

4. 为什么新基金通常都有封闭期？

开放式基金的封闭期是指基金成功募集足够资金宣告成立后，会有一个不接受投资者赎回基金单位申请的时间段。因为新设立的基金需要有相对较长的一段期间逐步依市场状况完成持股的布局（也称作建仓），所以基金合同中一般都有封闭期的规定。通常认为，基金的封闭期如果过短，会出现基金尚未完成布局即必须应付赎回的问题，这样会影响基金净值及投资者的权益。所以封闭期过短可能相对风险较大。

从目前的市场情况来看，不同类型的基金在成立之后有着长短不同的封闭期限，以股票市场为主要投资对象的基金一般会用足3个月的封闭期，其他基金有的时候会比较短，如货币市场基金，甚至会缩短到1周左右；另外，一些持续营销能力较强的基金会减短基金的封闭期限，相反的则会用足封闭期限。

5. 基金的封闭期越短越好吗？

一般来说，新基金的建仓期限为“基金合同生效之后的六个月以内”，因此，新基金若封闭半年，是合情合理的。但是，在市场的实际运作过程中，绝大多数基金的封闭期都在 1 至 3 个月之间。

投资者不应以封闭期的长短为选择基金的标准，因为封闭期限无所谓长与短。从这个角度来说，封闭期用足 3 个月的基金，期间的收益率可能较低，因此可能还是封闭期短的基金要略好一些。

另外，从真正投资的角度、从切实为投资者服务的角度来看，有条件、有能力的基金公司可以考虑缩短封闭期限，甚至取消封闭期限，让愿意进来的资金自然进来，让愿意出去的资金立刻出局。

6. 什么是注册登记业务？

注册登记业务是指基金登记、存管、清算和结算业务，具体内容包括投资人基金账户的建立和管理、基金份额注册登记、基金交易确认、清算和结算、代理发放红利、建立并保管基金持有人名册等。目前，国内基金的注册登记机构（或称注册登记人）可以是基金管理公司或者中国证券登记结算公司等。

7. 基金有哪些费用？

和其他投资方式一样，投资开放式基金也需负担一些费用的支出，具体的费用种类及标准可以查阅基金的合同或招募说明书。一般说来，从投资者购买基金到赎回为止，涉及的主要费用包括两大类：

第一类：投资者直接负担的费用，或一次性费用。

（1）认购费：是向在基金设立募集期内购买基金的投资者收取的费用。有的基金认购期间相对于基金合同生效后的申购有费率上的优惠。认（申）购费有前端收费和后端收费两种方式：前端收费是在投资者申购时从申购款中一次性扣除；后端收费即在赎回时从赎回金额中扣除。目前国内的开放式股票基金的认购费率一般为申购金额的1%—2%，复制类基金的认购费率全部是2%，是收费标准最高的一种。

（2）申购费：是向投资者收取的用于负担基金销售、市场推广等用途的费用。我国法律规定，申购费率不得超过申购金额的5%。目前国内的开放式股票基金的申购费率一般为申购金额的1%至2%，并且适用的费率一般随申购金额的增加而降低，或者随着持有时间的增长而降低。货币市场基金一般不收取申购费。

（3）赎回费：是在投资者赎回时从赎回款中扣除的费用。我国法律规定，赎回费率不得超过赎回金额的5%，赎回费收入在扣除基本手续费后，余额应当归基金所有。目前国内开放式股票基金的赎回费率一般为0.5%，债券基金赎回费率可低至0，货币市场基金一般不收取赎回费。

第二类：基金运作费用，或曰持有期间年费。基金运作费用是为维持基金的运作，从基金资产中扣除的费用，由投资者间接承担，其种类主要有：

（1）基金管理费：是指支付给实际运用基金资产、为基金提供专业化服务的基金管理人的费用，也就是管理人为管理和操作基金而收取的报酬。基金管理费年费率按基金资产净值的一定百分比计提，不同风险收益特征的基金其管理费相差较大，如目前货币市场基金不高于0.33%，债券基金一般低于1%，股票基金大部分按照1.5%的比例计提。管理费逐日计提，月底由托管人从基金资产中一次性支付给基金管理人。此费用是从基金资产中支付，不需另向投资者收取。

（2）基金托管费：是指基金托管人为基金提供服务而向基金收取的费用，比如银行为保管、处置基金信托财产而提取的费用。目前，我国股票型封闭式基金按照0.25%的比例计提基金托管费，开放式基金根据基金合同的规定比例计提，通常为0.25%，或低于0.25%，货币市场基金年费率一般为0.1%，逐日累计计提，按月支付给托管人。此费用是从基金资产中支付，不需另向投资者收取。

(3) 其他费用：主要包括证券交易费用、销售服务费、信息披露费用、与基金相关的会计师费和律师费、持有人大会费等，这些费用也作为基金的运营成本，直接从基金资产中扣除。

8. 基金的收益来源是什么？

开放式基金获取收益的来源主要有下列几种：

（1）股利收入：投资上市公司股票时，配发的股票股利或现金股息。

（2）利息收入：投资国债、企业债、金融债、央行票据、银行存款或回购等工具时，产生的利息收益。

（3）资本利得：投资上市公司股票或债券时，由买卖价差所产生的利得。

（4）其他收入：因运用基金资产带来的成本或费用的节约计入收益。

9. 基金的风险收益特征指的是什么？对投资者有什么作用？

基金的风险收益特征是指风险与收益的匹配。对于投资（不仅仅指投资基金）都遵循着一个基本规律，即低风险，低收益；高风险，高收益。收益和风险通常是相关联的，风险大收益高，风险小收益少。要想获得高收益往往要承担高风险。所以，投资人在期望获取高收益时千万不要忘了首先权衡自己的风险承受能力。

10. 什么是基金的业绩比较基准？它的作用是什么？

基金的业绩比较有两种方式：一是全域比较，把全部基金或同组基金放在一起进行排名。二是基金与事先确定的基准进行比较。这个事先确定的基准就是基金的业绩比较基准。这种比较方法是通过给被评价的基金定义一个适当的基准组合，比较基金收益率与基准组合收益率的差异来对基金表现加以衡量。基准组合是可投资的、未经管理的、与基金具有相同风格的组合。

从目前的市场情况来看，并非所有基金的业绩比较基准都有参考意义。这其中的原因主要有三个方面：一是，基金公司自己为自己确定业绩比较基准。二是，有一些业绩比较基准所用的指数是在常用信息渠道中无法查到的指数。三是，基金的投资范围和基准的覆盖范围有偏差。

11. 基金业绩评价的目的是什么？

对于基金投资者而言：（1）通过基金业绩评价，投资者可以辨识投资管理能力强的基金经理；（2）通过跟踪基金策略理性选择与投资者投资目标相适应、反映相应投资管理能力的基金进行投资。

对于基金管理人而言：（1）可以通过业绩评价进行品牌宣传等外部需求；（2）通过基金业绩评价有助于帮助基金公司更好地分析基金经理的业绩水平，为投资目标匹配、投资计划实施与内部绩效考核等提供参考。

12. 设立基金管理公司应当具备哪些条件？

依照《中华人民共和国证券投资基金法》的规定，设立基金管理公司，应当具备下列条件，并经国务院证券监督管理机构批准：

（1）有符合本法和《中华人民共和国公司法》规定的章程；

（2）注册资本不低于1亿元人民币，且必须为实缴货币资本；

（3）主要股东具有从事证券经营、证券投资咨询、信托资产管理或者其他金融资产管理的较好的经营业绩和良好的社会信誉，最近3年没有违法记录，注册资本不低于3亿元人民币；

（4）取得基金从业资格的人员达到法定人数；

（5）有符合要求的营业场所、安全防范设施和与基金管理业务有关的其他设施；

（6）有完善的内部稽核监控制度和风险控制制度；

（7）法律、行政法规规定的和经国务院批准的国务院证券监督管理机构规定的其他条件。

13. 基金管理公司有哪些主要业务？

募集与管理基金是基金管理公司的主要业务，在此过程中基金管理公司还需要承担一些日常的行政事务，另外，基金管理公司还可以从事一些其他的受托资产管理业务。

（1）基金的募集与销售业务。依照《中华人民共和国证券投资基金法》的规定，依法募集基金是基金管理公司的一项法定权利，其他任何机构不得从事基金的募集活动。为成功地进行基金的募集与销售，基金管理公司必须在市场调查与市场研究的基础上，进行基金产品的开发，设计出能够满足不同投资者需要的、具有不同风险与收益特征的基金产品。

（2）投资研究与管理业务。投资研究与管理业务是基金管理公司里最核心的一项业务，基金管理公司之间的竞争主要在于各自投资研究与管理能力的高低。因此，努力为投资者提供与市场上同类产品相比具有竞争力的投资回报，为持有人创造出更多的投资收益，就成为基金管理公司一切工作的重中之重。

（3）基金公司的日常行政业务。基金公司的日常行政业务是为公司的投资研究与管理工作、市场营销工作提供及时全面的后台保障，它通常包括基金注册登记、核算与估值、基金清算和信息披露、公司的财务管理等内容。这方面的工作在很大程度上反映了基金管理公司对投资者服务的质量，它对基金管理公司整个业务的发展起着主要的支持作用。

（4）受托资产管理业务。《中华人民共和国证券投资基金法》规定："基金管理公司向特定对象募集资金或者接受特定对象财产委托从事证券投资活动的具体管理办法，由国务院根据本法的原则另行规定。"目前，全国社会保障基金和企业年金作为特定性质的资产已可以委托符合要求的基金管理公司进行资产管理。

14. 基金管理人有哪些权利和义务?

根据我国《基金法》的规定，基金管理人应当履行下列职责：

（1）依法募集基金，办理或者委托经国务院证券监督管理机构认定的其他机构代为办理基金份额的发售、申购、赎回和登记事宜；办理基金备案手续；

（2）对所管理的不同基金财产分别管理、分别记账，进行证券投资；

（3）按照基金合同的约定确定基金收益分配方案，及时向基金份额持有人分配收益；

（4）进行基金会计核算并编制基金财务会计报告；

（5）编制中期和年度基金报告；

（6）计算并公告基金资产净值，确定基金份额申购、赎回价格；

（7）办理与基金财产管理业务活动有关的信息披露事项；

（8）召集基金份额持有人大会；

（9）保存基金财产管理业务活动的记录、账册、报表和其他相关资料；

（10）以基金管理人名义，代表基金份额持有人利益行使诉讼权利或者实施其他法律行为；

（11）国务院证券监督管理机构规定的其他职责。

15. 什么是基金资产估值？

基金资产估值是通过对基金所拥有的全部资产及全部负债按一定的原则和方法进行估算，进而确定基金资产公允价值的过程。基金资产总值是指基金全部资产的价值总和。从基金资产中扣除基金所有负债即是基金资产净值。基金资产净值除以基金当前的总份额，就是基金份额净值。我国基金资产估值的责任人是基金管理人，基金托管人对估值结果有复核的责任。

16. 基金资产估值的程序是怎样的？

（1）基金份额净值是按照每个开放日闭市后，基金资产净值除以当日基金份额的余额数量计算；

（2）基金日常估值由基金管理人进行。基金管理人每个交易日对基金资产估值后，将基金份额净值结果发给基金托管人；

（3）基金托管人按基金合同规定的估值方法、时间、程序对基金管理人的计算结果进行复核，复核无误后签章返回给基金管理人，由基金管理人对外公布，并由基金注册登记机构根据确认的基金份额净值计算申购、赎回数额。

17. 基金管理人的哪些行为是被禁止的？

依照《中华人民共和国证券投资基金法》的规定，基金管理人不得有下列行为：

（1）将其固有财产或者他人财产混同于基金财产从事证券投资；

（2）不公平地对待其管理的不同基金财产；

（3）利用基金财产为基金份额持有人以外的第三人牟取利益；

（4）向基金份额持有人违规承诺收益或者承担损失；

（5）依照法律、行政法规有关规定，由国务院证券监督管理机构规定禁止的其他行为。

18. 基金管理人运用基金财产进行证券投资有哪些行为是被禁止的？

（1）一只基金持有一家上市公司的股票，其市值超过基金资产净值的 10%；

（2）同一个基金管理人的全部基金持有一家公司发行的证券，超过该证券的 10%；

（3）基金财产参与股票发行申购，单只基金所申报的金额超过该基金的总资产，单只基金所申报的股票数量超过拟发行股票公司本次发行股票的总量；

（4）违反基金合同关于投资范围，投资策略和投资比例等约定；

（5）中国证监会规定禁止的其他情形。

19. 什么是基金代销机构？什么样的机构可以代销基金？

基金代销机构是受基金管理人委托从事基金代理销售的机构。在我国，只有证监会认定的机构才能从事基金的代理销售。目前，商业银行、证券公司、证券投资咨询机构、专业基金销售机构以及中国证监会规定的其他机构均可以向中国证监会申请基金代销业务资格，从事基金的代销业务。

20. 基金持有人有哪些权利和义务？

基金持有人的权利包括：本金受偿权、收益分配权、剩余财产分配权及参与持有人大会表决等；具体而言：

（1）分享基金财产收益；

（2）参与分配清算后的剩余基金财产；

（3）依法转让或者申请赎回其持有的基金份额；

（4）按照规定要求召开基金份额持有人大会；

（5）对基金份额持有人大会审议事项行使表决权；

（6）查阅或者复制公开披露的基金信息资料；

（7）对基金管理人、基金托管人、基金份额发售机构损害其合法权益的行为依法提起诉讼；

（8）基金合同约定的其他权利。

21. 基金持有人在什么情况下可以要求召开持有人大会？

根据《基金法》规定，下列事项应当通过召开基金份额持有人大会审议决定：

（1）提前终止基金合同；

（2）基金扩募或者延长基金合同期限；

（3）转换基金运作方式；

（4）提高基金管理人、基金托管人的报酬标准；

（5）更换基金管理人、基金托管人；

（6）基金合同约定的其他事项。

22. 基金登记结算的内容是什么？

登记结算业务指基金登记、存管、过户、清算和结算业务，具体内容包括：投资人基金账户的建立和管理、基金份额注册登记、基金销售业务的确认、清算和结算、代理发放红利、建立并保管基金份额持有人名册等。

23. 有哪些机构承担基金的登记结算业务？

基金的登记结算机构一般是基金管理有限公司委托代为办理注册登记业务的中国证券登记结算有限责任公司或基金管理有限公司委托代为办理登记结算业务的其他机构。

24. 基金成立的条件是什么？

根据有关法律规定，封闭式基金自批准之日起 3 个月内募集的资金超过该基金批准规模的 80% 的，该基金方可成立。

开放式基金自批准之日起 3 个月内募集份额超过 2 亿份，净销售额超过 2 亿元和认购户数达到 200 人的，该基金方可成立。

25. 基金募集未达到法定要求的条件时该如何处理？

基金募集期限届满，未达到法定要求的条件时，基金管理人应当承担下列责任：

（1）以其固有财产承担因募集行为而产生的债务和费用；

（2）在基金募集期限届满后 30 日内返还投资人已缴纳的款项，并加计银行活期存款利息。

26. 在什么条件下，基金合同终止需要对基金进行清算？

根据相关法律规定，出现下列情形之一的，基金合同终止：

（1）基金合同期限届满而未延期的；

（2）基金份额持有人大会决定终止的；

（3）基金管理人、基金托管人职责终止，在 6 个月内没有新基金管理人、新基金托管人承接的；

（4）基金合同约定的其他情形。

27. 基金清算的程序是什么？

基金财产清算程序主要包括：

（1）基金合同终止时，由基金财产清算组统一接管基金财产；

（2）对基金财产进行清理和确认；

（3）对基金财产进行估价和变现；

（4）聘请律师事务所出具法律意见书；

（5）聘请会计师事务所对清算报告进行审计；

（6）将基金财产清算结果报告中国证监会；

（7）参加与基金财产有关的民事诉讼；

（8）公布基金财产清算结果；

（9）对基金剩余财产进行分配。

一般来说，对于资产规模低于 1 亿元，甚至是低于 5000 万元的基金，我们建议投资者可以考虑赎回。

28. 基金募集期间的认购资金有利息收入吗?

有。通常，从投资者的认购，到基金的合同生效，会有一定的时间间隔，短的是几天，长的会是三个月略多几天，因此，在此期间是有利息的，在认购期内产生的利息以注册登记中心的记录为准，在基金成立时，自动转换为投资者的基金份额，即利息收入增加了投资者的认购份额。

29. 在基金募集期间，投资者认购基金以后是否可以反悔，并要求代销机构退还认购金额?

不可以。封闭式基金只能等到基金上市交易后，在二级市场上售出；开放式基金只能在基金封闭期结束，开放了日常的申购、赎回后，以赎回的方式退出投资。

30. 基金公司公开披露的基金信息有哪些?

公开披露的基金信息包括：

（1）基金招募说明书、基金合同、基金托管协议；

（2）基金募集情况；

（3）基金份额上市交易公告书；

（4）基金资产净值、基金份额净值；

（5）基金份额申购、赎回价格；

（6）基金财产的资产组合季度报告、财务会计报告及中期和年度基金报告；

（7）临时报告；

（8）基金份额持有人大会决议；

（9）基金管理人、基金托管人的专门基金托管部门的重大人事变动；

（10）涉及基金管理人、基金财产、基金托管业务的诉讼或者仲裁；

（11）依照法律、行政法规有关规定，由国务院证券监督管理机构规定应予披露的其他信息。

31. 什么是基金资产配置？

所谓基金的资产配置，就是将基金的资产在现金、各类有价证券之间进行分配的过程。简单说就是基金将资金在股票、债券、银行存款等投资工具之间进行比例分配。资产配置是基金投资管理中至关重要的环节，其基本思路是通过定量与定性相结合的宏观及市场分析，进行战术性资产配置，确定组合中股票、债券、货币市场工具及其他金融工具的比例，追求更高收益，回避市场风险。在资产配置中，基金主要考虑的因素有：

（1）宏观经济因素，包括 GDP 增长率及其构成、CPI、市场利率水平变化、货币政策等，以判断经济周期对市场的影响；

（2）微观经济因素，包括各行业主要企业的盈利变化情况及其盈利预期；

（3）市场因素，包括股票及债券市场的涨跌、市场整体估值水平、大类资产的预期收益率水平及其历史比较、市场资金供求关系及其变化；

（4）政策因素，与证券市场密切相关的各种政策出台对市场的影响等。

从实际的投资运作来看，资产配置可以不同的层次之分，可以动态和静态之分。

32. 公开披露基金信息不得有哪些行为？

（1）虚假记载、误导性陈述或者重大遗漏；

（2）对证券投资业绩进行预测；

（3）违规承诺收益或者承担损失；

（4）诋毁其他基金管理人、基金托管人或者基金销售机构；

（5）法律、行政法规和国务院证券监督管理机构规定禁止的其他行为。

33. 什么是基金管理费？如何计算和收取？

基金管理费是支付给基金管理人的报酬，其数额一般按照基金净资产的一定比例（年率）逐日计算累积，从基金资产中提取，定期支付，投资者无须一次性支付基金管理费。基金管理费是基金管理人的主要收入来源，基金管理人自己的各项开支不能另外向基金或基金公司摊销，更不能另外向投资人收取。

基金管理费率的高低与基金规模有关，一般而言，基金规模越大，单位经营管理成本就会降低，相应管理费率也较低。同时，基金管理费率与基金类别及不同国家或地区也有关系。一般而言，基金风险程度越高，管理的难度越高，管理费费率也越高。基金管理费率的高低还和基金业发展与竞争状况有关，在基金业发达的国家和地区，竞争较为激烈，基金的年费率较低，一般不超过 1%。在一些发展中国家，基金业竞争程度较低，管理费率就要高些。

34. 我国基金行业目前的管理费收取标准如何?

按照《中华人民共和国证券投资基金法》和《证券投资基金运作管理办法》，我国现有的基金可以分为以下 5 个类别：股票基金、债券基金、货币市场基金、FOF、混合基金、其他基金。股票基金的管理费率通常为 1.5%，债券型基金通常在 0.6% 左右，货币市场基金通常为 0.33%，FOF 通常在 0.60% 至 1.00% 之间，混合基金里的偏股型基金、平衡型基金通常按照 1.5% 的标准收取，偏债型基金通常在 1.0%。

35. 什么是基金托管费？如何计算和收取?

基金托管费，是指基金托管人为基金提供托管服务而向基金或基金公司收取的费用。托管费通常按照基金资产净值的一定比例提取，逐日计算累积，定期支付给托管人，无须投资者一次性支付。

理论上，基金托管费的收取与基金规模和所在地区有一定关系。通常基金规模越大，基金托管费用越低。基金业越发达的地区，基金托管费率也越低，新兴市场国家和地区的基金托管费率相对较高。

我国目前的基金托管费年费率为 0.25% 至 0.05% 不等，需要根据具体的基金类型等因素来确定。

后记

我在编写本书时，得到了百嘉基金董事长关林戈先生、总经理詹松茂先生的大力支持，在此表示衷心的感谢！

本书是百嘉基金全体员工智慧的结晶，参与本书初稿与复审工作的主要有：甘文坛副总经理、罗江华督察长，以及陈准、郭家铭、郝胜涛、韩松、李泉、孙宏伟、余东阳、严丽娜、庄钰，这些同事中，既有公司的高管，也有普通员工；既有投研人员，也有市场营销人员、中后台人员，大家从各自的岗位职责出发，共同为本书的质量把关。当然，最重要的，是公司的督察长为本书做整体的合规控制。此外，本书在出版之前，征询了各界人士对书名翻译的意见，大家提出了很多参考建议，最后选用了王群慧女士翻译的书名——Win in a breeze：Fund purchase guide，它比原来的书名翻译更加简明、规范。所以特别感谢大家！

百嘉，百嘉，其中的一个寓意，就是我们希望在很多地方都能够做好，包括公募基金知识普及。本书的出版，仅仅是相关工作的一个起点，公募基金的知识普及是一件长久的事，因为不断地有新的投资者成长起来，并加入进来。今后，本书的所有问答将逐个刊登在本公司的网站上，并在刊登的时候根据市场情况，在必要的时候做适当的修订、增补。

未来，百嘉基金公司的网站将是中国公募基金市场优秀的知识普及场所之一。

王群航

2021 年 5 月 7 日

图书在版编目（CIP）数据

躺赢：购买基金指南 / 王群航著 . -- 北京：经济日报出版社，2021.6
ISBN 978-7-5196-0845-3

Ⅰ . ①躺… Ⅱ . ①王… Ⅲ . ①投资基金－基本知识
Ⅳ . ① F830.91

中国版本图书馆 CIP 数据核字 (2021) 第 121471 号

躺赢：购买基金指南

作　　者	王群航
责任编辑	黄芳芳
责任校对	薛银涛
出版发行	经济日报出版社
地　　址	北京市西城区白纸坊东街2号A座综合楼710（邮政编码:100054）
电　　话	010-63567684（总编室） 010-63584556（财经编辑部） 010-63567687（企业与企业家史编辑部） 010-63567683（经济与管理学术编辑部） 010-63538621 63567692（发行部）
网　　址	www.edpbook.com.cn
E - mail	edpbook@126.com
经　　销	全国新华书店
印　　刷	北京荣泰印刷有限公司
开　　本	710mm×1000mm　1/16
印　　张	20.5
字　　数	278千字
版　　次	2021年8月第1版
印　　次	2021年8月第1次印刷
书　　号	ISBN 978-7-5196-0845-3
定　　价	58.00元